社会運動の戸惑い

フェミニズムの「失われた時代」と草の根保守運動

山口智美　斉藤正美　荻上チキ

勁草書房

まえがき

本書は、「男女共同参画」や「ジェンダーフリー」という言葉の使用に端を発する、フェミニズムと保守系反フェミニズム運動との係争について、当事者たちへの聞き取り調査や参与観察を行い、エスノグラフィー（文化の記述）としてまとめたものである。荻上チキ、斉藤正美、山口智美の三名が二〇〇四年以来積み重ねてきたフィールドワーク、資料調査、執筆活動、内外の学会発表などでの議論をもとに執筆した。

一九九九年、男女共同参画社会基本法が施行され、東京都と埼玉県を皮切りに全国の自治体で男女共同参画推進条例が策定されていった。それと前後して、全国の自治体に多額の税金が投入され、男女共同参画センターの建設が進み、多くの啓発事業も行われた。これらの動きに呼応し、フェミニズム批判が広がり、二〇〇二年から二〇〇五年頃にかけてピークを迎えた。

本書の特徴は、フェミニズム側である私たち筆者が、反フェミニズム側への聞き取りを行っていることである。私たちは、二〇〇五年以来、フェミニストと保守派の係争が起きていた地域に赴いて、フィールドワークを積み重ねてきた。とくに、フェミニストたちに「バックラッシュ派／バックラッシャー」と呼ばれた人々を訪ね、(1)その行動に至った背景や思いを聞き取ろうとしてきた。さらに、そうした動きに直面し、対峙してきた地域の市民やフェミニストたちにも会い、経験や思いに耳を傾けてきた。予算などの都合により、一度しか行かれない地域もあったが、数年にわたり何度となく訪れた地域もある。

これまでフェミニストたちの間では、自分たちの批判者がどのような人なのかを実証的に捉える作業が不足していた。そのため「バックラッシュ」を受けた際にも、その批判者を「普通の人々」「全国規模の組織的な運動」「新自由主義の影響を受けた弱者」であるといった根拠のない想定がひとり歩きしてきた。中央に「司令塔」があり、「潤沢な資金」によって動員をかけているという説も語られたが、その大部分は分析者の想像であり、実際の運動主体について調査されることはほとんどなかった。

私たちの調査においても、大規模な量的調査をしたわけではないため、運動の全体像が掴めたわけではない。だが、地域での反フェミニズム運動において重要な役割を果たした人たちの言葉に、丹念に耳を傾けることによって、それぞれの地域で「バックラッシュ」と呼ばれた現象がどのような経緯で築かれていったのかを理解することはできた。

本書では、論客としての保守系学者ではなく、むしろ地域で実際の運動に関わり、運動をリードした議員やジャーナリスト、運動家に聞き取りを行なっている。また、都市部よりも地方に焦点を当てた。これは実際に運動を担ったのが論客ではなく、議員や運動家たちであり、係争が起きた土地の多くは地方であったからである。

長きにわたる経済停滞の時代に突入した一九九〇年代より、女性の貧困問題がより顕在化し、格差問題も露になった。この時期、九一年に韓国の金学順が初めて元「従軍慰安婦」として名乗り出たことを契機に、「従軍慰安婦」問題がようやく広く報道された。日本のフェミニズムにおいても、戦争責任問題、アジアにおける日本、日本国内のマイノリティや移住女性をめぐる問題に光が当てられた。さらに、在日、アイヌ、沖縄の女性たちなどによるマイノリティ・フェミニズムや性的少数者、クィア関連の運動や学問もこの時期にさらなる展開をみせた。

このように、かつて「日本人中流階級異性愛男性中心主義」としてモデル化されていた社会の像よりも、多様化、複雑化した状況が露になったことで、この時期はフェミニズムにとっても自らの方向性の再検討をはかる大きな転換期であったはずだ。だがその転換期にあって、フェミニズム言論や運動は、豊かな変貌を遂げただろうか。必ずしもそうとは言えないのではないか、というのが、一連の係争とその背景の分析を通じた本書の問題提起である。

本書の取り組みにインターネットが果たした役割は大きい。荻上、斉藤、山口は、異なる土地に暮らしているものの、個人ブログをもつブロガーという共通点をもっていた。荻上は「成城トランスカレッジ」「ジェンダーフリーとは」などで保守派の反フェミニズム議論にネット上で反論を行っていた。斉藤と山口はフェミニストたちと「ジェンダーフリー」概念についての議論を行い、意見の隔たりがあることに気づき「ジェンダーフリー概念をめぐる女性学・行政・女性運動」（後に「フェミニズムの歴史と理論」に発展）を始めた。そんな中、『バックラッシュ！』（双風舎）の執筆を契機に、荻上と山口がネットを介して出会った。その後『バックラッシュ！』販売キャンペーンのブログでの議論に斉藤も加わり、本書のプロジェクトはスタートした。

こういったすべてのネット上での活動さえもが、筆者らにとっては参与観察だった。インタビューで出会った保守系活動家が、筆者らのことをブログで確認してくることもあり、ブログが名刺代わりとなっているという経験もした。

本書のテーマであるフェミニズムと保守運動の係争は、筆者たちにとっても決して他人事ではなかった。フェミニストとして、「ジェンダーフリー」や「バックラッシュ」をめぐる議論や運動に関わってきた者として、自らをも振り返りつつのフィールドワークと執筆であった。本書をお読みいただくとわかるように、斉藤、山口はフェミニズム研究や運動に当事者として深く関わってきている。ここで指摘したことは、決してどこかにいるフェミニストや女性学・ジェンダー学者らのことを指して(2)いるのではない。これは、筆者自身へとはねかえってくる自省の物語であり、どうしてこうなったのかという省察でもある。

本書の執筆者は、荻上は文学理論と情報論、斉藤は言語とメディア研究、山口は文化人類学と、学問的には異なる背景をもつ。だが同時に、斉藤と山口はフェミニズムの流れに連なる研究者であり、ウーマンリブやフェミニズム運動の歴史や現在、そしてメディアと女性運動に関わる研究を行ってきた。荻上も文学理論を学ぶ中でフェミニズム理論に触れ、なおかつ修士論文でジェンダーフリーをめぐる係争を取りあげた。

さらに、斉藤は、フェミニズム運動に取り組み、自らの住む高岡市の条例づくりにも関わった。山口はフェミニズム系NPOのスタッフとして、条例づくりへの動きの渦中にいた経験をもつ。荻上、斉藤、山口ともにネット上においても、現実社会においても、「バックラッシュ」対応の動きにも関わった。こうした背景から、必要に迫られて始めた保守運動の調査でもあった。

しかし、本書の内容自体はフェミニズムのとった方向性を積極的に擁護するものとはなっていない。「ジェンダーフリー」という概念の導入の経緯、保守側からの批判を受けてのその後の対応も含め、フェミニズム側にも自らの言説や運動の再検討をする必要があるとするのが筆者たちの立場である。

本書のタイトル『社会運動の戸惑い――フェミニズムの「失われた時代」と草の根保守運動』には、複雑な思いが込められている。フェミニズムという学問および社会運動は、〇〇年代にいったいどの程度の効果を果たしたのか。保守運動とフェミニズムという二つの社会運動の衝突は、いったい誰を幸福にするためのものだったのか。この係争で明らかになったのは、フェミニストたちが自らの社会運動の歴史と役割を忘却しつつある、ということではないか。自らの隘路に戸惑っている社会運動の姿を記述していく作業もまた、私たち筆者にとって戸惑いの連続だった。

副題で括弧付きで「失われた時代」としているのは、何もフェミニズム全体が〇〇年代、ひとつも成果も上げなかったと主張したいわけではない。また、フェミニズムが既に、その役割を終え、無用の長物となったということでもない。マクロ経済論議の「失われた時代」という言葉がそうであるように、何か自然現象のように「失われた」というよりは、むしろ人為的な無作為によって「失われていく」様子を目の当たりにして、有効な手立てを打てなかったことへの理由を問いたいと考えた。そして、目指すべき歩みの先はどこにあったのか、どうしたら前進ができたのかの理由を問いかけ、さらには自省するための警句として、あえてこの言葉を使うことにした。

「男女共同参画」とはいったい何なのだろうか。それはフェミニズム研究や運動とどのように関わってきたのか。男女共同参画の政策や条例、センターは我々に何をもたらしてきたのだろうか。女性学・ジェンダー学者が国や自治体の政策に関わってきたことは、フェミニズム運動にどういう影響をもたらしてきたのか。現在のフェミニズム運動のメディア活用はどうなっているか。本書はこうした疑問を投げかけているが、そのことで現在のフェミニズムが抱える課題の少なくとも一端が浮き彫りになればと思う。

本書は第一章にて「ジェンダーフリー」という言葉の導入を契機とした、フェミニズムと保守運動の係争の流れを概観する。その後の第二、三、四章では、山口県宇部市、千葉県、宮崎県都城市の各地域における男女共同参画条例をめぐる係争について、反フェミニズムの保守側に焦点を当てつつ、係争の展開について考察する。保守運動はなぜ男女共同参画条例を問題にしたのだろうか。「過激な性教育」や「男女同室着替え」、「フェミニズムの魔手」などと、荒唐無稽とも思える表現を使って批判したのはなぜだったのか。そもそも、保守運動はなぜフェミニズムを批判したのだろうか。

第五、六、七章においては、フェミニズム、とくに男女共同参画政策に深く関わった官僚や女性学・ジェンダー学者らの動きに焦点を当てる。福井の男女共同参画センターにおける図書をめぐる事件を扱った第五章、国立女性教育会館（ヌエック）の歴史や現在を分析した第六章、第七章では、八

○年代以降のフェミニズムのメディアとインターネット利用や、その研究についての歴史と現況について考察する。

各章にその章の主な担当筆者名を記載している。しかしながら、すべての章について、三人は詳細に目を通し、何度も議論を重ねながら執筆を行った。

本書は、できるだけ広い層の方々にお読みいただければと願い、カタカナ語、専門用語などは極力避けるよう努力した。インターネットが非常に重要な役割を研究過程で果たしてきたことから、インターネットからの情報についても、参考文献リストにURLとして一律に入れた。一番悩んだのが敬称であったが、最終的には略させていただいた。

現実に起きていたことについて、具体的な調査、実証研究に基づき、地域それぞれの状況をあぶり出すのが本書の目的でもあった。本書が何らかの問題提起になり、今後も「フェミニズムの歴史と理論」サイト（http://www.webfemi.net/）などで議論を積み重ねていけたらと願っている。

【註】

（1）「バックラッシュ派／バックラッシャー」とは、フェミニズムへの反動の動きをさす言葉として使われた「バックラッシュ」の主体となった人々の意。

（2）本書では、女性学やジェンダー研究の研究者を総称して、あまりなじみのない表現ではあるが、便宜上「女性学・ジェンダー学者」という表記で統一する。

目次

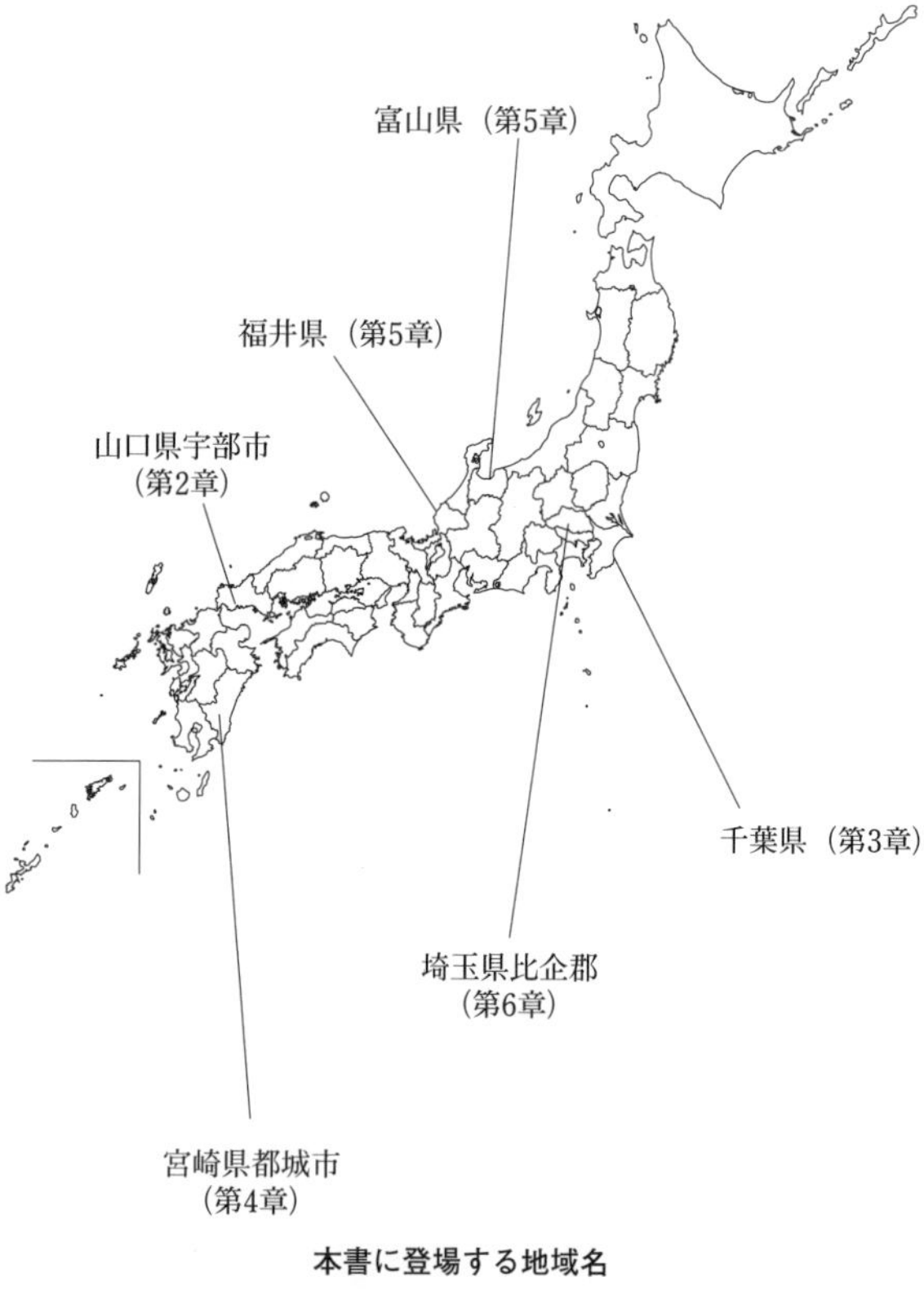
富山県（第5章）
福井県（第5章）
山口県宇部市
（第2章）
千葉県（第3章）
埼玉県比企郡
（第6章）
宮崎県都城市
（第4章）

本書に登場する地域名

第一章　「ジェンダーフリー」をめぐる対立

山口智美・荻上チキ

男女共同参画社会の実現を最重要課題と位置づけたものの、その効果が極めて不透明な啓発事業を政策の柱とする行政。啓発事業に持ち込まれた「ジェンダーフリー」という概念を、未検証のままに拡散した女性学・ジェンダー学者たち。男女共同参画・ジェンダーフリー概念を攻撃しつつ、実態と乖離したフェミニズム像をつくりあげてきた保守論壇。その批判を「バックラッシュ派」と一括りにし、これまた実態と乖離した保守論者像をつくりあげていった女性学・ジェンダー学者。これが第一章にて記すジェンダーフリーをめぐる係争のあらましである。

ジェンダー概念の汎用性の高さの反面、その分析が誰のためのものかがわかりづらい議論・論文が増えた。また、輸入された概念や用語、著名学者の論文の引用に依存しがちで、反論が生まれづらい内向きの権威主義や実証性の欠落がみられるようになった。

ジェンダーフリーをめぐる係争が浮き彫りにしたのは、行政主導の意識啓発事業に女性学・ジェンダー学者が取り込まれたことにより、九〇年代半ば以降のフェミニズムが抱えこんだ弱点そのものだった。まずはその歴史的な経緯をたどっていこう。

1　「ジェンダーフリー」と「男女共同参画」の誕生

「ジェンダーフリー」の登場

「ジェンダーフリー」という言葉が日本において最初に使われたのは、一九九五年、東京女性財団のハンドブック『Gender Free 若い世代の教師のために――あなたのクラスはジェンダーフリー?』（東京女性財団 1995a）、およびプロジェクト報告書「ジェンダーフリーな教育のために」（東京女性財団 1995b）においてであった（木村 2005; 二一世紀男女平等を進める会 2003; 山口 2006）[1]。これらの冊子は、心理学者の深谷和子、教育学者の田中統治、精神医学を専門とする田村毅という三名の学者によって作られ、フェミニズムを専門とする学者は――後にフェミニストへの批判のために大きく活用されることになる概念であったにもかかわらず、実に意外なことに――加わっていなかった。

この報告書の第一章には、次のように書かれている。「戦後五〇年を経た今、諸外国同様に、日本でも法律上の不平等など制度的な男女間の不平等は次第に解消され、目に見える形での男女差別は大きく減少した」。「しかし、長い歴史の中で、支配‐被支配、優位‐劣位の関係にあった男性と女性の関係は、制度的な平等が進められたからと言って、一挙に解消したわけではない」。「したがって今後は、わが国でも教員の養成過程や初任者研修、また中堅現職の研修機会に、ジェンダー問題をめぐって、児童に適切な指導ができるような教育プログラムが積極的に開発され、実地されるようになることが、ぜひとも必要であろう」（深谷 1995: 3-4）。

図1.1　東京女性財団『Gender Free』表紙

同報告書は、「法律や制度を見ても、形の上での男女平等は次第に整ってきている」としたうえで、「従来用いられてきた『男女平等』は主として制度的側面に用いられる用語であるが、予備調査によれば『ジェンダーフリー』は、男女平等をもたらすような、人々の意識や態度的側面を指す語として、若い人々にも受け入れられそうである。とくに学校のように、おおむね男女平等な扱いが行き渡っている集団でも、今後は、さらに教師や子どもの意識に踏み込んで、『ジェンダーフリーな教育』の場であることを目指すべきであろう」と記している（深谷 1995: 7）。ジェンダーフリーという言葉の意味については、「一言で言えば、性別にこだわらず、性別にとらわれずに行動すること」と定義され、制度面を問題にするのではなく、あくまでも「心や文化の問題」を指すとしている（深谷1995：7）。

このように、東京女性財団のジェンダーフリーは、すでにある程度達成されたという認識の「男女平等」とは別に、「人々の意識や態度的側面」に「踏み込」む必要性を喚起し、個人の意識の「おだやか」「漸進的」「慎重」な改善を目指し導入したものと定義されていた。「従来用いられてきた『男女平等』は主として制度的側面に用いられる用語」という記述など、これまで男女平等という語に込められてきた女性運動の経緯をかなり単純化したうえで、行政から教育の現場へのトップダウン的な図式で発信されている点も特徴的である（深谷 1995: 7）。

すなわちジェンダーフリーという言葉は、(1)学校教育を対象に、(2)制度面ではなく意識・態度的側面の問題として、(3)女性運動の歴史を捨象したうえで、(4)行政主導の言葉として、一九九五年の日本に登場した。ジェンダーフリーという概念の提案は、意識啓発偏重のアプローチであり、制度の変革を射程にいれたものではなかった。また、ラディカルさとは程遠く、反発を逃れたいがために考案された言葉でもあった（山口 2006）。

女性学・ジェンダー学者の関わり

このハンドブックには、問題のある記述が多く散見される。例えば、“Gender Free”“Gender Bias”“Sex Discrimination”などさまざまな英単語が列挙され、まずこうした「専門用語」を勉強し理解することが重要であるかのように記されている。また、「遅ればせながら、日本の人々も少しずつ変わろうとしています」といった記述が細部に散りばめられていることから、ハンドブック制作者らが想定する「アメリカの人々」「西洋の人々」などを基準にし、日本は遅れているから欧米に追いつくべきという、「欧米中心主義」的な図式を採用している。そして、この無条件な「欧米」礼賛とともに、例えば（欧米の）「ウーマン・リブの波は社会の隅々まで広がり、活動の担い手は、ふつうの女性たちの間に広がって行きました。日本ではその運動があまり受け入れられませんでしたが…」という記述に見られるように、日本のリブ運動およびその後に続いた女性運動の歴史を丁寧な検証なく否定している点などである（山口 2006）。

特に、ジェンダーフリーが、それまでの女の運動の歴史を消すことから生まれた概念だったことは見逃せない[2]。しかし、女性学・ジェンダー学者から、このハンドブックへの表立った批判は起きなかった。それどころか逆に、多くの女性学・ジェンダー学者たち自身が、行政のプロジェクトに関わり、積極的にジェンダーフリーという言葉を広げていく役割を担っていった。

ジェンダーフリー概念を広めるため、東京女性財団はジェンダーフリーというコンセプトに関連した講座の開催、その報告書や啓発ビデオ、パンフレットなどの作成といった事業を次々に打ち出していく。その内容も、元来の学校現場から、職場、地域社会など、生活全般に関するものに拡大していった。また同時に東京女性財団は、研究者や市民団体によるジェンダーフリー関連プロジェクトの積極的な助成を通じて、学者や市民たちを巻き込んでいった[3]。

東京女性財団は一九九五年から九九年にかけて、ジェンダーフリー概念の拡大の方法として、「ジエンダーチェック」と題した研修、実践用のパンフレットシリーズを発行している。ジェンダーチェックとは、「男が泣くのはみっともないと思うか」「女の子はすなおでなくてはならない」などといった質問項目に答えさせ、自覚を促すというものである。このシリーズには、家族・家庭生活編、地域・社会生活編、学校生活編、職業生活編など、多種多様なバージョンがあり、どのような相手を啓発すべき相手として想定していたかが伺える。

そもそも、個人の意識や思想を行政が「チェック」するという発想は、従来のフェミニズムであれば「国や自治体からの思想管理ではないか」と批判しそうなものであった。しかし、ジェンダーチェックへの批判は、少数の例外を除き、女性学・ジェンダー学者らから表立って聞かれることはなかった（ジェンダーチェックに関しては第七章も参照）。

ジェンダーフリーの広がりと意識啓発事業の拡大

東京女性財団に続き、ジェンダーフリー概念をおしすすめたのが、国立女性教育会館（NWEC、ヌエック）である。ヌエックでは、一九九七年度から毎年、学校教師の生涯学習という位置づけで「教師のための男女平等教育セミナー」が行われ、毎年百五十名ほどの教員や教育委員会の指導主事などが全国から参加している。そこでは、女性学・ジェンダー研究、教育学、メディア研究などの研究者が講師として、「ジェンダー・フリーな教育をめざした学び」をすすめていた（村松 2002: 11）。

ヌエックは、『女性学教育／学習ハンドブック――ジェンダーフリーな社会をめざして』（国立婦人教育会館編）を九七年に発行した。これは九三年度から九六年度に実施した「社会教育における女性学教育の内容と方法に関する調査研究」の成果として、井上輝子、伊藤公雄、金井淑子らがまとめたもので、九九年には同書の新版も発行（国立婦人教育会館 1999）。さらに、ヌエックは二〇〇〇年には同題の啓発ビデオ（全三巻）も発行した（国立女性教育会館 2000）。

これら一連のプロジェクトにおいて、ジェンダーフリーは学校教育現場のみならず、学校教員のための生涯学習の分野、そして、社会教育における女性学教育の一分野として位置づけられていった。これは、東京女性財団が「ジェンダーチェック」パンフ発行において、ジェンダーフリーの範疇を学校教育からそれ以外の場に広げていったことと軌を一にしている[4]。東京女性財団とヌエックとが率先して啓発をはじめたことで、ジェンダーフリーおよびジェンダーチェックは、他の自治体のプロジェクトでも広く使われるようになり、啓発講座やパンフ作りに女性学・ジェンダー学者たちが関わっていくことになる。

この頃から、伊田広行『シングル単位の社会論――ジェンダーフリーな社会へ』（伊田 1998）、亀田温子・舘かおる『学校をジェンダーフリーに』（亀田・舘編著 2000）、上野千鶴子・辛淑玉『ジェンダーフリーは止まらない！――フェミバッシングを超えて』（上野・辛 2001）など、ジェンダーフリーを冠する書籍も続々と発行されていく。行政やセンターなどでの講座の影響もあり、フェミニズムや男女共同参画運動の中でもジェンダーフリーという言葉がしばしばみられるようになっていく。一九九九年の男女共同参画社会基本法の施行後は、地域における条例づくりの動きの中で、政策論議の場においてもジェンダーフリーという言葉が広がっていった。

バーバラ・ヒューストン誤読事件とその後の混乱

東京女性財団の冊子および報告書には、致命的な問題点があった。報告書の著者の一人である田中統治は、人々の意識や態度を表す用語である「ジェンダーフリー」はアメリカでも使われていると記している。その根拠として、米国の教育学者であるバーバラ・ヒューストンがその概念を提唱しているとした。

> ジェンダーフリーは、人々の意識や態度的側面を指す用語である。この用語に関する論文が、最近刊行された論集に収められている（Houston B, "Should Public Education be Gender Free?", in Stone, L. ed., The Education Feminism Reader, Routledge 1994, pp.122-134. 参照）。この論文では、ジェンダーフリーの意味を強いものから弱いものまで、三つに区分している。我々が用いる意味は、第三のジェンダー・バイアスからの自由に近いだろう。論文の筆者は、ジェンダー・センシティブという用語のほうにコミットしているが、それはジェンダーフリーの戦略上の観点からである（田中 1995: 24）。

ここでは、ヒューストンの論文「公教育はジェンダーフリーであるべきか?」が参照されており、ヒューストンはジェンダーフリーを擁護するためにあえてジェンダー・センシティブという用語にコミットしている、と紹介されている。だが、そのような理解は完全なる誤読であった。原典では、ジェンダーフリーは平等教育の達成には不適切なアプローチだと批判し、ジェンダーに敏感になることを意味するジェンダー・センシティブの重要さが訴えられている。筆者はヒューストン本人にも確認をとった。

彼女は、やはり「ジェンダーフリー」ではなく「ジェンダー・センシティブ」を提唱していた。さらに、日本の学者たちがヒューストンの「ジェンダーフリー」解釈の一つとする「ジェンダー・バイアスからの自由」については、具体的効果がなく弱すぎる解釈だとして関心を示さなかった。ヒューストンは、男女平等の達成には、具体性を欠いたかけ声だけの「ジェンダーフリー」は意味がない、ジェンダーに敏感な具体策をたてることが必須である、こう主張しているのだ。

日本の学者たちは、ヒューストンが個人の意識レベルでの「ジェンダー・バイアスからの自由」という意味でジェンダーフリーを提唱していると誤読した。そしてジェンダーフリーの意識啓発こそが目的なのだと解釈した（山口智美 2004: 21）。

問題はこれだけにとどまらない。東京女性財団が誤読に基づき紹介したジェンダーフリーは、その後も多くの研究者らによって誤用され続ける。だが、その間、誰も原典を確認せず、「欧米ではこうなっている」という言葉を反復していったのだ。

バックラッシュが酷くなるにつれ、バックラッシュ派の「ジェンダーフリーは和製英語」という主張への対抗として、「アメリカの教育学者が使ってきた」という説がより強調されることになった。だが、そこで出てくる参考文献は、常にヒューストンの「公教育はジェンダーフリーであるべきか」だった。今に至るまで、私はヒューストン以外で具体的に引用された英語圏の教育学者の名前を見た事がない。

東京女性財団の報告書は、リンダ・ストーンが編集した、*The Education Feminism Reader*『教育フェミニズム読本』という、学生むけの教育学のリーダー本掲載のヒューストン論文を参照しており、その後に続く本も皆、ストーン編の本に掲載されたものを引用している。だが、実は、この論文は「公教育はジェンダーフリーであるべきか」と題したシンポジウムからの抜粋であった。そして、この際「ジェンダーフリー」を支持する立場に立ってディベートを行ったのは、日本で引用されてきたヒューストンではなく、トロント大学の教育学者、キャスリン・モーガンという別人であったのだ。だが、なぜかモーガンの論文は日本では一切注目も引用もされずに終っているという、不思議な状況なのである（山口 2006: 253）。

「ヒューストンがジェンダーフリーを提唱した」という説については、その後十年間、女性学・ジェンダー学者らが実証的な吟味を行わないままに、それぞれの都合に合わせて引用し、以下のように広げていった。

ジェンダー・フリーについては、バーバラ・ヒューストンが "Should Public Education be Gender

Free?" のなかで検討しているように、ジェンダーを無視するのではなく、ジェンダー・センシティブになりジェンダー・バイアスを除去し、性の平等の実現をはかることです（亀田 2000: 4）。

後に「ジェンダーフリー」という言葉が集中的にバッシングをうける中で、それが和製英語ではないという主張と、ヒューストンが提唱したという説がくり返し唱えられていく。例えば大沢真理らがメンバーの「二一世紀男女平等を進める会」は以下のように書く。

英語の文献には、一九八〇年代から、「ジェンダーフリー教育」という言葉があり、「ジェンダーによる偏り、固定観念をなくした教育」の意味で使われてきました。（「ジェンダーフリー教育」は和製英語ではありません。）日本には、東京女性財団の冊子『若い世代の教師のために　あなたのクラスはジェンダーフリー？』（深谷和子・田中統治・田村毅執筆、一九九五年発行）によって紹介されて広まりました（二一世紀男女平等を進める会 2003: 22–23）。

二〇〇四年には原ひろ子も「英語の文献」「米国の教育学者」という言い方でヒューストン提唱説を支持するなど（原 2004）、「バックラッシュ」が強まった二〇〇三年頃からにとくにこの説が女性学・ジェンダー学者らによって拡大されていった（山口 2006）。

二〇〇三年六月開催の日本女性学会におけるシンポジウムでも、伊藤公雄、亀田温子がジェンダーフリーをヒューストンが提唱したという説を報告した。この女性学・ジェンダー学内で権威をもつ場での報告は、翌年発行の日本女性学会の学会誌『女性学』に収録され、さらに広がりをもった（伊藤 2004; 亀田 2004）。こうした動きを受けて、二〇〇四年時点で、運動体のニュースレターや集会でも、ジェンダーフリーが米国の教育学者により使われてきたという説が浸透していた。

東京女性財団の報告書におけるヒューストン論文の誤読、およびその後に女性学・ジェンダー学者たちが誤読を広げたことについては、山口が二〇〇四年末に小論を執筆し、問題を指摘した（山口智美 2004）。文芸評論家の斎藤美奈子がこの状況を「伝言ゲーム」と呼んだように（斎藤美奈子 2006）、典型的な流言のような事例であった。

「男女共同参画」の誕生

大沢真理によれば、「男女共同参画社会」という言葉は、一九九一年の「西暦二〇〇〇年に向けて男女共同参画型社会をめざす――新国内行動計画（第一次改定）」以来使われるようになったという（大沢 1996）。男女共同参画社会基本法において、「男女共同参画社会」の定義は「男女が、社会の対等な構成員として、自らの意思によって社会のあらゆる分野に参画する機会が確保され、もって男女が均等に政治的、経済的、社会的及び文化的利益を享受することができ、かつ、共に責任を担うべき社会」（男女共同参画社会基本法 1999）だとされている。

一九九六年七月には男女共同参画審議会が答申した「男女共同参画ビジョン」が公表された。同年十二月に男女共同参画推進本部は、「男女共同参画二〇〇〇年プラン――男女共同参画社会の形成の促進に関する平成十二年（西暦二〇〇〇年）度までの国内行動計画」を策定した。そして一九九九年六月に男女共同参画社会基本法が制定され、二〇〇〇年に男女共同参画基本計画が策定された。以降、各自治体で男女共同参画の推進に関する条例の成立が相次ぐこととなる。それと並んで、男女共同参画という言葉がメディア上に登場する頻度も増えていった。

この基本法が成立するまでの流れを、性差をめぐる公正さに即した、性差別のない社会を作り上げるという、倫理的な課題を社会が認め始めたと単純に解釈することはできない。もちろん、長年に渡る女性運動の性差別撤廃に向けた闘いの蓄積が反映された面はある。しかし、そこには別の、少なくとも二つの大きな理由も存在する。

第一に、先に見たように、国連や国際社会の動向が日本政府の方向にも影響を与えたこと。第二に、少子高齢化・長期不況による新たな労働力の確保の必要性など、国内の経済的、社会的な背景の変化があったことである。女性の社会進出は、公正さをめぐる問題としてだけでなく、政治的、経済的必要性をも背景にして希求されていた。それは、男女共同参画という官僚的な言葉が採用されていることからも、伺い知ることができる。

クリスティーヌ・デルフィの「ジェンダー」をめぐる混乱

一九九六年八月に答申された「男女共同参画ビジョン」で、ジェンダーという言葉が政府文書において初めて登場した。審議会の専門委員であり、「ビジョン」の起草委員会の一員でもあった大沢真理は、以下のように述べている(5)。

…「この答申は、女性と男性が、社会的・文化的に形成された性別（ジェンダー）に縛られず、各人の個性に基づいて共同参画する社会の実現を目指すものである」という文章は、控えめな表現をとってはいるが、つぎの趣旨をもつということまでが、審議過程で確認された。すなわち、「男女共同参画」は、“gender equality”をも超えて、ジェンダーそのものの解消を志向するということ、これである。カッコのなかではあれ「ジェンダー」ということばが、審議会の報告や答申を含む政府文書に登場するのは、この「ビジョン」が初めてである。まして政府文書が、ジェンダーそのものの解消を展望するなどは前代未聞といえる（大沢 1996: 8）。

男女共同参画の広報役を果たした大沢真理が、教育分野を超え、男女共同参画全般に関わる概念としてジェンダーフリーを奨励したことは、大きな意味をもった。そしてここから、「ジェンダーフリー＝ジェンダーの解消」という定義が広まることになった。ジェンダーフリーという概念は、男女共同参画についての講演会、書籍やパンフレット、ヌエックなどでの講座やワークショップ、地域における男女共同参画条例や計画のなかでも広く使われるようになっていった。

大沢は「ビジョン」の趣旨が、九〇年代初めの女性学・ジェンダー研究の到達点を反映するものだと述べ、上野千鶴子が「差異の政治学」論文において行ったジェンダーの解説を引用する（大沢 1996: 8）。上野は八〇年代のジェンダー論に決定的な転換を持ち込んだのはフランスのフェミニスト、クリスティーヌ・デルフィであるとした(6)。大沢はこの上野の論文を理論的支柱とし、「ジェンダーそのものの解消」を主張し、それを「ビジョン」に反映させていった。

ところが、八〇年代のジェンダー論に決定的な転換を持ち込んだのがデルフィであるという上野の説は、少なくとも英米圏においては一般的ではない[7]。なぜ日本では、デルフィがこれほどまでに注目を浴びたのか。その起因は、一九八六年に遡る。上野千鶴子がデルフィを著作の中で紹介したのだ。デルフィの *Close to Home*（デルフィの著作の英訳。日本語題『なにが女性の主要な敵なのか』）の訳者井上たか子は以下のように述べる。

日本でデルフィの名が知られるようになったのは、何といっても、上野氏の功績である。彼女は「マルクス主義フェミニズム——その可能性と限界」と題して一九八六年三月から『思想の科学』誌に連載した後、『家父長制と資本制』としてまとめた著作のなかで、デルフィの「家内制生産様式」の概念を中心に「マルクス主義フェミニスト」として紹介し、*Close to Home* に依拠しつつ、実に三十三回も言及している。しかし、次に述べるように、上野氏の紹介の仕方はデルフィの理論を「マルクス主義フェミニズム」の源流として評価しながら、同時に、妙に狭い経済主義の枠のなかに閉じ込めている点で疑問が残る（井上 1996: 320）。

さらに井上たか子は、上野千鶴子のデルフィ紹介が「英語圏経由であった」（井上 1996: 328）とも指摘した。

そして井上は、上野のデルフィ解釈が「差異の政治学」で変化したと示唆している。その変化のきっかけはデルフィの一九八九年の来日とその際の講演にあったと思われる。同年十一月、ヌエックが

「性役割を変える――地球的視点から女性学国際セミナー（一九八九）」というイベントを開催し、これに日本の女性学およびジェンダー研究関係者が相当数出席することになった（上村 1997; 大沢 2002）。ここでデルフィが「セックスとジェンダー」という題の講演を行ったのだ(8)。

デルフィがヌエックの招きで来日することになり、その会場が満員となり、多くの女性学者がデルフィの講演を聞いたことで、デルフィの名前は当時の日本の女性学・ジェンダー学者の間でより広く知られることになった。その講演に出席した大沢真理はその印象を、「デルフィの該博な学識と強靭な論理一貫性、そのジェンダー論の実践的な含意の大きさに、心酔したものだが、そうした印象を受けた者は少なくなかったと思われる」と述べている（大沢 1996: 8-9）。

上野千鶴子は論文「差異の政治学」において、デルフィのヌエックでの講演論文「セックスとジェンダー」に基づき、デルフィが「ジェンダー概念の核心を、ジェンダーという項からジェンダーの差異 gender difference へとシフトさせた」と述べ、「第一に、セックスがジェンダーを規定するどころか、ジェンダーがセックスに先行すること、第二に、ジェンダーとは、男もしくは女というそれぞれの項なのではなく、男／女に人間の集団を分割するその分割線、差異化そのものだということ」であるという二点がデルフィの主張において重要な点であると論じた。そして「ジェンダーの正義への要求」とはジェンダーの非対称性の解体を要求することにほかならないと述べた（上野 1995: 11-13）。

デルフィの一連の著作には一九七〇年代から八〇年代のフランスにおいて盛んだった本質主義的な思想潮流への批判という意味合いがある（Jackson 1996）。デルフィも属していたMLF（女性解放運動）には、社会主義フェミニズムと、ラディカルフェミニズムの派閥に加え、Psych et Po（プシケポ、

「精神分析と政治」）という三つの派があった。フランスの学界やフェミニズムにおいてはラカン派の精神分析が突出しており、その中でデルフィがプシケポに長年反論してきたことを井上は指摘する（井上 1996: v）。

だが、上野千鶴子から始まったと考えられる日本でのデルフィ受容の流れにおいて、デルフィの背景にあったフランスにおける運動や思想の流れ、状況などが顧みられていたとは言いがたい。[9] こうした経緯は、バーバラ・ヒューストンの論文が文脈を顧みられることなく紹介され、受容されていったこととも重なる。

上野を経た大沢によるデルフィのジェンダー概念の解釈は、「ジェンダーはまぎれもなく男か女かの二分法になっており、しかも前述のように両性のあり方は対照ではなくタテの階層性をもつ。そのようなジェンダーが基盤でセックスまでも規定するようになったのである」と、ジェンダーはタテの階層性をもった二分法であると規定している。そして「ジェンダーとは、男／女らしさについての通念、男／女とはこういうものという通念であり、社会を階層的に組織するうえで、一番もっともらしく使われる区別である、ということになる」と、ジェンダーは「通念」であるとしている。しかし、この「通念」としてのジェンダーという論点はデルフィにも上野にも見当たらない。そして大沢は、ジェンダー、すなわち通念そのものの解消を志向しなくては、女性差別を解決できないと主張し、それを「ビジョン」に反映させたとする（大沢 1996: 9）。

要するに、大沢にとってのジェンダーは「社会的文化的につくられた性別」「男とはこういうものであり、女とはこういうものであるという通念」であり、また大沢にとっての男女共同参画とは、そうした通念をなくすこと、ジェンダーの解消、すなわちジェンダーフリーを実現することだというわけだ。こうした理解は、後に男女共同参画政策の中心になっていく意識啓発路線に合致している。

しかし、大沢の「社会的文化的に作られた性」についての「通念」であるという理解自体、デルフィのジェンダー概念とは異なる。デルフィにとってのジェンダーは、男らしさや女らしさについての考え方そのものではなく、ジェンダーを思考のカテゴリーにつくりあげる社会的実践である。さらには男らしさ、女らしさの概念や性役割の内容でもなく、逆にそれらはジェンダーの階層性、構造的な不平等がつくりあげたものだとする。ジャクソンはデルフィの反心理主義がこの概念に反映されていると指摘する（Jackson 1996: 122）。だが、大沢の「通念」は実践や構造ではなく、むしろ考え方を指す概念だろう。さらにデルフィ以前から使われてきたジェンダー概念との違いもはっきりしない。

また、大沢がデルフィに基づくとするジェンダーと、東京女性財団が提起した「社会的・文化的につくりあげられた性別」としてのジェンダー概念の間には、本来は意味の齟齬がある。しかし、大沢が執筆に関わった『誰もがその人らしく男女共同参画』においても、ジェンダーフリーは日本において、東京女性財団の冊子が契機となって広まったと記述されている（二一世紀男女平等をすすめる会 2003: 4）。

こうして、大沢独自のジェンダー概念解釈が政府見解に反映されたことにより、「ジェンダーフリー＝ジェンダーをなくす」という理解が広がりをもちはじめた。保守派がこれに着目して、批判していくことになる。その結果、男女共同参画、フェミニズム、ジェンダーすべてが、ジェンダーフリーと関連付けられることによって、男女共同参画、およびフェミニズムの総体が、「過激なジェンダー論」としてバッシングの対象となっていった。

2　反フェミニズム運動とジェンダーフリー批判

「バックラッシュ」の展開とジェンダーフリー

一九九五年に誕生したジェンダーフリーという言葉は、二〇〇〇年代初頭にかけて、教育分野などを中心に一部フェミニストたちの議論の中で活用されていく。また、九八年、男女共同参画社会基本法が満場一致で可決され、九九年に施行された。こうした動きを受け、〇〇年代の初め頃から、保守論壇において、男女共同参画やジェンダーフリー叩きの動きが顕在化し、広まっていった。

まず、『日本時事評論』や日本会議の機関誌である『日本の息吹』などの保守系ミニコミ、ジェンダーフリー発祥の地である東京都の都議会において、男女共同参画への批判が徐々に広がっていった(10)。特にジェンダーフリーという曖昧な概念は、バッシングの格好のターゲットとなり、その批判言説は『世界日報』や『産經新聞』などの保守系マスコミにも広がっていく（山口 2006）。

運動面で中心となったのが、山口県に本部を置く『日本時事評論』である。『日本時事評論』は、ジェンダーフリーという言葉の批判を一九九八年一月一日号時点で行い、批判の流れに先鞭をつけた（日本時事評論社 1998）。ここで同紙は、日教組批判として、男女混合名簿などをジェンダーフリーの一環として批判し、トイレや更衣室、健康診断を一緒にするのかなどの疑問を提示、後のジェンダーフリー批判の契機となる議論を展開している。同紙はその後もたびたびジェンダーフリーをとりあげ、

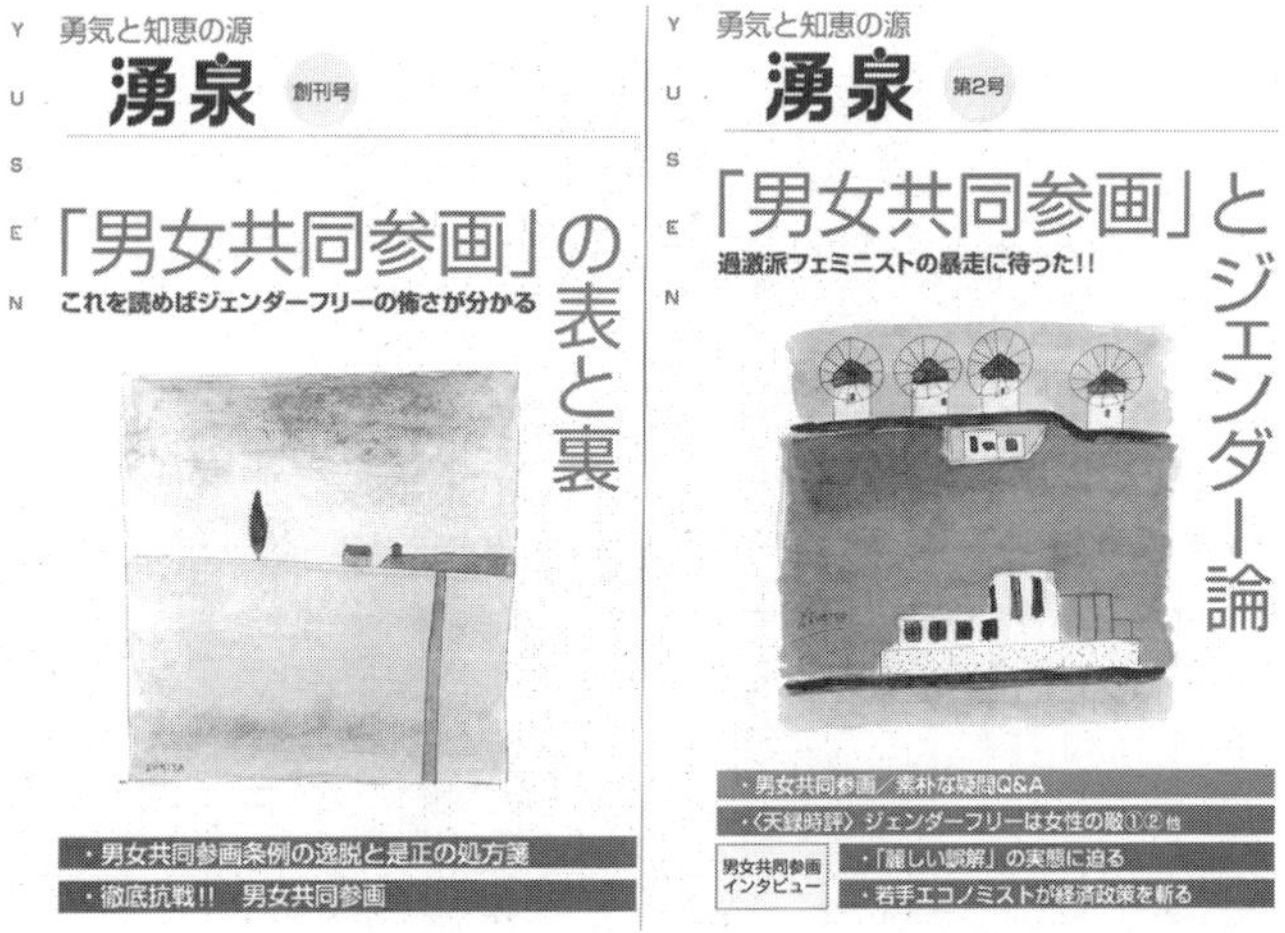

図1.2 『湧泉』創刊号・第２号表紙（日本時事評論社提供）

ジェンダーチェックにも言及して批判を展開した（日本時事評論社 1999）。

この後、『日本時事評論』は二〇〇〇年の山口県の男女共同参画推進条例制定に関して数回の特集を組んで以来、二〇〇五年末頃まで相当な量の紙面を割いて男女共同参画やジェンダーフリー批判を繰り広げた。同時に男女共同参画を特集する小冊子『湧《ゆう》泉《せん》』を二号続けて発行し、批判を続けた。ここで提示された批判言説のパターンは、徐々に保守論壇で共有されていくこととなる（詳細は第二章、第三章を参照）。

同時期のミニコミ発の批判言説は、他にも確認できる。例えば二〇〇一年十月、『日本の息吹』に掲載された総山《ふさやま》孝雄「ジェンダーフリーによる亡国を防ごう」は、以下のように記している。

イギリスに較べると、スウェーデンの実情はお粗末の限りであったのに、そこの女権論者はジェンダーフリー（性差無視）などという新語を発明して先進国を気取り、日本のインテリ女性の一部を巻き込んで性の開放を謳歌し、処女を守るのは旧弊と揶揄しつつ日本の女性を洗脳し始めた。日本の女権論者はまだ数は少ないが、文化人として政府の要職や審議会に入りこんでいるので、政府はついにこれに動かされ、次々に性差無視の法律を作りはじめた。（総山 2001: 13）。

メディアと政界の動き

保守派の論客としては、元東京女子大学教授の林道義もまた、早い時期からフェミニズム批判を展開していた。[11]『父性の復権』（林 1996）、『母性の復権』（林 1999a）、『フェミニズムの害毒』（林 1999b）など多数の書籍を発行し、またインターネットでも自らのサイトで積極的な発言を行っていた。また、高崎経済大学教授の八木秀次も、二〇〇〇年十月二日産經新聞「正論」コラムで男女共同参画社会とジェンダーフリー批判を行うなど、早期から反フェミニズム言論をリードしている（八木2000）。[12]八木はこのコラムで、ジェンダーフリーは和製英語とし、「この『ジェンダーフリー』なる発想の危険性に気づいている人はそれほど多くはない」と述べている。林や八木らは、『産經新聞』および『正論』『諸君！』などの保守系雑誌や書籍、および保守系団体機関紙などで、積極的にフェミニズム批判を繰り広げていった。

二〇〇二年頃から二〇〇五年末まで、毎号のようにジェンダーフリーおよび男女共同参画の批判的記事を掲載していた『正論』では、「革命」や「全体主義」、「マルクス主義」という名詞のついたタイトルが多く並び、フェミニストの左翼性を暴くという形式の論調が続く。[13]また、ジェンダーフリー、男女共同参画に関する様々な試みはマルクス主義や共産主義を実現させるための手法であるとした。例えば「同室着替えをさせ、羞恥心を失わせ、男女の性差を無くすことで〝真の平等〟を実現させようと目論んでいる」等、もっともらしい解説がマルクス主義等の言葉に還元される形で加えられていく。

政界での動きはどうか。一九九八年十一月十二日、東京都議会の文教委員会にて、古賀俊昭都議がジェンダーフリーという言葉をとりあげて、「過度の、過激なフェミニズムというか、考え方で行政を進めていく」と東京都を批判した。東京女性財団の事業に七億円以上の予算が使われていることも指摘している。

二〇〇〇年二月二日、東京都議会各会計決算特別委員会において、土屋たかゆき都議が、東京女性財団の様々なジェンダーチェック小冊子について、作成と配布意図、どのような活用をして総額がいくらかを問う質問を行った。土屋都議は、男の子が女の子におごるというと「おくれている人間」などと点数化する冊子の内容に問題があると主張した。さらに「東京都のいう男女共生というのは、性の違いを認めながら、平等な社会参画ができるようにしたいというのが基本方針でしょう」と自説を述べた（東京都議会会議録）。

一九九九年、石原都知事の教育政策を支援する目的で藤岡信勝らによって設立された、「東京都教育再興ネットワーク」の運動が、東京都におけるジェンダーフリー批判の流れに大きな役割を果たした(14)。この団体は男女が互いの特徴を尊重しあう正しい男女観の確立、ジェンダーフリー論を持ち込ませない等を方針として掲げ、運動を展開した（第三章も参照）。二〇〇〇年には、石原都知事の決断により、東京都の男女平等参画条例には「(男女は)互いの違いを認めつつ」という文言が入った。さらに同年、ジェンダーフリーを考案した東京女性財団廃止が発表され、二〇〇二年三月末に解散となった。

「ジェンダーフリー」批判の高まりと反「男女共同参画」言説の展開

二〇〇二年秋、『世界日報』が反男女共同参画・ジェンダーフリーの特集を組むなど、積極的にフェミニズム批判を始めた。他にも日本政策研究センターが発行する『明日への選択』等、保守系団体機関誌やマスコミ、ミニコミ媒体が積極的なフェミニズム批判を展開するようになる。これと軌を一にして、教育現場におけるジェンダーフリー教育や性教育批判、および男女共同参画政策についても、条例づくりへの批判、センターでの講座、事業やパンフレット批判などが盛んになっていき、そこでジェンダーフリーという言葉に焦点が当たっていく。それとともに、フェミニストや女性学・ジェンダー学者批判もミニコミ、マスコミおよびネットメディアにおいて目立つようになってきた。

二〇〇一年後半からジェンダーフリー批判が活発化した背景としては、主に二つの要素がある。

第一の要因には、藤岡信勝、西尾幹二らのリーダーシップにより「自由主義史観研究会」や「新しい歴史教科書をつくる会」が作られたが、同団体らがすすめてきた「新しい歴史教科書」の採択運動が、中学校の教科書採択が二〇〇一年夏に終わり、一段落したことである(15)。市販本がベストセラーになったものの、実際の採択運動については失敗に終わった。その際、教育問題に関心をもっていた保守運動家らが、他の問題に目を向けようとした時、発見した一つの論点が夫婦別姓や男女共同参画といったテーマだった。

例えば小熊英二・上野陽子『〈癒し〉のナショナリズム――草の根保守運動の実証研究』では、次のように書かれている。

採択の結果が思わしくなかったことなどを受けて、「つくる会」では、どんどん「運動支持派」層が脱会している。「運動推進派」の担い手が宗教団体「キリストの幕屋」の信者たちに移り変わりつつある。教科書採択、というフィールドではもはや限界がある、と見切った「運動支持派」は興味の矛先を「夫婦別姓問題」にシフトしている。

O氏（28）はアンケートにこのようにコメントしている。

「私にとって「歴史」はすでにメインテーマではありません。これからは夫婦別姓とフェミニズムです。（二〇〇二年一月二十九日）」（小熊・上野 2003: 133-134）

二〇〇二年頃まではフェミニズム、男女共同参画、ジェンダー概念などに対する批判的言説は様々な個別の論点（夫婦別姓、セクシャルハラスメント、アファーマティブアクションの是非など）に分かれていた。しかし二〇〇二年頃から、それまでの個別に批判されていた問題が、ジェンダーフリーや男女共同参画の名の下に一挙に収斂されていく。その変化は突如として起こったものではなく、二〇〇一年までの段階で、それらの論点の多くは準備されていた。

第二の要因としては、地方議会における男女共同参画条例制定の動きが起きてきたことが挙げられるだろう。一九九九年に制定された東京都と埼玉県の条例を皮切りに、全国の都道府県や市町村に条例制定の動きが急速に広まっていった。それを受けて、地方議会において、男女共同参画やジェンダーフリー批判の質問が活発化しはじめた。この動きに先鞭をつけたのは、東京都議会のほか、山口県宇部市議会での条例制定に関する議論だった。二〇〇一年十二月の宇部市議会から、保守派の広重市郎議員は「ジェンダーフリー」批判をはじめている。その動きは各所の地方議会に広がっていった。

そして二〇〇三年には、都議会において「過激な性教育」批判の質問が相次ぎ、東京都教育委員会は七生養護学校の教員に対して調査を行い、「不適切な性教育」を行ったとして多数の教員を処分した。これは、障碍を抱える児童向けに工夫された学習方法が、ジェンダーフリーや性教育批判に結び付けられて叩かれるという事件であった。さらに、鹿児島県議会においては反ジェンダーフリー教育の陳情が採択されるなど、地方議会に「過激な性教育」批判の動きも広がっていった。

国会においても、山谷えり子衆議院議員（当時。現参議院議員）が、二〇〇二年四月、日本女子社会教育会（現日本女性学習財団）発行の冊子『新子育て支援――未来を育てる基本のき』（日本女子社会教育会 2002）を画一的な考え方を押し付けているとして批判。(16) さらに山谷は五月二九日には衆議院文部科学委員会において、厚労省所轄の財団法人母子衛生研究会が作成した中学生向けの性教育冊子『思春期のためのラブ&ボディBook』（母子衛生研究会 2002）批判を行い、冊子の回収につながるなど、ジェンダーフリーや「過激な性教育」批判を積極的に展開し、二〇〇四年「ジェンダーフリーは使用しない」という答弁を福田男女共同参画担当大臣（当時）から引き出すなどした。

これらの地方議会や国会におけるジェンダーフリーや「過激な性教育」批判の質問は、国会では地方の事例を、地方では国会での議論を紹介する形で、互いに引用を繰り返しながら「反ジェンダーフリー・過激性教育」の流れをつくりあげていった。

中央政界とネットメディアの動き

二〇〇五年四月、安部晋三党幹事長代理が座長、山谷えり子参議院議員が事務局長となる形で、自民党が「過激な性教育・ジェンダーフリー教育実態調査プロジェクトチーム」（自民党ＰＴ）を立ち上げた。自民党ＰＴは専用のウェブサイトも作成し、「実態調査」を実施し、シンポジウムなどを開催。小泉政権後安倍政権となり、二〇〇七年に安倍政権が崩壊するまで、活動は続いた。

この他、インターネットも重要な「バックラッシュ」をめぐる言説の現場となった。林道義に加え、ジャーナリストの千葉展正、フリーライターの岡本明子、教員の野牧雅子（ハンドルネーム：のまりん）らはインターネット上に個人サイトを開設、積極的にフェミニズム批判を繰り広げた。この他、ブログや掲示板における、固定ハンドルネームを持つブロガーたち（例えばBruckner05、富士山2000、なめ猫など）の言論活動も活発だった。また、二〇〇二年には「フェミナチを監視する掲示板」も開設され、反フェミニズム運動の情報交換や議論が同掲示板上で行われ、岡本明子のサイト上の掲示板とともに、反フェミニズム言論の情報交換コミュニティ的な場となった。

その他、2ちゃんねるの「男性論女性論」板を中心としたフェミニズムバッシングの動きもあり、Wikipediaにおけるフェミニズムやジェンダー、ジェンダーフリーなどの項目の編集合戦が行われた。またソーシャルネットワーキングサービスであるミクシィ（mixi）の「ジェンダーフリーぶった斬り」コミュニティなどにおいてもフェミニズム批判が活発化した。ジェンダーフリー関連の話題がニュースで報道されると、2ちゃんねるなどの掲示板でも、批判的な書き込みが多く寄せられた。

さらに『世界日報』の果たした役割は大きい。『世界日報』はもともと電子新聞の導入が早く、ネット上でのサイトも充実させており、最近は電子リーダー用のアプリを開発するなど、ネット導入に積極的なメディアだった。各地に販売店を持たないからこそ、郵送ではない方法で迅速に同紙の情報を拡げるため、大新聞よりもネット発信に取り組む必要を認識し、ウェブ上での配信を積極的に行っていた（『世界日報』に関しては第四章、第五章を参照）。

反フェミニズムの書籍の出版

議会や教育現場で「バックラッシュ」とよばれる動きが活発化し、さらに保守系ミニコミを契機とし、産經新聞や保守系論壇誌の『諸君！』『正論』、および『世界日報』での記事や論文、インターネットでの反フェミニズム言説が盛り上がっていく中、反フェミニズムの書籍も出版されるようになっていった。先鞭をつけたのは、先述の林道義による一連の著作であろう。一九九六年から約十年間にわたり、集中的に多数のフェミニズム批判の内容の書籍を出版していった。保守運動家らへのインタビューでは、林の著作や運営するウェブサイト、『諸君！』や『正論』などへの寄稿、および具体的にフェミニストとの論争を仕掛けながら、反フェミニズム言説を理論化したことなど、林を評価するものが少なくなかった。

さらに、二〇〇三年以降、『まれにみるバカ女』（別冊宝島編集部 2003）、『男と女の戦争——反フェミニズム入門』(千葉 2004)、『新・国民の油断』(西尾・八木 2005)、『まれに見るバカ女との闘い』(別冊宝島編集部 2005)や『男女平等バカ』(野村編 2005)、『ここがおかしい男女共同参画』(山本 2006a)、『女を幸せにしない「男女共同参画社会」』(山下 2006)など、反フェミニズムをうたう書籍も続々とこの時期に出版されていった。

『新・国民の油断』は、八木秀次、西尾幹二という、当時の「新しい歴史教科書をつくる会」の有力者二名による対談書籍であり、初版に肖像権侵害や間違いがあったことでの回収騒ぎがあったものの、二〇〇五年五月には自民党PTが、自民議員らに無料で配布したことなどもあり、批判マニュアルとして一定の影響力をもった。

これらの書籍の多くには、共通するフォーマットがある。それまで反復されてきた「反共(反-共産主義)」の言説上にジェンダーフリーを位置づけつつ、現状が悪いのは、現状を悪くさせている「誰か」がいるからであり、排除すべきだという思考パターンに基づき、その「誰か」にその都度の固有名詞を入れることで、問題提起の対象を指示している[17]。このような図式化は、夫婦別姓批判のみならず、ジェンダーフリー批判にも以下のように継続されている。

> ソ連邦の崩壊によって追い詰められた共産主義者たちが新たに活路を見出した運動が、いわゆる女・子供を標的とし、またそれを手段とする運動だったのです。彼らはまずはフェミニズム運動で家族解体運動を始めました。マルクス主義も家族解体を主張していましたから、フェミニズムとマルクス主義は一緒になって家族解体運動を一九九二年からすぐに始めたわけです。この典

型が夫婦別姓運動です。

しかし、この家族解体運動に九〇年代後半になってジェンダーフリーが加わってきました。それまでの日本のフェミニズムは、夫婦別姓などの家族解体運動と、セクハラとかドメスティック・バイオレンス（DV）という「男性に対する攻撃」運動が中心でしたが、そこに新たに「ジェンダーフリー」という概念を導入することによって、「性別秩序の解体」を通して「日本社会全体の解体」を志向するという超過激な運動へとシフトしたのです。（中川 2003: 4-5）。

この十年ほどのフェミニストたちの動きを見ていると、全国一斉に同じ方針を出し、全国一斉に同じことを言う。作戦や運動のプログラムも、どこかで決定済みであり、表面に出てくるときには誰もが当然のこととして、その方針の下で忠実に働いている。いかに整然とした全国組織とその指導部が背後に出来上がっているかが想像できる。フェミニズム運動は、革命勢力が背後にいて、綿密に戦略を立て、組織化し、オルグや指導をしているのである。きわめてしたたかで執拗な精神力を持ち、徹底した理論武装をほどこされ、整然と組織だった動きをする、一種の軍団だと認識する必要がある（林 2002c: 244）。

戦うべき敵を「左翼」「共産主義」「フェミニズム」としてレッテルを貼り、その影響力を過大に記述する保守論壇。「ジェンダーフリー」「マルクス主義」「日教組」などの記号の流行は、保守論壇において非常に重要な機能を果たした。

「行き過ぎたジェンダーフリー」と「過激なフェミニズム」

一連のフェミニズムや男女共同参画への批判の論調は、いくつかのパターンにまとめられる。ジェンダーフリーは、フリーセックスと同じ、性差の完全な否定、「男女混合騎馬戦」、「男女同室着替え」「男女混合身体検査」などを招く、男らしさ、女らしさの完全否定、ひなまつりなどの日本の伝統文化を否定、マルクス主義や共産思想に基づいた革命戦略である、という具合である。ただし、細かく見れば、保守論者による論調がまったく同じわけではなく、それぞれの主張の内容にも食い違いがある。

大きくまとめれば、林道義、八木秀次、西尾幹二などの学者は思想を強調し、大沢真理や上野千鶴子などの学者の発言を引きつつ、フェミニズムがマルクス主義、共産主義と関連するという主張が多い。逆に千葉展正、野牧雅子、野村旗守《はたる》らのジャーナリストや運動家は、具体的な地域での運動や取材に基づき、政策や運動の事例、箱モノ行政問題、ドメスティック・バイオレンス（ＤＶ）防止法などをとりあげている。例えば『まれに見るバカ女』シリーズや『男女平等バカ』の編集に関わった野村旗守は、思想やイデオロギーにはあまり興味がないと強調した。むしろ、現実的な行政のあり方、箱モノ問題、予算やその無駄遣いなどに興味があり、具体的な事実関係を書きたかったのだという。また、『日本時事評論』は男女共同参画政策や条例づくりの過程や内容にとくに興味関心を寄せている。『世界日報』は性教育問題、および性的少数者が関わる政策や条例の文言への関心が高い。

「行き過ぎたジェンダーフリー」や「過激な性教育」、「過激なフェミニズム」というのは、この時期のフェミニズム批判に頻繁に使われた言葉だった。「過激なフェミニズム」といったときの「過激」が何を意味するのかも、微妙に違いがある。八木らの書籍などでは、そのマルクス主義に基づいた思想が「過激」であるとされる一方で、『日本時事評論』にとっての「過激」とは、政治へのかかわりの度合いであった。例えば政府の審議会委員として活躍した大沢真理、千葉県知事だった堂本暁子らが最も「過激」となるという。逆に研究活動を主軸におく研究者については、どんなにその思想がラディカルなものであろうとも、重要とはみなさない。

『世界日報』にとっては同性愛・両性愛が「過激」だと捉えられ、よくある男女共同参画条例の内容を超えたものとして、「過激」とみなされたのが、「性的指向」を含んだ都城市の条例だった。よって、都城市条例に関わったたもつゆかりらが「過激」という位置づけとなる。実際にフェミニズム批判を繰り広げた記者や編集者たちに話を聞くと、「言われてみると、けっこう安易に使ってますよね」といった返答さえあった。だが、「見出しはみやすくないといけないし、短くないといけないし、読者を惹き付けなくてはならない。その面で『過激』は便利な言葉だった」という。

その視線の先には、同じ保守派の存在があった。『日本時事評論』の山口敏昭編集長によれば、保守派の人たちの注意をまずこの問題に引きよせる必要があり、その興味関心への喚起として、「過激」という言葉は使い易かったという。もちろん、大沢真理自身が、「過激な案が通った」とビジョンや基本法について語っていることも、「過激」という言葉の利用に拍車をかけていた。

野村旗守にとっては、「過激なフェミニズム」というのは、ジェンダーチェック、言葉狩りなどの「いきすぎたもの」などを意味するという。野村が編集した『男女平等バカ』の裏表紙には、ジェンダーチェックや「言葉狩り」を示唆する言葉の言い換え例が列記されており、フェミニズム＝言葉狩りイメージの強さが伺える。

さらに「過激」イメージを高めた要素として、大沢真理が依拠したデルフィの存在がある。フェミニズム批判の側にとっては、デルフィは「過激」性のシンボルだった。例えば世界日報の山本彰はデルフィについて、「フランスの組織『女性解放運動』（MLF）の中心的存在で、男性に対する強烈な敵対心を持つ活動家だった」と記述（山本 2006a: 306）。さらに千葉展正は、デルフィは「女性の解放のためには、女性による『政治的権力の奪取』が必要であるといふ結論が導きだされる。…このデルフィの信奉者の一人が大澤真理で、彼女が起草した『男女共同参画社会基本法』はデルフィの革命闘争理論に立脚してゐる」（千葉 2004: 108–109）と述べる。なお千葉は、筆者による聞き取りの際に、それまでまったく知らなかったデルフィを読んだのは大沢真理が言及していたからだと述べている。

このように保守派による解説の中で、デルフィの主張は「過激なイデオロギー」と描かれた。そして「デルフィの仮説は、日本のフェミニズム運動の『過激化』に、実に都合のよい理屈を提供してくれた」（小坂 2003）とされ、多数の反フェミニズム系書籍や記事等で取り上げられた。

デルフィやジェンダーフリー概念、男女共同参画条例などについての保守側の解説や批判の中には、例えば千葉展正によるデルフィの思想の解説（千葉 2004: 108–109）や、『日本時事評論』による男女共同参画条例の内容や目指す方向についての指摘（日本時事評論社 2005）等、的外れではなく、著作を読み、相当に調査、分析した上で批判を行ったものもある。

だが、雑誌メディアなどで「過激」「行き過ぎた」として批判された具体例には、「ジェンダーフリー叩き」のためにつくり上げられた、根拠が不確かな批判も多くあった。実際にフェミニストたちがジェンダーフリーの言葉のもとに主張していた内容と、批判側がフェミニストたちはこう主張しているので問題だと想定している内容との間に、大きなズレもしばしば存在していたのである。

例えば「男女共同参画の予算は十兆円で国防費より高い」という批判があったが、これは正確には「男女共同参画基本計画関係予算」で、各省庁の予算の中から、男女共同参画というテーマに関わりそうな予算を単に足し算しただけであり、高齢者や教育支援などの予算も足されているため、金額上は多く見えるものであった。あるいは「自民党のアンケートによれば、過激な性教育・ジェンダーフリー教育の実例が三五二〇件も存在する」という批判もあったが、これは誘導的なアンケートに対する様々な意見を含む回答数を、山谷えり子ら自民党議員が誇張して喧伝したもので、その発表をひきうつした新聞社がそのまま記事化し、拡散されたものであった（荻上 2006）。ジェンダーフリー批判の言説には、多くの誤りを含んだ流言が多く含まれていた。

特に、思想的背景や教育実践をめぐる批判の多くは、流言を含んでいるものが多かった。それらは、「雌雄同体のカタツムリを理想化している」「共産主義の新たな戦略」などといった短いフレーズでわかりやすかった。一方で箱モノ批判や条例批判などは具体的であるが話題性に欠けたことで、結果としてセンセーショナルな流言の方が広がりやすくなったという側面もあるだろう。

3　「バックラッシュ」の退潮とフェミニズム

ジェンダーフリーの没落と「バックラッシュ」の退潮

二〇〇四年四月、内閣府はジェンダーフリーという言葉を「使用しないほうがよい」という考えを示した。そして、〇五年の一二月に決定された第二次男女共同参画基本計画において、ジェンダーという言葉が定義されると同時に、ジェンダーフリーという用語に関しては国としては使用しないという趣旨が、以下のように記載された。

＊「社会的性別」（ジェンダー）の視点

一．人間には生まれついての生物学的性別（セックス／sex）がある。一方、社会通念や慣習の中には、社会によって作り上げられた「男性像」、「女性像」があり、このような男性、女性の別を「社会的性別」（ジェンダー／gender）という。「社会的性別」は、それ自体に良い、悪いの価値を含むものではなく、国際的にも使われている。

「社会的性別の視点」とは、「社会的性別」が性差別、性別による固定的役割分担、偏見等につながっている場合もあり、これらが社会的に作られたものであることを意識していこうとするものである。（中略）

二．「ジェンダーフリー」という用語を使用して、性差を否定したり、男らしさ、女らしさや男女の区別をなくして人間の中性化を目指すこと、また、家族やひな祭り等の伝統文化を否定することは、国民が求める男女共同参画社会とは異なる。例えば、児童生徒の発達段階を踏まえない行き過ぎた性教育、男女同室着替え、男女同室宿泊、男女混合騎馬戦等の事例は極めて非常識である。また、公共の施設におけるトイレの男女別色表示を同色にすることは、男女共同参画の趣旨から導き出されるものではない。（男女共同参画局 2005）

そして、第二次基本計画に伴う自治体への事務連絡として、今後はジェンダーフリーは使用しないようにという趣旨の通知が〇六年一月三一日付で出された。この通知をきっかけに、国、地方ともに行政主催のプロジェクトからはジェンダーフリーの言葉は消えた。

それより前の〇四年四月には内閣府の方針を受け、東京都の教育委員会が「ジェンダーフリー」という言葉を今後は使用しないという通達をだしている。現在もジェンダーフリー発祥のお膝元であった東京ウィメンズプラザに所蔵されている、東京女性財団が発行したジェンダーフリーやジェンダーチェック関連の文献には、「お知らせ」と題した以下の文面の紙がはられている。

東京都では、ジェンダーフリーという用語は、その意味や主張する内容が使用により様々であり、誤解や混乱を生じていることからこの言葉を現在使用しないこととしております。この資料には、「ジェンダーフリー」という用語が使用されていますが、東京都が事業を委託していた東京女性財団により作成されたものであり、現在の東京都の考えとは異なる事をご理解のうえ、ご活用ください。

第二次基本計画にジェンダーフリーという用語に対する注釈が入ったことで、各メディアの報道は一挙に減少していき、主な論客もこの問題から離れていった。一見すれば、保守派の「勝利」にも捉えうるが、「ジェンダーフリー」が削除されたことによる具体的な変化は乏しかった。

筆者は、〇五年頃から、フェミニズムに対して批判的であった「バックラッシュ派／バックラッシャー」と呼ばれた人たちへの聞き取り調査を積み重ねてきた。その人たちも、大部分が〇六年頃を境に、男女共同参画やフェミニズムへの興味を失ったと答えている。もはや男女共同参画やフェミニズムというのは、彼らにとっても過去のこととして語られる。

例えば我々の聞き取りに答えてくれた日本時事評論、千葉展正、野村旗守、世界日報など、当時反フェミニズムの冊子や書籍を積極的に出し、批判を展開していた者たちの多くが、この時期を境に反フェミニズムの論壇や運動の一線から退いている。そもそもフェミニストであることを明らかにしてアポイントメントをとっている筆者に会ってくれるのも、男女共同参画への「バックラッシュ」というものが基本的には「終わったもの」と捉えられていることも理由だと思う。

さらには、世界日報編集委員だった鴨野守は、「なんだかこうして会うと、変な感じですね。懐かしいと言うか、おかしな同窓会のようで」と、私たちとの対話を面白がり、歓迎さえしていた。もちろん、地道に運動を続けている、野牧雅子や岡本明子らの存在はあり、ネットなどでの発信は積極的に続けており、選択制夫婦別姓やＤＶ法反対の運動は続いている。だがそれでも、一時期の「バックラッシュ」の勢いは、既にもうない。

「バックラッシュ」最盛期に大きな役割を果たした保守系論壇誌も、出版不況のあおりを受けて、『諸君！』は廃刊、『別冊宝島Real』も休刊、『正論』も苦戦している。対して、左派系論壇誌として フェミニズム側の論文を掲載した『論座』も廃刊となっており、「フェミニズム対反フェミニズム」を掲げる書籍も、マーケットの小ささもあって、新刊もほとんど出ていない。

宝島社編集部の井野良介によれば、『まれにみるバカ女』シリーズ（別冊宝島編集部 2003; 2005）は、とくに二〇〇三年発売の一冊目についてはかなり売れ、重版や文庫化もされた。だがその流れは続かなかった。『男女平等バカ』（野村 2005）の編者の野村旗守は、『男女平等バカ』には「コアな人たちからコアに反応があった」ものの、一般への広がりには欠け、本も思ったほどは売れなかったという。井野はその理由をマーケットの小ささにみる。『男女平等バカ』では保守系とフェミニズム業界という限られた土俵の中での議論を中心に取り上げることになったのが要因ではないかという。双風舎の『バックラッシュ！――なぜジェンダーフリーは叩かれたのか』（双風舎編集部 2006）も一万部程度の部数だった。「隅のほうで喧嘩をしているような」印象をもたれてしまったかもしれないと井野はいう。

双風舎社長の谷川茂によれば、『男女平等バカ』への反論として出版された面もあった『バックラッシュ！』だったが、野村は『男女平等バカ』の出版とともにフェミニズム問題から関心が他に移ってしまい、『バックラッシュ！』を読むことはなかったという。結果、これらの書籍が保守、フェミニズムやさらにはそれ以外をも巻き込むような議論につながることはなかった。

二〇〇六年のバックラッシュ対抗本の出版の流れが一段落し、女性学やジェンダー研究界隈でも、ジェンダーフリーという言葉は使われなくなっていった。ネット上からもジェンダーフリーという言葉の登場頻度はあきらかに減っていった。すなわち、行政によって広められたジェンダーフリー概念が、行政によって否定され、消えていったのである。

逆に、「ビジョン」において初めて国の文書に登場したジェンダーは、第二次基本計画において定義が示され、残ることになった。そして、女性学やジェンダー学の学者たちは、ジェンダーフリーよりも、ジェンダーを死守するという方向性を明確にしていく。批判を受けたことによって、「ジェンダー概念の大事さ」を抱きしめる方向へと、女性学・ジェンダー学は動いていったといえよう。

フェミニストの言論による対抗と実証研究の欠落

フェミニズムやジェンダーフリー批判の動きに対し、フェミニズムの学者たちの多くは、最初はまともに相手をしなかった。例えば江原由美子は、フェミニズム内では多くの人々は「『あまりにもばかばかしくて何も言う気にもならない』ゆえに、無視するという態度をとった」と述べている（江原 2007: 19）。また、上野千鶴子は、「たしかに『ジェンダーフリー』は攻撃されやすいターゲットでしたが、まさかバックラッシュ派の人びとが、『ジェンダーフリー』と『ジェンダー』を混同することはないであろう。『ジェンダーフリー』は和製英語ですが、『ジェンダー』は国際標準の学術用語です。そこまで彼らが非常識で、無知、無教養、そして野蛮ではあるまいと考えていたことが、間違いだったということです」（上野 2006b: 379）と、彼らが無知なためにこのような攻撃に至ったという理解を述べた（第五章も参照）。

とはいえ、いくつかの対抗言説は、早期のうちからも提示されてはいた。雑誌『インパクション』は二〇〇二年七月号で、「男女共同参画の死角と誤算」という特集を組んだ（インパクト出版会編 2002）。日本女性学会は〇三年三月に、学会ニュースの号外として、『Q&A――男女共同参画をめぐる現在の論点』という文書を発表（日本女性学会 2003）。これを同学会のウェブサイトにも掲載した。そして同年の大会において「『男女共同参画社会』をめぐる論点と展望」というテーマでシンポジウムを行い、後にこの内容は学会誌にも掲載された（日本女性学会学会誌編集委員会 2003）。浅井春夫らによる『ジェンダーフリー・性教育バッシング』は、ジェンダーフリーや性教育に関する保守派の議論に対抗する内容となっている（浅井・橋本・北村・村瀬 2003）。これらは、男女共同参画社会基本法や条例の内容を説明しつつ、ジェンダーフリー教育概念を説明するなど、保守派の言説に対抗する内容となっている。

二〇〇四年〜〇五年頃には、二〇〇四年十二月、大阪府豊中市とよなか男女共同参画センターすてっぷの館長を「バックラッシュ」の圧力で雇止めになったとして元館長が損害賠償を求めた「館長雇止め・バックラッシュ裁判」（二〇一〇年最高裁にて高裁判決確定）、〇五年、当時の広島市PTA協議会会長が性教育を攻撃し名誉毀損したとして、医師が提訴した「性教育バッシング広島裁判」（〇七年和解）等、「バックラッシュ」への対抗を掲げた裁判闘争が開始された。

二〇〇五年〜〇六年にかけては、女性学・ジェンダー学者たちが、バックラッシュに対抗して集会を開催し、書籍を出版していった。『ジェンダー・フリー・トラブル』（木村編 2005）、『Q&A男女共同参画／ジェンダーフリー・バッシング』（日本女性学会ジェンダー研究会編 2006）、『「ジェンダー」の危機を超える！』（若桑他編 2006）、『バックラッシュ！』（双風舎編集部編 2006）などである。その他、岩波書店の『世界』（二〇〇五年四月）や朝日新聞社の『論座』（二〇〇六年四月）などの総合月刊誌において、ジェンダーフリー・バッシングの特集が組まれ、『くらしと教育をつなぐWe』における二〇〇四年末から二〇〇五年にかけての度々の特集、『女も男も』（女も男も編集委員会編 2003）、『女たちの二一世紀』（アジア女性資料センター編 2004）、『アジェンダ』（アジェンダ・プロジェクト編 2005）、『おんなの叛逆』（久野編 2005）や『あごら』（あごら新宿発編 2006）などのミニコミ誌における特集や、『ふぇみん』や『女性ニューズ』などの新聞など、様々なフェミニズム系媒体でも特集が組まれるようになった。

だが、これだけの数の出版物や論文がありながらも、その大部分は「バックラッシュ」の言説分析にとどまるか、地域で対抗運動をした経験談的なものが主であった。条例などに的を絞った事例研究はいくつかあるが、フェミニズム側で運動に関わった人たちの体験談やフェミニズム運動側の調査に基づいた論考となっており、実際の保守運動の調査は行われていなかった。分析をするソースの選択も著しく限定されており、『正論』や『産經新聞』、一部書籍などのマスコミ中心であるため、「バックラッシュ」という動きの全貌を見る事もできていない。

インターネット上では、女性学・ジェンダー学者による動きは僅かだった。ネット上で、男女共同参画やフェミニズム批判への反論として出てきたのは、日本女性学会が二〇〇三年に発行した号外ニュースをネット掲載した「Q&A——男女共同参画をめぐる現在の論点」や、伊田広行のブログなど、少数のサイトのみにとどまっていた。実際の論争に積極的に対応していたのは研究者ではなく、ブロガーやミクシィユーザーたちというのが実態であった。

こうして、対話も実証研究もないままに、テキストの言説分析に多くを依拠したまま、「バックラッシュ」や「バックラッシャー」、「バックラッシュ派」といったイメージが先行し、フェミニストたちによって語られて行った。そのうえで、「バックラッシュ」は「若年男性」「周縁化された男性」（海妻 2005: 43,45）、「中高年保守層と若年男性層」「主婦」（佐藤 2006a: 215,216）、「主婦」や「主婦のいる主人」の男性（金井 2008: 225）により担われているとされ、あるいはそういった人たちは「普通の人々」（佐藤 2006a; 金井2008; 伊田2006; 石2008）であるとされるなど、当て推量のもとに様々に論じられていく。これらの推測に、実証的な研究や調査に基づく記述は見当たらない。

さらに、「小泉構造改革」「ネオリベラリズム（新自由主義）」「グローバリゼーション」などのコンセプトが、定義が曖昧なままに使われ、それをもとに「（普通の）若者の不安」論につなげられる傾向も強くみられる。インターネットが「バックラッシュ」の主要な現場であることが、「バックラッシャー＝若年男性」論の根拠になっているようだが、フェミニズムを批判しているネットユーザーが本当に「若年男性」なのか、「若年」とは何歳くらいを指すのかなどはわからないままである。

細谷実、金井淑子といった倫理学者たちは、「バックラッシャー」と呼ばれる人たちの「心性」を議論することへのこだわりをみせていた。細谷は「バックラッシュを担う人々の関心や心理」を考察し（細谷 2005: 102）、金井もバックラッシュは新しい歴史教科書をつくる会の「普通の市民」たちによるものであるとし、「主婦であることのアイデンティティ・クライシス、より本質的には『主婦のいる主人』の男性たちの危機意識が介在する」と論じている（金井 2008: 225）。二〇一〇年六月、日本女性学会で開催した「『ジェンダーフリー』と『バックラッシュ』を再考する」ワークショップにおいては、細谷が主婦をもつ男性が「バックラッシャー」であるという自説を唱えていた。しかし、いずれも実証研究に基づくものではなかった。つくる会が本当に地域での「バックラッシュ」の主要な動きを担っていたのか、その人たちは本当に「主婦」や「主婦のいる主人」の男性なのか、「普通の人々」というのはいったい誰のことなのかについて、論拠が提示されるわけでもなく、その後も語られることはなかった。

このように、女性学・ジェンダー学者によって多く語られている「バックラッシュ派＝不安にかられた普通の人々」説が蔓延している背景には、『〈癒し〉のナショナリズム』（小熊・上野 2003）の影響がある。「新しい歴史教科書をつくる会」についての唯一のエスノグラフィー研究であり、保守研究としても非常に重要な同書だが、新しい保守運動に関する実証研究といえる著作が今のところほとんど出ていない中で、過度の影響力をもつに至っている。

だが、この研究が行われて以来十年近くの時が経過しており、つくる会にしてもその間、求心力を失い、分裂騒動を起こすなど、かなり内実が変動している。また、つくる会とフェミニズムへのバッシングとの間には、共通する側面もあるだろうが、まったく同じ層によって同じように担われたと思い込むのは問題だ。

このように、女性学・ジェンダー学者らは、実証研究に基づくことのない議論を行い、それを孫引きし広めていった。これは、ジェンダーフリーの「ヒューストン提唱説」が検証されぬままに、引用され、孫引きされていった経緯と重なる。例えば、先行研究をそのまま前提にして主婦を「バックラッシュ」主体と見なした上で、なぜ主婦たちが「バックラッシュ」に参加するのかを、保守系雑誌の言説分析のみから行う（鈴木 2011）など、先行研究の批判的議論が不十分なままの研究も行われている。

だが、筆者らが調査の過程で出会ってきた、反フェミニズムの男性たちの妻たちも、実際には働いているというケースも多く、「現実の生活を成り立たせるためには、妻も働かざるを得ない」と語る者もいた。

さらに、女性で、学者、教員、ライター、ジャーナリストなどの職業を持つ反フェミニズム論客もいる（例えば長谷川三千子、岡本明子、エドワーズ博美、野牧雅子など）。第四章で詳述するように、都城市の男女共同参画条例に関しては、女性市議（当時）が、旧市の条例に反対する立場として主要な役割を果たしたし、国会での山谷えり子議員の役割は大きかった。大阪府豊中市で、男女共同参画条例案に抗議する運動に関わった夫の増木重夫とともに、塾経営をしつつ、「教育再生地方議員百人と市民の会」など様々な運動の事務局作業をこなしてきた増木直美のような存在もいる(18)。さらに第二章の宇部や、第三章の千葉の事例をみても、女性を前面にたてて保守陣営は運動を展開したことがわかる。

「バックラッシュ派」は恐ろしい、おぞましいというイメージはフェミニズムの学会や集会、メーリングリストやブログ等でも繰り返し発信され、「バックラッシュ」は司令塔をもつ全国組織によるものというイメージも作られていった。例えば「館長雇止め・バックラッシュ裁判」の報告書籍『バックラッシュの生贄』では、「バックラッシュ攻撃」は「ファシズム的運動」（三井 2012: 50）で「嘘つき野郎ども」（三井 2012: 110）によるものだと記述されている。浅倉むつ子も同裁判提出の意見書において、「バックラッシュ勢力」は「おぞましい手口」（浅倉 2012: 7）を使い「執拗で陰湿な攻撃・批判」（浅倉 2012: 182）を行うとし、日本会議という「全国組織を背景」としているとする（浅倉 2012: 182）。

裁判闘争であったために、文書などによる証拠は詳細に検討されている反面、「バックラッシュ勢力」とされた人たちは被告ではなく、証人として法廷の場で証言することもなかった。そのために、この人たちの背景や思いについて、フェミニストたちは裁判書面や原告の経験談などから垣間みるにとどまり、原告側の描いた「バックラッシュ」イメージのみが増幅されやすかった（第七章も参照）。

このように、女性学・ジェンダー学者や弁護士、運動体などによる、主婦や「主婦のいる主人」の男性を「バックラッシャー」とみなそうとする言説や、「バックラッシュ」は「ファシズム的運動」であるという解釈は、「バックラッシャー」は自分たちとは著しく異なる他者であるとみなす機能を果たしてしまった。それは、係争における論争相手＝保守運動家たちが、「敵」としてのフェミニズムを過大視し、実態とは大きく異なるイメージを保守論壇内で共有した姿と、まるで鏡写しのようでもあった。

では、一体「バックラッシャー／バックラッシュ派」とは、本当は誰なのか。フィールドワークをもとに、次章以降で詳しく論じていくことにする。

【註】

（1）この冊子は教員や教員志望の学生のみならず一般市民にも求めに応じて広く配布された。冊子の反響については、東京女性財団によれば、一九九六年三月時点での販売総数が四五五五冊であったという（東京女性財団1996）。

（2）ジェンダーフリー概念の広がりの中で、大きく歴史が変更され、概念導入以前の歴史が消されて伝えられた運動に、男女混合名簿運動がある。一九八〇年代から「行動する女たちの会」や、現場の教師たちが進めてきた男女混合名簿運動が、「ジェンダーフリー教育」の一環として行政や女性学・ジェンダー学者たちによって語られはじめ、その語りが教員組合などにも広がり現場にも波及した頃に、「バックラッシュ」が起きた。そして混合名簿は、ジェンダーフリー教育の典型例であるとして、バッシングをうけることになった（長谷川 2006）。

（3）例えば亀田温子・河上婦志子・村松泰子・岸沢初美の一九九八年『教師教育におけるジェンダー・フリー学習の実態調査報告書』などは、東京女性財団の自主研究助成事業として行われた。

（4）ヌエックの事業においても、ジェンダーチェックの使用が女性学・ジェンダー学者らにより推奨されていた。例えば伊藤公雄は、ヌエック研究事業の一環として行った男性対象ジェンダー講座に関する研究報告論文の中で、「男の自立度チェック表」というジェンダーチェックの使用を推奨している（伊藤1997: 86-87）。また、「ヌエックアドバンストコース」（リーダー研修）として開催されたセラピスト・平川和子の「意識変革のためのコンシャスネス・レイジング」講座においても、ジェンダーチェックリストが使用されていた（荒谷 1999）。

（5）大沢真理は一九五三年、群馬県生まれ。東京大学社会科学研究所教授。専門は社会政策論。

（6）上野千鶴子は一九四八年、富山県生まれ。東京大学名誉教授。専門は社会学。現在、ＮＰＯ法人ウィメンズ・アクション・ネットワーク（ＷＡＮ）理事長、立命館大学大学院先端総合学術研究科特別招聘教授もつとめる。上野については、第五章、第七章も参照。

（7）デルフィに関する研究書 *Christine Delphy* の著者のジャクソンも、デルフィが主張したような反本質主義がアカデミアで主流となった中、ポスト構造主義やポストモダン・フェミニズム理論家が「フランスのフェミニズム」に触発されたと述べていると指摘する。だが、デルフィとともに唯物論者であったウィティグについてファスやバトラーが言及する例外こそあるが、それ以外のフランスの唯物論フェミニストたちは、ほとんど言及されることはなかったといい、とくにデルフィは英語圏のフェミニズム理論家たちにほぼ無視されていたと述べる（Jackson 1996: 135）。よって、上野のデルフィが「八〇年代のジェンダー論に決定的な転換を持ち込んだ」という主張は、少なくとも上野が多くを依ってたつ英米圏に関しては、無理がある解釈だといえる。

(8) 日本でジェンダー概念が広く使用される契機になったのは、このシンポジウムでのデルフィ発言が契機であるという指摘もある（船橋 2006: 168）。デルフィの主張についてはDelphy（1996）を参照。

(9) 上野の「差異の政治学」では、デルフィが主に反発していたフランスにおける本質主義的な思想の流れに触れられることはなく、本質主義は「アメリカを中心」（上野 1995: 8）にした動きだったと述べ、アメリカのギリガンのみを代表的だとした。また、ウィティグは「ポスト構造主義」の流れにおいてのみ取り上げるなど、デルフィに関連する思想潮流についての記述に問題があるといえる。

(10) 日本会議は一九九七年に設立された保守系民間団体。保守系知識人や旧軍関係者などによる「日本を守る国民会議」と、保守派宗教勢力の集合体の「日本を守る会」が統合し設立された、「全国に草の根ネットワークをもつ国民運動団体」（日本会議）。

(11) 林道義は一九三七年長野県生まれ。元東京女子大学教授。経済学博士。現在の専攻はユング心理学。

(12) 八木秀次は一九六二年広島県生まれ。高崎経済大学教授。専攻は憲法学、思想史。日本教育再生機構理事長。

(13) 例えば、林道義（2002c）、八木秀次（2004）、石井公一郎（2004）など。

(14) 藤岡信勝は一九四三年、北海道生まれ。東京大学教授を経て、現在拓殖大学客員教授。専門は教育学。新しい歴史教科書をつくる会前会長、自由主義史観研究会代表。

(15) 西尾幹二は一九三五年東京都生まれ。評論家。電気通信大学名誉教授。専門はドイツ文学。「新しい歴史教科書をつくる会」設立人の一人。

(16) 山谷えり子は一九五〇年、東京都生まれ。福井で幼少期を過ごす。『サンケイリビング』編集長等をへて、民主党より衆議院議員、民主党離党後、自民党より参議院議員(二期)。

(17) 本のメインテーマではないが、憂国言説の中の一例としてジェンダーフリーを提示する本は多い。例えば松浦光修(2003)、町村信孝(2005)、柴田敦史(2005)、安倍晋三(2006)など多数。

(18) 「教育再生・地方議員百人と市民の会」(一九九九年設立、二〇一〇年からNPO法人)は、大阪府吹田市に事務局をおく保守系市民団体で、「教育改革・正常化」を目的としつつ、地方議員による議会を通じた活動のほか、学校への申入れ、集会等の開催を行う。さらに、メーリングリストによる毎日のニュース配信、ウェブサイトでの情報発信や印刷版ニュースレターの発行、郵送といった情報発信も行っている。学習塾を経営する保守運動家の増木重夫が事務局長をつとめている。

第二章　地方からのフェミニズム批判
——宇部市男女共同参画推進条例と『日本時事評論』

山口智美

「男らしさ、女らしさを一方的に否定することなく」、「専業主婦を否定することなく」という文言が入った山口県宇部市の男女共同参画推進条例は、二〇〇二年六月に可決され、フェミニストたちに大きな衝撃を与えた。この宇部市の条例をめぐる動きをリードし、全国に男女共同参画への批判の動きを広げたのが、山口県山口市に本部を置く『日本時事評論』という論評紙だった。

本章では、宇部市の男女共同参画推進条例をめぐる動きについて、日本時事評論の関係者、宇部市議や運動家、行政担当者らへの聞き取りに基づいて考察する。

宇部市の条例をめぐる保守派の運動は、女性学・ジェンダー学者が推奨し、地方にむけてトップダウンで提示された「モデル条例」に基づく条例づくりへの明確な批判運動だった。上程された条例案に反対したのは共産党だけだったという結果は、行政主導の条例づくりが地域の住民たちを十分に巻き込めていなかったことを露呈した。

宇部市の条例は保守派に注目され、各地で条例に関する同様の動きを引き起こした。また、日本時事評論の主張は保守系メディアやインターネットを通じ、各地に広がりをもっていった。

1　日本時事評論との出会い

山口県山口市で発行されている、『日本時事評論』（新聞媒体としてとくに指し示す場合を除き、以下、『日本時事評論』ならびに日本時事評論社を、日本時事評論と記述）という小さな論評紙のことを知ったのは、二〇〇四年の終わり頃。大阪府豊中市のとよなか男女共同参画センターすてっぷの館長雇い止め裁判の一支援者として、提訴準備のための調査をしていた時のことだった。「各地で配布される反フェミニズムの媒体があるようだ」と、メールで流れてきた情報は、青と黒の二色刷りの『日本時事評論』の紙面のPDF版。この発行元が、「バックラッシュ条例」として一躍有名になった、山口県宇部市の男女共同参画推進条例づくりに関わったとのことだった。

「男らしさ、女らしさを一方的に否定することなく」、「専業主婦を否定することなく」などの文言が書きこまれた宇部市の男女共同参画推進条例は、二〇〇二年六月、宇部市議会で可決された。それまで各地では、基本法に準じた内容の男女共同参画条例が制定されてきたが、それらと方向性の異なる内容の条文が含まれたこの条例は、条例づくり運動をすすめていたフェミニストたちに衝撃を与えた。そして同条例は、「バックラッシュ」と呼ばれた一連の動きのシンボルとなり、フェミニズムにとって最悪の事例として扱われることになったのだ。

男女共同参画を熱心に扱い続けるこの地方の小さな新聞社が、全国的に知られる事例となった宇部市の条例の背後にいた――。なぜこの新聞が、これだけ熱心に男女共同参画批判をしているのだろうか。疑問に思い、国会図書館で『日本時事評論』の紙面を見たところ、男女共同参画批判については、記事数、内容ともに、どの保守系媒体よりも充実していたことに気付いた。さらに、この新聞が「新生佛教教団」という宗教団体の社会活動の一環という位置づけのようだということまでは調べられた。

だが、それ以上のことをネットや図書館だけで調べるのは難しかった。「バックラッシュ派」といえば、右翼というイメージを私はもっていたし、正直、連絡をとるのさえ躊躇した。わかるのは電話とFAXの番号。海外在住ということもあったが、いきなり電話をするのは気が引けた。そこで、まずはFAXを送り、インタビューのためのアポをとることにした。もともと私は、〇五年秋に、宇部市をはじめとする山口県内の男女共同参画をめぐる経緯についてフィールド調査をするため、山口県のいくつかの市町村に出向き、男女共同参画課の人たちや議員らに話を聞く予定だった。その際に、日本時事評論の人にも会ってみようと考えたのだ。

たった一枚のFAXを送信するのに、これほど緊張したのは初めてだった。「バックラッシャー」というものに直接触れたことがあまりなく、恐い人びとという偏見に囚われていたためだと、今にして思う。

近日中に電話すると書いたので、電話をした。女性がでたので、「山口編集長をお願いします」といったところ、不在だがメッセージを伝えておくという返事。ごく普通の中小企業といった感じの対応で、拍子抜けした。間もなく山口敏昭編集長と連絡がとれた(1)。用件を伝えるとさすがに先方も警戒したのか、取材ではなく、意見交換の機会であるという条件のもと、会えることになった。

私が山口市内にある県婦人教育センターに宿泊していたこともあり、その一階の椅子のあるエリアを待ち合わせ場所に指定された。そこに向かうと、坊主頭の男性が、男女共同参画のパンフレットや図書をチェックしているのがまず目にはいった。次いで、他に男性二人が来ていたことに気づいた。坊主頭の男性は、宇部市の浄土宗寺院の末次信明住職。あと二人の男性は、日本時事評論の山口編集長と西坂弘行記者だった。対してこちら側は、私と、山口県内在住の知人女性だった。

坊主頭の男性は、スキンヘッドでしかも和服という出で立ちだったため、典型的な右翼ではないかと最初に見たとき私は思ってしまった。しかし、末次住職は、話し始めるととても腰が低く、にこやかで、穏やかな人だった。

日本時事評論の二人は当時、四〇代半ば。山口編集長はにこやかに、西坂記者は朴訥とした感じで、やはり穏やかに話す人たちだった。私が勝手に抱いていた「バックラッシャー」の恐ろしい攻撃的イメージが、しょっぱなから腰砕けになった。シカゴ土産のチョコレートを、「フェミニストからでも、毒なんて入っていませんよ」と冗談を言いつつ、お土産として渡したところ、自販機で売っている缶コーヒーをご馳走してもらうことになったが、「バックラッシャー」に缶コーヒーとはいえおごってもらっていいのだろうかという思いが、一瞬頭をよぎった。百円の缶コーヒーが気になってしまうほど、相手のことを「敵」と認識してしまっていたのだ。

〇五年の秋、この時はまだ「バックラッシュ」盛り上がりの最中でもあり、緊張感に満ちた出会いだった。だが話の中で、この三人の男性たちがフェミニズムの主張についてかなり勉強を積み重ねていることはすぐに伺えた。紙面から私が感じていた、荒唐無稽な主張という印象とはかけ離れた、フェミニズム文献を読み、理解し、それへの違和感をわかりやすい言葉で語ることができる人たちがそこにいた。「バックラッシャー」の主張はくだらないとバカにしてはいけない、この人達は勉強し、わかった上で、戦略を考えて批判しているのだ、しかも地域において信頼されるに足りる立場をもち、人柄を感じさせる人たちなのだと、この二時間弱ほどの会合で実感することとなった。

私が行った一連の「バックラッシュ」調査の中で、最も長期間にわたって会い続けたのが、日本時事評論の人たちである。〇八年以降は、夏休みの時期、私は山口県に数日ではあるが通い、『日本時事評論』も定期購読するようになった。

「なぜ私たちに注目するんですか？」と何度か山口編集長にはいわれたと思う。正直言えば、私自身も当初はよくわかっていなかった。当時、そしておそらく今でもフェミニストの間で支配的な考え方は、何らかの「司令塔」が「バックラッシュ」側には存在するというものだった。フェミニストらが疑っていたのは、九七年に設立され全国に支部をもつ保守系民間団体の「日本会議」や、『世界日報』紙と関連する「統一教会」だった。そういった「司令塔」が指令を上から下、中央から地方へ流しているという考え方に、私自身も影響されていた。(2)

だが、山口県に通うようになり、中央の日本会議に地方の一新聞社である日本時事評論社が従ったのではなく、逆に、どの論客よりも先に、男女共同参画批判の議論をつくり、綿密な情報収集を行い、運動をリードしたのが、日本時事評論だったとわかった。「バックラッシュ」と呼ばれた動きの柱の一つだった、男女共同参画条例づくりへの批判は、地方の山口県からはじまり、各地に広がった運動だったのだ。

2　基本法から「モデル条例」へ

一九九九年六月、男女共同参画社会基本法が国会において全会一致で成立し、公布された。対談集『ラディカルに語れば』の大沢真理との対談の中で、上野千鶴子は基本法の策定プロセスについて「つまり、納得しながら進めてきたんじゃなくて、あれよあれよと大沢委員に寄り切られて、ふりかえったら『そんなことをやってしまっていたボクちゃん（笑）』ということなんでしょうか」と述べている（上野 2001: 29-30）[3]。審議会の段階でも「あれよあれよ」だったものが、さらに国会においても全会一致だったために、議論もないまま通ってしまったと述べているわけだ。

この展開についてフェミニストからの異論もあった。例えば弁護士の中島通子は、男女共同参画社会基本法の成立は新ガイドライン法体制の成立と関係があると指摘している[4]。さらに中島は以下のように続けた。

> 男女共同参画審議会の審議内容が明らかになるにつれ、大きな疑問が湧いてきたが、「国会を通すためには妥協が必要」「民法改正の失敗の轍を踏まないために、男たちが気づく前につくらなくては」などといわれるようになった。（中略）この間、男女共同参画室、同審議会および自治体行政周辺NGOの女性たちから、「とにかく基本法を成立させよう、そのために批判は控えるべきだ。二兎を追うものは一兎も得ず」などという声が、さまざまな形で伝えられ、まさに批判

できない「雰囲気」が広がったのだった（中島 2000: 12）。

私が聞き取りを行った保守の人たちも、基本法について、多くが口をそろえて「注意を払っていないうちに通ってしまった」と述べている。国会で様々な重要法案が審議されていたことに加え、この時期はちょうど、九七年に設立された「新しい歴史教科書をつくる会」による教科書運動が盛り上がった時期とも重なった。このため、男女共同参画の動きを察知できていなかったようだ。

基本法の策定を受け、地方自治体による男女共同参画条例づくりが本格化していった。九九年三月制定の埼玉県男女共同参画推進条例と、東京都男女平等参画基本条例が自治体での最初の条例制定となり、翌年、山口県の男女共同参画推進条例が、都道府県としては三番目に制定された。二〇一二年現在、千葉県を除く全都道府県において男女共同参画推進の条例が制定されている。さらに二〇〇〇年以降、多数の市区町村でも条例づくりがすすめられた。この頃、日本の女性運動において、条例づくりが一つの大きな動きとなっていった（山下・橋本・齋藤 2001: 2-3）。[5]

条例制定運動の中心にいたのは、橋本ヒロ子（十文字学園女子大学教授）である。[6] 橋本は、埼玉県の条例策定に関わったのを皮切りに、新潟県上越市の条例策定委員長などをつとめ、ヌエックでの夏の女性学・ジェンダー研究フォーラムで条例ワークショップも開催（橋本 2002a）。条例の作り方や内容についての論文も書き、条例づくりの意義や方法について広める役割を積極的に果たしていた。

橋本は、〇一年六月に、埼玉県の条例づくりにともに関わった市民団体の北京ＪＡＣメンバーでもある法学者の山下泰子、弁護士の齋藤誠とともに、『男女共同参画条例のつくり方』と題した、埼玉県と東京都の条例をモデルとして解説するマニュアル本を出版した（山下・橋本・齋藤 2001）。特定の自治体の条例をモデルとして掲げ、それをベースとして全国各地の条例をつくることを奨励したのだ（山下・橋本・齋藤 2001; 橋本 2002b）。

橋本は条例づくりには、⑴首長案として議会に提案、⑵議員提案、⑶住民請求の三つの方法があるとする。そして最も多いのは首長が議会に提案するもので、そこでは審議会や条例策定委員会への参加はもとより、公聴会の開催、メール、FAX、郵送による意見募集といった「住民参加」が不可欠と主張する。「男女共同参画推進条例案づくりは、女性団体など市民が議会や行政と連携し、協力して策定することが最も望ましいのです」（橋本 2001: 21–22）、「女性団体・市民は、自ら条例案を策定したり、条例案の策定に関わる過程で、行政の仕組みがわかり、エンパワーすることができます」（橋本 2001: 22）などの記述から、橋本のいう「市民／住民」は実質上、地元の女性団体を念頭においていると思われる。

さらに、橋本は「財政難などによる男女共同参画推進に対する逆風をはねかえすまたとない根拠」となるから条例が必要であると述べ、「男女共同参画の意味を曲解して、これまでの家族の絆を破り、社会システムを壊すとして敵視する勢力も増してきています」（橋本 2001: 28）とも主張する。また橋本は、一九九五年の北京会議のフォーラムに出席した女性たちが「大きくエンパワーし、地域の女性の政治参加や条例制定の推進力になってきた」とする。そして、「エンパワーした女性層と草の根の女性や主婦層との乖離が拡大し、そのことが前述のようなバックラッシュへの適切な対応を困難にしていることも否定できない」と述べている（橋本 2002b: 10）。

しかし、果たして男女共同参画条例は「逆風をはねかえす根拠」になるのか？　橋本の言う「エンパワーした女性層」と草の根の女性の「乖離」が、宇部市の条例が通った理由だったのだろうか？　そして、日本時事評論や、宇部市の保守系議員らは「男女共同参画の意味を曲解」し、宇部市の条例を答申案からひっくり返したのだろうか？

宇部市の条例をめぐる顛末は、橋本らの主張した「モデル条例」や「市民／住民参加」のあり方が批判の的となった事例でもあった。橋本らが提示する条例づくりへの「市民／住民参加」には、男女共同参画や「モデル条例」案に反対する市民／住民の存在が考慮されていなかった。議会における条例案の議論も『男女共同参画条例のつくり方』では十分に想定されているとは言いがたい。

以下、具体的な宇部市条例制定の経緯をたどる。その前にまずは、「バックラッシュ」の中心となった日本時事評論の背景についてみてみよう。

3　『日本時事評論』とは？

『日本時事評論』という新聞

『日本時事評論』を発行する日本時事評論社は、二〇〇二年の山口県宇部市の男女共同参画条例成功の事例を皮切りに、男女共同参画批判の動きに火をつけ積極的にリードし、情報発信も行った(7)。しかし、フェミニズム系の文献で、宇部市の条例反対運動に関わった勢力に言及しているものはほとんどない。三井マリ子が「宇部市の条例に圧力をかけたのは新生佛教教団系の『日本時事評論社』だと言われて」（三井 2004: 27; 三井 2012: 56）いると書いている程度である。

『日本時事評論』は現在、隔週刊の新聞（以前は毎週発行）で、最近はたいてい一回の発行につき八ページのタブロイド（一般的な新聞紙の半ページ分の大きさ）紙面となっている。本社は山口市内にある。新生佛教教団にとっての日本時事評論は、関連会社ではあるものの、機関紙という位置づけではなく、紙面上でも教団色はみられない(8)。内容に関しても特に表立った宗教色はなく、政治、経済、社会問題など、様々な内容の記事を扱っている。部数は、公称三万部。宣伝文として、「世の中の真実を的確にとらえて、真の中道（センターライン）を歩む！」と掲げられている。「中道」と自称するが、その主張の内容は保守的なものが多い。

筆者らが会った各地の保守系議員には、日本時事評論が送られてきている人が多く、日本時事評論は全国各地の地方議員などに相当数、配布されているようだった。日本時事評論は、『日本時事評論』の記事などをテーマに基づいて編集した『湧泉《ゆうせん》』という小冊子も発行しており（第一章、二一頁参照）、第一号、第二号では男女共同参画のテーマを扱った（日本時事評論社 2002h; 2003）。山口敏昭編集長によれば、『日本時事評論』や『湧泉』の役目というのは、「国民が主権者として自らよりよき国や地域を築いていくんだという自覚と意識を持ち、自主的・自活的に判断できるような社会になることを念願し、それに少しでも参考になるような情報発信をしていく」ということだという。

新生佛教教団とは？

では、日本時事評論と関連する、新生佛教教団とはどのような団体なのか。信者数は一万人程度といわれ、教団発行のリーフレットによれば、山口県山口市に本部をもち、国内に八総支部、その下に、支部、分会、連絡所、道場などと呼ばれる施設が約七一〇カ所あるほか、台湾など海外にも道場がある（新生佛教教団「こんにちは新生佛教です」発行年不明）。国内は西日本地域、とくに山口県をはじめとする中国地方や九州地方の支部の数が多い。一九五四年、秋本日釋《にっしゃく》が出身地であった山口県光市において開教し、六三年に、宗教法人となる。六四年には山口市湯田に本部を設立、二〇年後の八四年に山口市吉敷に本部を移転し、現在に至っている。教団は日本会議の構成団体でもある。

「佛教」という名称だが、教団のホームページには、「当来佛が新たな角度で説かれた教えを基に、神佛のご指示でできた教団で、従来の「仏教」を基盤にした、既存の宗教、宗派とは全く関係がありません」と記載されている。神と佛は「同一、同体」であると考えられており、神佛が人間の体を借りてこの世に出現した姿が「当来佛」で、開教の教祖であった秋本日釋が「当来佛」だと考えられている（新生佛教教団 1995）。「宗教は大自然の法則を解き明かした科学」であり、「哲学」であると考え、その「大自然の法則」を学び実践するのが信仰であると教えられている。新生佛教では、世の中はすべて形而上の法則にのっとって動いていると考え、好ましくない出来事が起きたとしても、それは原因あっての結果であり、法則に適った行動をとれば、良い方向へ転換できるとされる。苦や禍も、正しい行動をとれという神佛による「お知らせ」であると考える。法則に適った生活をするために、日々の生活は神佛へのお伺いを常にたてつつ行うとされ、「ご神示」とよばれる神佛と交信して、指の動きで神の意志を知るという方法が使われる。

「社会の秩序が維持され、安心してくらせる社会をつくり、それを子供たち、子孫につなげていく、そうした真の安心（あんじん）、楽心（らくしん）の社会づくりをめざしています」（新生佛教教団「こんにちは新生佛教です」発行年不明）という文章からもわかるように、教義上、先祖から子孫に至る「家族」の縦のラインを重要視する。先祖の供養は「信仰をする上で、必ず行わなければならない基本的事項」の一つとされる（新生佛教教団サイト）。さらに「新生佛教では入信と同時に家族みんなが、信じれば三歳の幼児でも、神佛と交信のできる霊的観応通力をいただくことができます」（新生佛教教団 1995）とあるように、信仰においても家族の単位が重要視されており、家族での入信が推奨されている。

日本時事評論と「良識取返し国民運動」

現在の日本時事評論は、山口県山口市に本社をおき、全国向けに時事問題の論評を発信している。この新聞の歴史をひもとくと、『日本時事評論』の前身は、一九六五年に創刊された『時事日本新聞』という新聞だった。時事日本新聞は本社を岩国市におき、山口と下関に支局をもっていた。時事日本新聞は、岩国市を中心とする地方紙としての日刊夕刊紙を発行するとともに、論説を集約して週一回の『時事日本新聞』特集版を発行していた。前者の日刊版は八六年『防長新報』、そして九二年『防長新聞』に改名されたが、現在は廃刊となっている。後者の『時事日本新聞』特集版は「良識取返し国民運動本部」が発行母体であり、八七年三月まで続いた。それがその後四月から同じく「良識取返し国民運動本部」発行の『日本時事評論』になり、八九年六月からは「（株）日本時事評論社」による発行となり現在に至る。

『時事日本新聞』は全国紙という位置付けだったが、当時の社長が地元紙に特化したいとの方針の変化もあり、ローカルに焦点をあてる『防長新報』と全国向け論評紙としての『日本時事評論』に分離することになった。(9)

「良識取返し国民運動」は、『時事日本新聞』や『日本時事評論』の過去の紙面を筆者が検証した限りでは、六〇年代安保の後のマルクス主義、左翼、労働組合運動などへの批判が大きな目的であったと思われる。創価学会批判も大きな位置付けになっているほか、具体的な地域のテーマとしては、岩国基地の推進、および上関原子力発電所の建設計画推進があり、結果として防衛問題や原子力関係の記事もかなり多い。

だが、少なくとも過去の『時事日本新聞』や『日本時事評論』をみる限りにおいては、フェミニズムへの大きな批判記事は見当たらなかった。例えば「生長の家」が大きな役割を果たしたことで知られる七二年、八二年当時の人工妊娠中絶をめぐる優生保護法改正の動きの際にも、関係する記事は見当たらない。日本時事評論がフェミニズムに関心をみせたのは、九〇年代終わりの夫婦別姓問題や、日教組批判の一環としての「ジェンダーフリー」批判からであり、二〇〇〇年にかけての山口県の男女共同参画条例制定の動きの際に特集記事などを積極的に組みはじめ、二〇〇一年から〇五年頃にかけては、相当な紙面を男女共同参画問題に費やした。

4　ひっくり返された宇部市男女共同参画条例案と保守の動き

二〇〇二年一月に審議会より答申された宇部市の男女共同参画条例案は、県の条例に近い内容のいわゆるモデル条例案だった。だが、同年六月議会で可決された条例の内容はそれとは異なるものとなった。

条例案がひっくり返され、現行の条例が制定されるに至った背景には何があったのか。宇部における条例推進側の市民運動や議員の動きについては、宇部市で長年女性運動に関わる研究者の小柴久子が論文で詳述している（小柴 2008）。本章では、フェミニズムを批判した保守運動や保守議員の動きに焦点をあて、この条例制定過程を再検討してみたい。

山口県大泉副知事の就任と男女共同参画推進条例制定

宇部市の条例をめぐり、男女共同参画に批判的な立場の人たちが危機感をもつようになった理由として、それに先んじた二〇〇〇年七月の山口県の男女共同参画推進条例の制定と、大泉博子元副知事（現衆議院議員、茨城県選出）の存在が挙げられる。大泉の初の女性副知事としての就任と積極的な動きが山口県の条例が東京都、埼玉県に続く全国で三番目の早さでの制定につながったと、フェミニズム側も保守側も評価している（橋本 2002a; 林 2000b）[10]。

大泉は東京都出身の厚生官僚であったが、一九九八年、山口県の二井《にい》関成《せきなり》知事（自治省出身）のもとで、二井の女性副知事をという選挙時の公約を果たすため、県初の女性副知事として登用された。大泉は山口県との地縁もなく、中央官僚を呼び寄せた形であった。

山口県の条例制定の動きに対して、日本時事評論はいち早く、二〇〇〇年五月一二日の一面トップに「〝共参〟主義の押し付けはご免だ!!『男女共同参画』の条例化は疑問！『家族解体』と『国力衰退』を招く危険性」という記事を掲載した（日本時事評論社 2000a）。これは、男女共同参画の条例化そのものに疑問を提示する内容となっており、後に同紙がとった「良識的な」男女共同参画条例をつくる、という方向性とは異なっていた。そして、大泉が「家庭崩壊の危険性を意に介さない姿勢であることは大きな問題だ」と批判。日本時事評論はこの特集記事を契機として、男女共同参画社会基本法やジェンダーフリー批判を積極的に展開するようになった。同年六月の紙面でも大泉に対し、「〝共参〟条例の旗振り役」、「自覚無きフェミニスト」、「共産思想の持ち主」という批判が展開された（日本時事評論社 2000b; 2000c）。

それに続き、林道義東京女子大学教授（当時）は、山口県条例の制定直前の時期に発行された二〇〇〇年七月号の『諸君！』において、大泉の発言や主張を「破壊的フェミニズム」であるとし、県の条例を批判した。林は条例を「人間の心を力づくで変えようという考え方」であり、家庭を破壊し、個人を労働資源として使おうとする共産主義思想に基づくとした。さらに大泉の戦略は、フェミニズムの「政治権力化」であり、上からの思想の押しつけだとした（林 2000b）。

批判の的となった大泉は、副知事時代に『現代好色五人女』という小説集を出版している。同書では、ウーマン・リブを実践してきた主人公が、既婚男性と妊娠するためだけに関係をもち、「未婚の

タブーを破り、奔放に生きる中年の女たちの姿が描かれている（大泉 2000）。自身は「フェミニズム母」として生きてきたという物語や、中年になってセックスに奔放な生き方を送るという物語など、に少し距離を置いて生きてきた」（大泉 2006: 118）とする大泉だが、その小説作品にも、エッセイにも、ウーマン・リブやフェミニズムの視点が色濃く反映されている[11]。

さらには大泉自身も、シングルマザーとして国境や地域を超えて、キャリアを積み重ねてきた人だった[12]。山口県と何の縁もない状態で副知事として就任し、その後、山口県から二度国政選挙に出馬し、落選。「選挙地山口県を後にすることを決めた」ことを「古い日本との永遠の決別」（大泉 2006: 147）であったと表現し、その後〇九年、再び何の縁もない茨城県から出馬して衆議院議員に当選し、現在に至る。「保守王国」といわれる山口県において、大泉の発言や執筆活動などが相当な衝撃をもって捉えられたであろうことは想像に難くない。地元軽視の印象を与えた面もあったろう。

そんな中、林道義の『諸君！』掲載の大泉批判記事を読んで驚き、男女共同参画について疑問を抱くようになった一人が、広重市郎宇部市議（当時）だった。広重は林の論文を読み衝撃を受け、大泉副知事の発言のデータを集め、「びっくりしたんです。これはぼくは、はっきりいって許せない」と思い、二井知事に抗議の意も伝えたという。

だが、山口県の男女共同参画推進条例に関しては、県議会では大きな議論もなく、二〇〇〇年六月に制定された。条例はとくに際立った特色もなく、日本時事評論や林道義による批判も、実際の条例内容についての具体的な批判というより、大泉副知事の発言や副知事が推進する男女共同参画条例づくりへの批判となっている。

だが、日本時事評論は、事情に詳しいある女性の声として、それ以降の同紙の男女共同参画条例づくりへの批判を示唆する以下のような意見も掲載している。

行政は、県民から意見を聞いたという体裁を整えるために審議会を作り、はじめから枠組みを決めている。委員に何を求めているのかも不明瞭だし、意見も反映されないので、委員は誰も本音を言わず、賛成も納得もしないで進められる。県民の意見を本当に吸い上げて反映させ、山口県の風土、県民性に合ったものを作っていくべきだった（日本時事評論社 2000c: 1）。

この意見にみられる、審議会方式への批判、県民の意見の反映や議論の欠落といった論点が、その後の日本時事評論による男女共同参画条例づくり運動批判、および宇部市での「良識的な」男女共同参画条例づくりの動きにつながっていった。

宇部の条例制定と「住民参加」の限界

宇部市には女性団体が数多く存在する。そして、宇部選挙区選出の久保田后子県議（当時。現宇部市長）らの存在もあり、宇部市自体も男女共同参画に積極的に取り組んでいた。一九九八年六月、宇部市は中国地方初、全国で八番目となる男女共同参画都市宣言を出した。さらに二〇〇一年には、男女共同参画都市宣言サミットを開催するなど、男女共同参画に関して山口県内でも、中国地方においても、先進地といわれていた（小柴 2008）。

二〇〇〇年六月宇部市議会で当時の市長、藤田忠夫は「条例制定に関して研究してまいりたい」と答弁を行っている。そして翌〇一年一〇月二九日に市長は男女共同参画審議会への条例の諮問を行った。審議会は市が作成した「条例の基本的な考え方」に従って検討を行い、条例案を策定した。〇二年一月三一日には審議会が条例案を答申。この答申についても目立った異論はなかったという（小柴 2008）。

宇部市でも、条例案の閲覧やウェブサイトへの掲載、審議会への「住民参加」などは行われた。男女共同参画審議会は、市内女性団体や地元新聞社、自治会連合会、商工会議所、市内学校長、地元企業、議会から推薦された合計一七人、うち女性一一人、男性六人で構成されていた[13]。条例制定時の審議会の会長は、〇二年に市内に設立された宇部フロンティア大学初代学長で精神医学、老人医学を専門とする山田通夫だった[14]。

宇部市の男女共同参画担当課は、九六年から毎年、審議会への女性の登用を図るために人材養成講座を開催している。市の審議会委員には、その講座の卒業生により組織された、ネットワークコスモスという団体のメンバーが推挙されるという。男女共同参画審議会委員を出していたネットワークコスモス、連合婦人会、女性団体協議会、うべ女性会議は、穏健な意識啓発を行いながら、行政と結びつきつつ、補完する活動を行ってきた団体であった（小柴 2011）。

これは、審議会委員である学識経験者の専門性についても、女性市民の行政からの独立性にも疑問が生じる状況である。条例づくりへの「住民参加」が可能な住民が属する団体自体が行政によってつくられ、とりこまれ、これらの団体の外で活動する市民がはいりづらい状況でもある。小柴は、行政主導ですすめられた条例づくりのプロセスにおいて、女性や市民たちの条例づくりへの関わりも実際には非常に少なかったと筆者に語った。

さらに小柴は、当時の宇部市においてはそもそも男女共同参画をめぐる動き自体が、行政主導の状態に陥っていたと述べた。例えば、後に広重議員らに批判されたパンフレット『男女共同参画社会With You』がある（宇部市男女共同参画課 2002）。これは小柴も含む市民たちが作成したものではあったが、その後に行政の担当者の手が相当にはいった。広重議員らに批判された部分は、市民が配慮の上で作ったにもかかわらず、行政によって大きく改訂された箇所だった。そんな経緯をへて、パンフレットは廃棄処分となり、結果、作成に関わった市民たちのプライドは傷つけられた。

市から作成した市民への謝罪もあったというが、小柴はもはやなぜそうなったのか聞く気力も怒りもない状態だったのだという。パンフづくりの経緯に象徴された、行政主導の方向性は、条例づくりにおいても同じだったと小柴は語った。市民との条例案に関する意見交換会も開かれることはなく、（審議会外部の）女性団体の意見が聞かれることもなかった。条例の内容についての市民間の議論の機会もほとんどなく、小柴からみれば「行政主導型、市民なんてまるで意識にない」中で、審議会の答申は出された。

条例案への「バックラッシュ」の展開

男女共同参画条例づくりプロセスへの疑問を抱きつつあった日本時事評論や保守系議員側からすれば、宇部市の条例はまさに行政主導の上からの条例であり、かつ大泉が象徴する山口県の男女共同参画の流れをもってきたものであった。すでに県の条例制定で危機感を募らせていた日本時事評論は、二〇〇一年一月から、連載「男女共同参画の表と裏」を開始させていた。そして林道義のロングインタビュー、集会報告やコラムなど、男女共同参画に関して多様な記事を掲載していった。

〇一年七月には男女共同参画サミットが宇部市で開催され、フェミニストのタレント、遙洋子の講演が行われた。日本時事評論は二号にわたり、遥が講師であることと講演会の内容を批判した（日本時事評論社 2001b; 2001c）。この講演については、田中敏弘宇部市議も市に抗議を行うなど、講座講師の人選に疑問がもたれる契機となったという（山口 2002a）。

〇一年一二月二六日には山口市において、「家族があぶない！ 子供があぶない！ 夫婦別姓が描く家族の未来像とは」と題するフォーラムが山口編集長の企画のもとに開催され、広重市郎議員、エドワーズ博美（岩国基地内のメリーランド大学日本語講師）、三浦しのぶ（日本青年協議会会員）の三人が討論を展開、三百人が集まった（日本時事評論社 2002a: 1-3）。広重前市議によれば、この集会でできたつながりが、その後の運動の効果的な展開につながったのだという。

〇一年一二月議会から、宇部市議会において広重市議による、男女共同参画を批判する内容の議会質問が始まった。そして、その翌月の〇二年一月三一日に、審議会による条例案答申があったが、条例案は、その後の三月議会での上程が普通のところを、上程されなかった。結局条例案は六月議会に上程されることとなり、三月から六月議会までの間、保守側は要望書提出、集会開催、チラシの配布などと、運動をたたみかけてきた。例えば四月末に、広重議員は先述の宇部市男女共同参画課発行の『男女共同参画社会 With You』パンフ（宇部市男女共同参画課 2002）が、「結婚のかたち」として多様なあり方を掲載するものであったことについて抗議を行った。山口編集長は、このパンフの内容問題と、結果としてそれが廃棄処分につながったことが、「良識的」な条例づくりにむけて議員や市民が立ち上がる大きなきっかけの一つだと書く（山口 2002a）。

六月議会直前の五月二四日付で、「男女共同参画推進の条例制定に対する要望書」が「良識ある男女共同参画条例を求める市民の会」から市長および市議会議長あてに提出された。代表の女性の名前とともに書かれているのが、日本会議山口、宗教法人佛所護念会教団、宗教法人新生佛教教団、日本青年協議会、やまぐち女性フォーラム宇部、男女共同参画を考える宇部女性の会、および琴崎八幡宮である。保守系団体や宗教団体の連合体ではあるが、「良識ある」という会の名前からして、「良識取返し国民運動」の展開を中心課題としてきた、新生佛教教団／日本時事評論のリーダーシップが大きいことが見て取れる。この要望書では、「ジェンダーフリー」は「過激な思想」として「女性の男性に対する敵対意識を増幅」させる意図があると説明されており、以下の七点の要望がなされていた。

一　「男らしさ、女らしさ」の価値を否定するものではなく、それぞれの性の特性を活かしあうことに重点が置かれること。
二　「男女同質」を企図するものではなく、男女が人間としての本質において平等であるが、自らの存在する性差を否定するものではなく、違いを尊重する態度を育てるべきものであること。
三　女性の社会参加を促すあまり女性が家庭から距離を置くことが女性の自立度の高さとして評価される社会風潮を生み出すものであってはならないこと。

四　家庭が社会の最小単位であり、その社会的使命として次世代の子供たちを育む場であることを踏まえ、家庭尊重のために積極的な施策をうちだすべきものであること。
五　家庭尊重の精神に基づき、父性や母性が家庭において重要な役割を果たしていることを否定するものであってはならないこと。
六　「専業主婦」を否定するものではなく、「専業主婦」も自由な社会参加への一形式であることを認める必要があること。
七　育児において母性の愛が重要であることを無視する風潮を生み出すもので「女性が性の自己決定権を持つ」といった性道徳の退廃をもたらすような内容を盛り込むことがあってはならないこと。

同日に開催された二つの集会

二〇〇二年六月一日の午後に、二つの集会が宇部市で開催された。一つは、宇部市男女共同参画センター「フォー・ユー」の大ホールで開かれた、当時国の男女共同参画推進会議に関わっていた東大教授・大沢真理による講演会「聞こう！　知ろう！　考えよう！『男女共同参画推進条例』」。うべ女性会議など審議会参加の女性団体が中心となり開催、宇部市と、宇部市内の新聞社（宇部時報社、ウベニチ新聞社）の後援を受けている。もう一つは、同日の同時間帯にＪＡ山口宇部本所で開かれた、「ちょっと待って！　男女共同参画」集会。コメンテーターとして、神奈川県在住フリーライターの岡本明子と、山口県田布施町在住のエドワーズ博美。主催は男女共同参画を考える宇部女性の会、こちらも宇部市の後援を受けている。(15) どちらも入場無料の集会だったが、後者の集会が、前者の二倍近

図2.1 「ちょっと待って！男女共同参画」宇部集会チラシ

くの参加者数を集めた。
「ちょっと待って！」集会に関わった広重前市議によれば、五月に条例推進の人たちが大沢真理を招いて集会をするという情報を得て、同じ日に集会をぶつけようということになったという。政府の仕事をしている有名な大沢真理を講師とする集会に対抗したイベントが、結果的に圧倒的に多い人数を集めることができた。これは、とても大きな意味をもったと広重は思っているという。「『男女共同参画週間』協賛事業」の「講演会」と銘打たれた推進側集会に対し、保守側の集会は「宇部市民の集い」として宣伝され、「（保守）市民の声」を強調する機会にもなった。

このように、〇二年一月から五月にかけて、保守側は条例案をひっくり返すという明確な目標のもとに、集中的に動いた。広重は、「三月に（条例が）あがられたら、保守も対抗できなかったと思う。六月まで伸びたのが大きかった」と語る。たしかに、〇二年三月から六月の間に、保守側は数々の動きを仕掛けた。広重はこの期間に様々な資料を集めたという。また、保守側は地元紙への意見投稿をしたり、地元紙の取材を積極的に受けるなどの活動も行っていた。

条例の制定へ

二〇〇二年六月の宇部市議会で、審議会答申と違う条例案を市が提出した。大きな変更となったのが第三条だった。「男らしさ女らしさを一方的に否定することなく男女の特性を認め合い」と「専業主婦を否定することなく」という記述の追加、リプロダクティブ・ヘルス／ライツ項目の全面削除があったのだ。また、家庭尊重の価値観を示す文言も端々に加えられている。ここには先述の「良識ある男女共同参画条例を求める市民の会」による要望書の影響が顕著に見られる。山口県地方自治研究所理事の飯田健によれば、田中敏弘議員と市当局との協議のもとに、要望書の案を市条例案にとりいれたということであった（飯田 2002）[16]。

条例案が上程された〇二年六月議会において、広重議員は「ジェンダーフリー」批判、国会で山谷えり子議員が取り上げた冊子『新子育て支援――未来を育てる基本のき』（日本女子社会教育会 2002）、『思春期のためのラブ&ボディ Book』（母子衛生研究会 2002）批判、講座の講師選定に関する批判を一気に展開した。そして、市提案の条例案に関して、共産党議員による反対質問も行われた。さらに共産党が条例の修正案を出すが否決され、結局市が提案した条例は、共産党議員五名のみの反対ということで可決されたのだった（宇部市議会議事録）。フェミニズムの文献では、典型的な「バックラッシュ派勝利」の事例として描かれる宇部の条例であるが、実際に市の条例案に反対票を投じたのは、共産党だけだった。保守派議員のみならず、民主系、公明系、そして無所属の「市民派」と自称する議員らも賛成票を投じたのである。

市と議会との間で何らかの手打ちがあったであろうことは、六月議会の段階で条例案に反対討論をしたのが共産党議員のみで、それまで積極的に男女共同参画について質問をしてきた議員らが静かになってしまったことから推察できる。さらに、行政職員と女性運動家、女性団体などの間での人間関係が複雑に絡んでいた上に、行政主導型の動きへの反発もあった。このような背景から、単純に保守的な条例案に、宇部市の男女共同参画関係者たちが反対するという構図ではなくなってしまっていた[17]。

小柴久子は論文で、女性団体が条例をめぐって分断させられたことを示唆している（小柴 2008）。

宇部市共産党議員団の議員らも、〇五年に行った筆者の聞き取りに対し、女性団体が分裂させられたことがなによりも大きく、それはそもそも、男女共同参画条例に関して内容の議論が少なかったのが原因ではないかと指摘した。そして、最終的に、市民派系は条例をとにかく通すことを優先し、女性団体の責任者らが崩されてしまったことが大きい、と共産党はみていた。共産党議員団の視点からは、分断の背景には、共産党に対する偏見があり、共同で戦うことができておらず、同じ目標をもって戦えなかったからではないかという。だがこの状況を市民派側からみると、共産党は最終段階まで目立った動きもとらず、すでに遅い段階となって対案をだしてきたという。しかし、保守的な地方の議会において共産党の議案に賛成するということはハードルが高く、本気で対案を出すのならば、もっとうまいやり方があったのではないかという声もあった。この状況は、市民派と共産党系が共闘できない、日本の多くの議会や市民運動の現場の反映でもあったといえるだろう。

5　「モデル条例」への反発と地方議員の役割

「条例のつくり方」と「モデル条例」への批判

宇部の事例においては、保守側が議員や市民たちによる条例についての議論の重要性を強調することになった。地域のニーズを反映するべき条例が、国や県などの方向性に単に沿ったものでいいのか。地元の声はどのように反映されるのか。自分たちの代表である議員らが無関心なままの条例制定は問題ではないのか。審議会の答申の鵜呑みでいいのか。すなわち、宇部を発端に、保守運動は『男女共同参画推進条例のつくり方』に記述された「条例のつくり方」および「モデル条例」に対する批判を展開したといえる。

日本時事評論の山口敏昭編集長は、上からおりてくる男女共同参画への違和感があったと強調する。地方議員が議員立法をできないのが日本の現状であり、それにも問題を感じているという。とくに保守議員は官僚からあがってきた案を通すばかりで、条例をつくろうとか、条例案についてしっかり議論しようとか、問題点をチェックしようという考えすらもたない状況があった。それを何とかしたかったと山口は言う。

宇部では行政の案を保守派がひっくり返し、違うものを作った。保守議員たちにももっと条例に注意を払い、問題点は指摘し、改正すべきは改正していこうという方向性ができつつある。それこそが最大の成果だったと山口は述べる。さらに重要だったのは、審議会の答申はあくまで参考であり、条例制定にあたっては地域住民の代表者である議員が責任をもって制定するという自覚を持ってもらおうとしたことだったともいう。議員が議会で当然に質問し議論を展開する中で、日本時事評論の記事などを通じて執行部提案の条例修正や議員立法の可能性までも示唆したのだ。このインパクトは大きく、他地域での男女共同参画条例をめぐる係争や、その他の条例づくりに関して、保守運動の方向性に多大なる影響を与えていった。中央政治に目を奪われていると見えづらいが、一つの転換点ともいえる大きな変化だった。

広重市郎市議の果たした役割

宇部市の条例をめぐって、議員としての役割を先導的に果たしたのが、これまでも名前が出ている、保守系会派に所属していた広重市郎前市議だった。私は保守系議員とまともに話したこともなかったため、広重に対して、怖い大物議員で主要な「バックラッシャー」というイメージを抱いていた。

二〇〇九年に山口県を訪れたとき、日本時事評論の山口編集長が東京で取材があったということで、帰りの便に私が同行する形で宇部空港から山口県に入った。宇部空港には同社の西坂記者が迎えにきてくれた。山口市の方向にむけて、車を走らせている最中、偶然、話しの中に広重議員のことがでてきたので、勇気をふるって「広重議員にお会いしてみたい」と言ってみた。すると、なんと「じゃあ連絡してみましょうか」と、すぐに携帯で山口編集長は広重議員に電話してくれた。そしてすぐに会えることになり、すでに山口市にむかっていた車を宇部市にむけて引き返すことになった。

そういうわけで、広重議員に最初に会ったときは、日本時事評論の二人の記者と一緒という状況だった。それでも私は緊張していたのだが、実際に会った広重議員（当時宇部市議会議長）は、明るい雰囲気の人で、オープンに宇部条例の時の経験など話してくれた。条例の件があって、選挙の時に「女性の敵」などといわれてしまい困ったなどとも語ってくれた(18)。和やかでカジュアルな会話の雰囲気からしても、日本時事評論の人たちとの強い信頼関係も感じられた。

このとき、条例の件からやりとりがうまれたという、自民党参議院議員山谷えり子のファンだという話を広重議員がしていたのが印象的だ。そして、二〇一〇年の初夏にも、再度広重に会う機会を得た。このときも山口編集長を通してアポとりをお願いし、ひとりで宇部の全日空ホテルの喫茶店に出向き、話を聞くことになった。この日はちょうど、参議院議員選挙戦のために山谷えり子が山口県に来る日だった。このときも、山谷のファンだと広重は笑顔で語り、選挙用チラシを私に渡した。

一九四四年生まれの広重前市議は、小学校一年生のときに父親を亡くし、母が一人で、姉三人と広重の四人を育てあげた。宇部市で育ち、京都大学で過ごした四年間だけは宇部を離れたものの、その後Uターンし宇部興産に就職し、勤務を続けた。四六歳のときに市議に立候補し、二〇一一年に引退するまで二〇年間、市議としてつとめ続けた。九九歳で亡くなったという母が、九三歳のときにNHKのど自慢に出て三つ鐘をもらったことなどの話や、母のことを考え大学卒業後、地元に戻って働くことにしたこと、母のことを大変誇りに思っていることなどを聞いた。そんな広重は、「男女平等は当たり前のことで、男女共同参画などとなぜ特別にやらねばならないのか」と言う。たくましかった母親のイメージが強いことが、「男女平等は当たり前のこと」という考え方につながっているのかもしれない。

広重前市議曰く、宇部の条例案は県の条例と同じようなものであったが、国や県の流れと宇部の立場は違い、宇部では人々の反発があったと考えていたという。それは、中央集権的な男女共同参画政策への反発でもあった。広重には、男女共同参画条例に関しては、地方自治体が条例をつくる必要はないのではないか、という思いが正直いえばあったという。だが、条例の制定が市長の公約であった以上、所属会派が市長与党でもあった立場から、それについては言わなかった。結果としての宇部の条例は「ある意味では当たり前のことを書いた」内容であり、男女共同参画の流れへの歯止めとして「ちょっと待って」という意味をもったと思うという。

宇部の条例運動がきっかけとなり、ネットワークが広がったと広重は嬉しそうに語った。日本時事評論や山谷えり子議員らとのネットワーク、そして宇部市への視察などを通じての日本各地の保守系議員らと広重のつながりが、条例運動のときにつくられた。例えば大阪府豊中市の保守系議員である北川悟司とのつながりも、条例運動のときに強くなったと広重は語った（北川については第五章、第七章も参照）。北川によれば、公的な視察という形ではないが、広重に「美味しいものでも食べに遊びにきたら」と誘われ、宇部を訪れたという[19]。地域に根ざしていた「新しい歴史教科書をつくる会」などによるネットワークは既にあったが、男女共同参画条例をめぐる運動を通じて、保守どうしのネットワークが新たにつくられ、全国的にも広がっていったことがわかる。

広重の語りからは、自らが大きな役割を果たして修正、可決されるに至った宇部市の男女共同参画条例への強い思いを感じた。宇部市の条例が全国的に紹介され、国会でも話題になるというのは大きなことではあったろう。広重は、条例が制定された後も、〇四年三月議会まで積極的に男女共同参画に関する質問を続けた。宇部の男女共同参画の基本計画が条例を反映したものになるのか、講座講師への疑問、市が発行するパンフの内容についてなどである。男女共同参画課の担当者によれば、〇五年頃までは広重議員が参画課に新聞、雑誌記事などの資料を持ってきたりなどがよくあったという[20]。

6　日本時事評論の役割

二〇一〇年に宇部に行った時、広重議員に日本時事評論の山口編集長が条例運動において果たした役割について聞いてみた。すると、情報源と、行動と、両面で非常に大きな役割を果たしたのが山口編集長だったという答えが返ってきた。

「やっぱりいろんなことを動かれるし、情報をとられるし、実際にそういう意味ではあの方の力は大きかったですね。私にとっては非常に。やっぱりあの人と接点があるのもこの件がありますよね。」

そして、山口市にいくたびに日本時事評論に立ち寄って、情報を得たり、交換したりという関係が条例の件以来、できたともいう。

広重は、議員としての役割を果たしたが、当然その背後で運動をつくりあげた人たちがいた。地方からネットワークを広げ、その動きを他の地域および中央に広げていったのには、日本時事評論、なかでも男女共同参画関係の取材や記事執筆をほぼ一手にひきうけつつ、運動のオーガナイザーとしての役割を果たした山口敏昭の存在が大きかった。

山口県での観光、バーベキューと対話の積み重ね

本章冒頭で述べたように、初めて日本時事評論の人たちに会った二〇〇五年の訪問が、私にとって初めての山口県だった。きれいに舗装されて整った道路や、立派な県庁の建物。歴代八人の首相を輩出し、有力な自民党議員が数多くいる県ということを町並みからも感じた。長州藩や毛利家など、偉人ゆかりの銅像、建造物、記念碑などもあちらこちらにあった。通りがかりにあったので入ってみた地元のタクシー会社の二階部分にある歴史展示コーナーの写真展示は、皆、長州の「偉人」だった。長州藩、明治時代というものへのこだわりが、街の風景からも感じられた。

〇五年秋の初対面からしばらくの間は、日本時事評論の人たちに連絡をとることはなかったのだが、〇八年の初夏、たまたま広島に行く用事があったので、再度、山口編集長にメールを送ってみた。久々にメールを送ったのだが、すぐに返事をもらうことができた。そして、新山口駅前のおすすめのホテル情報も聞き、一泊の予定で山口市に行くことになった。ホテルの前まで山口編集長が車で迎えにきてくれた。知る人ぞ知る蛍の名所の近所に、日本時事評論の同僚の家があるということで、そこでのバーベキューに参加することになったのだ。

それ以来三年連続で六月に、日本時事評論社の社員の石井浩二宅で行われた、バーベキューに参加した。カエルの鳴き声が響き渡る、山に囲まれた田園地帯にある家。和室には新生佛教式の仏壇が設置されているのが目に入る。親しい同僚や信者仲間の中で私はどうみても浮いていたが、そんな不思議な来訪者に対して、日本時事評論の人たちは歓迎してくれた。肉、魚、野菜、おにぎり、お餅まで盛りだくさんのとても豪華なバーベキューで、行くやいなやものすごい勢いでお皿に食べ物をよそわれ、ひたすら食べることになる。ビールなどの酒類はなく、「お酒飲みたいとかまったく思わない」とのことで、ウーロン茶やジュースを飲みながらのバーベキュー。そして、アイスクリームなどのデザートでしめる。酒類こそ飲まないものの、よく食べ、絶え間なく様々な話をし、くったくなく笑う人たち。そして、その中に宗教的な経験談だとか、先祖の話などが時折入る。バーベキューが一段落したら、近所まで蛍見学となる。きれいに蛍がとんでいる静かな、緑深い山に囲まれた地区だった。

二〇一一年初夏に行ったときは、宮城県にある日本製紙の工場が東日本大震災で被災して、『日本時事評論』を印刷する紙の供給ができなくなり、やむを得ず新聞の紙質を変えなくてはならなくなった、という中だった。さらには福島の原子力発電所の事故の影響で原子力問題、とくに山口県上関町の上関原子力発電所の建設の推進をライフワークとしてきた山口編集長としては厳しい状況であり、かなり多忙だったろうが、食事をとりつつ話をじっくり聞く機会をいただいた。

このようにして、少しずつ積み重ねてきた対話だった。当然ながら、フェミニズムについても、原子力発電をめぐる問題など、他の社会問題に関しても、山口編集長と私は異なる立場であり、難しい面もあった。しつこく何度も行き、おそらく迷惑も相当かけていたとは思うが、それでも山口編集長はいつも暖かく迎え、対話の機会を持ち続けてくれた。

『日本時事評論』のメッセージと戦術

山口編集長自らの編集する『日本時事評論』や小冊子『湧泉』、さまざまな保守系メディア媒体に書いた記事などが、成功事例として宇部の条例を宣伝し、同様の動きを広める大きな意味をもった。同時に、日本時事評論は山口県の近隣市町村についても、条例についてはＦＡＸで意見を送るなどの運動をしかけていたと、近隣自治体の行政担当者は二〇〇五年当時、私に語っている。さらに山口編集長によれば、宇部で開催した「ちょっと待って！　男女共同参画」集会と同様の集会は、下関市など、当時県内三カ所で開催したという。

二〇〇一年と〇二年に発行された、『日本時事評論』の「号外男女共同参画特集」は、チラシ形式の印刷物で、宇部のみならず、広範囲に配布され、影響力をもった（日本時事評論社 2001a; 2002b）。この「号外」は、山口編集長の仕事だった。通常一色刷りの『日本時事評論』だが、これに関しては

号外 平成13年5月18日 日本時事評論 【男女共同参画特集】

「共同参画」は男女間闘争の始まり！

決して男女の幸せな関係づくりに役立たない

本来の男女平等は、男女の差を認めて、互いに尊重し、助け合うことのはず。しかし、「男女共同参画社会」では、男女の差を無くすことに躍起になっている。それは、フェミニズム（男女同権・女権拡大主義）という過激思想が根底にあるからだ。

「男女共同参画」は、家族解体を策すフェミニズムの過激思想が根元!!

フェミニズムの決め付け思想

「家族は支配機構だ」
「無償の家事労働が、女性抑圧の原因だ」
「男女の性差は、社会的に「作られたもの」だ」
「男（夫）は支配者、女（妻）は被支配者だった」
「自然・環境破壊も、効率・競争中心の男性原理が病根だ」

フェミニズムのささやき

「家事をやるのは強制されているからだ」
「良妻賢母というのは古い観念だ」
「家事・育児をまじめにするのは夫に従属している証だ」

フェミニズムの具体的主張

- 性別役割分担の否定
- 「家事・育児の外注化奨励」
- 働く女性の支援、専業主婦の否定
- 「ゼロ歳児保育」「24時間保育」「育児休業の充実」
- 事実婚やシングルマザー、同棲、同性愛の奨励
- 夫婦別姓の導入

風前の灯にある「明るい家庭」！

マルクス共産主義の影響

- 唯物論（愛情、絆を無視）
- 「賃金労働」重視（家事、育児を軽視）
- 夫婦や家族を対立・闘争の構図で見る

男女共同参画社会の特徴

- 「世帯単位から個人単位へ」家族や夫婦という単位を否定
- 「男らしさ、女らしさ」を否定
- 出産・育児を軽視 女性が働き続けることだけを評価

危ない！

最終目標は「家族解体」だった！

フェミニズムの思想を基にした国家解体・家族解体が「男女共同参画社会」の実体だ!!

フェミニズムは今や体制派

- 官庁や地方自治体、ジャーナリズムに浸透し、影響力を行使！
- 審議会を一部の学者や活動家が握り、それを行政が丸飲み！

日本時事評論

転載自由

図2.2　日本時事評論「号外」2001年５月18日号

号外 平成14年6月1日 日本時事評論 【特集・男女共同参画とは!!】

Q：男女共同参画社会ってな〜に？

A：男と女の一切の区別をやめます。

これまでの文化や風習、風俗、芸術を排除します。

学校では男女混合名簿になります。「男である」「女である」ことを意識させない教育が推進されます。

教科書や副教材などでは、女性の料理や掃除、花壇の世話をしている姿は消えました。「母の日」にエプロンをプレゼントすることも良くないと言っています。

☒ 可愛い服装や名前の女の子
☒ 木登りをする男の子
☒ 野球部の女性マネージャー
☒ 良妻賢母《りょうさいけんぼ》

文部科学省が委嘱して作成した「新子育て支援」のパンフレットで、鯉のぼりやひなまつりを否定しました。

トイレも男女共用が望ましいという広報・宣伝が始まっています。

男らしさや女らしさをテーマにした小説、女の幸せは結婚と決めつけるような歌、「男は仕事、女は家事」と役割分担した童話も、男女共同参画の精神に反するとされます。

童話 ☒「桃太郎」
小説 ☒「坊ちゃん」
歌 ☒「瀬戸の花嫁」 など

○×は「男女共同参画＝男女性差否定」の観点からの是非を表わしています。あなたの常識や良識と合致していますか？

日本時事評論

平成八年七月の男女共同参画審議会答申で、性別による偏りのない社会の構築には、制度・慣行の見直し・検討が必要と提言。その根本理念は「区別は差別」という考えです。男女の区別を一掃する文化大革命が始まっています。

図2.3　日本時事評論「号外」2002年６月１日号（日本時事評論社提供）

青黒の二色印刷で、大きなイラストとともに、印字も大きく、見てすぐメッセージが伝わるつくりとなっている。〇一年五月一八日号は「『共同参画』は男女間闘争の始まり！」という見出しとともに、フェミニズムの思想を基にした国家解体・家族解体が「男女共同参画社会」の実体だという内容だ。〇二年六月一日号は、ひなまつりの廃止、トイレの男女共用、男らしさ、女らしさの否定、男女混合名簿の導入や「言葉狩り」などを事例とし、「男と女の一切の区別をやめます」というのが男女共同参画であるという主張が提示されている。わかりやすいメッセージではあるが、「闘争」「革命」「一切の区別をやめます」「過激な政策」など、フェミニズムに関連づけて強い表現も多用されている。

女性学・ジェンダー学者らは意図はしていなかったかもしれないが、〇三年頃にフェミニズムへの「バックラッシュ」に対抗するとして出された発行物、出版物等は、実質上、宇部市や千葉県の動きの両方に中心的に関わり、当時の反男女共同参画運動をリードした日本時事評論への反論とみることもできる。例えば日本女性学会ニュース号外として〇三年三月に発行された「Q＆A男女共同参画をめぐる現在の論点」は、宇部市、千葉県の男女共同参画条例に関する動きを事例として取り上げた研究会の際に企画が持ち上がったものだった（日本女性学会 2003）。

反論の中でフェミニズム側は、「バックラッシュ」の主張は誤解や曲解に基づくものであるか、単なる懐古的なものだと解釈した。だが、山口編集長からすれば、フェミニズムの主張を理解せずに決めつけていたわけでもなければ、フェミニストに対して恨みがあるというわけではないという。たしかに山口編集長と会話をしていても、フェミニズムの関連文献についてよく読んでおり、その上で反フェミニズムの論調をつくりあげていることは明らかだった。

山口編集長にとっては「より良い社会づくりのために一緒に考えましょうという一つのメッセージでもあった」という。さらには、保守系の人たち、とくに議員に対しての問題の投げかけのために、あえて極端な表現を使った面もあったという。「センターラインにもっていこうとしたときに、こっち（フェミニズム側）に揺れてたものを、センターラインからひっぱってもセンターにはならない。そういう意味では、あえて逆の側から極端に主張することで、どうなんだ、という問題提起をする、そうした投げかけをしているつもりではあるんですよ」と、山口は続けた。

多くの保守系議員が、票につながりにくいために、教育問題や女性問題、家庭問題に興味関心をもっていない。しかし日本時事評論としてはそれらこそ社会の基盤をなす根源的な大きな問題だと考えているので、関心を喚起しようとするが、ほとんど振り向く人がいないという。そこで、同じ保守派の興味をまずはひきつけるために、「過激なフェミニズム」や「行き過ぎたジェンダーフリー」「公共風呂の男女共用」などの極端な表現を、あえて戦術として使っていたということだ[21]。

日本時事評論は、インターネットの利用という面に関してはほとんど動いていない[22]。だが、培われたネットワークを通じて、サイトを持つ『産經新聞』、『世界日報』などのマスコミ媒体や、林道義などネットを積極的に使う知識人などへとその戦略は広がっていった。そして、保守系ブロガー、「フェミナチを監視する掲示板」などの掲示板投稿者らによって、ネット上でも情報が拡散していった[23]。

しかし、宇部市条例およびそれに続いた初期の条例運動に関しては、ネットよりも、小さな地方の新聞媒体が発信源であったことは特筆に値する。山口編集長は前面にでるよりも、裏にまわり、運動のオーガナイザーとしての役割を果たしつつ、運動の情報源としての役割も果たした。メディアである日本時事評論は取材を通じて、様々な議員らと頻繁に話すことが可能であるし、議員や行政への紙面の配布もできる。また、「日本会議」や「新しい歴史教科書をつくる会」の運動を通して培われた様々なネットワークを活かしつつ、新たなつながりを広げていくこともできた。

日本時事評論がリーダーシップを発揮できたもう一つの要因として、「新しい歴史教科書をつくる会」の教科書採択運動の直後の時期であったことが挙げられる。山口市に本部がある日本時事評論にとって、宇部市は同じ県内ではあるが地元ではなかった。にもかかわらず運動を動かせたのは、すでに男女共同参画問題については、日本時事評論が、保守界隈においてはいち早く、全国的にも群を抜いて情報をもっていたことも背景にはある。だがそれに加えて、その直前にあった二〇〇一年の夏のつくる会による教科書採択運動が、運動としては大きな盛り上がりを見せながらも、採択という結果には結びつかなかったという、ある種の挫折感が漂っていた時期にあったことが見逃せない。保守運動も、多様なスタンスがぶつかりあって分裂に至ることも頻繁だ。だが男女共同参画条例に関しては、失敗に終わった教科書採択運動の直後、運動の勢いが落ちた保守運動が次の的を探していた時期だった。そのような状況があった中で、つくる会の運動で培われたネットワークを生かしつつ、日本時事評論が比較的自由にリーダーシップを発揮できた面があったという。

7　宇部条例は「歯止め」の役割を果たしているのか

日本時事評論がみる宇部条例の成果

日本時事評論の人たちに初めて会った二〇〇五年のときの会話で、あくまでも宇部条例は「専業主婦を否定せず」「男らしさ、女らしさを否定せず」と、「否定せず」と主張しているだけだ、と言われたのが印象に残っていた。「否定せず」という表現だと反対しづらいため、方法としては優れている面がある。だが同時に、この「否定せず」という文言は、必ずしも彼らにとっては満足がいくものではないのだろうとも思われた。

その後何度か山口編集長と会話を重ねる中でも、宇部条例はプラスの条例ではなく、ただ単にマイナスだったものが中立的なものになっただけであり、決して自分たちの望む条例を作れたわけではないのだと言われた。「否定せず」という文言は、まずは条例を通すためのストラテジーだったのだ。完璧ではなくとも、この条例を通すことで、前述の広重市議と同様に、山口編集長も、内容を知らずに今日的というイメージだけで進められようとした男女共同参画の流れの一つの歯止めになったという見方を示した。

山口編集長によれば、日本時事評論の立場は、自分たちの代表である国会議員が全会一致で男女共同参画社会基本法を通してしまったという事実は厳粛に受け止め、この法律自体に全面的に賛成はしないが、廃棄は困難で実質不可能だろう、という認識だ。よって、男女共同参画社会基本法自体をなくそうという方向ではなく、あくまでもそれを使いつつ、社会的な利益につながる方向にむけたかったのだという。[24] そんな中、地方における条例は重要であり、使い方によっては大きな効果を果たしうると考えた。だからこそ、山口編集長からみて議論がないままの男女共同参画条例づくりの動きに、危機感を抱いたのだという。

条例は地方にとっては国の法律と同じ意味をもち、その地域の住民の代表者が決めるルールでもあり、住民の自由を制限し義務を課すことにもなる。五年毎に改訂される「基本計画」などは、計画倒れでも済むが、条例となれば全く違う次元で強制力をもちうるので大変重要なものだと山口編集長は考える。だが、その条例に条文を書き込むことの重要性について、議員はもちろん、保守の人たちはよく知らなかったのではないかとも山口は指摘する。逆にフェミニストはそれがわかっていたから、揺り戻しがないように弁をつくりたくて条例を作り、自分たちの思いを表現したのではないかと考えているという。こう述べた後、さらに山口は以下のように続けた。

法律を使う、使わないは、その執行者の手腕によるところがあります。無駄な法律であるかのように思うかもしれないけども、それは使わないからであって、法律を使えばすごく効果があるわけですよ。まして地方自治っていうのは、ある面では大統領制みたいなものであって、首長が絶大な権力をもつわけですよね。であればこそ、逆にどんどん変えやすいということで、（フェミニストたちが）地方自治に目を向け、そのエンジンとしての条例制定にいったのかなあと思いますねえ。（中略）で、そういう面では、行政の中において条例をつくることは非常に重要であると。

それにあまり気づいていない。で、男女共同参画の問題点をむしろ本当は議論しなくちゃいけなかったんだけど、議論せずに良いイメージだけで進もうとしている。これは待ったをかけて、やはり本当に自分たちの問題として考えてほしいという思いがあって、で、宇部の条例制定にも関与したし、まあ千葉は象徴的だったわけですよね。(25)

条例で使えるものは有効に使っていきたいと山口編集長は言う。ではどういうところで条例を使うのか。山口によれば、「宇部市のような条例ができれば、講座で、専業主婦を否定しない人とか、男らしさ、女らしさを否定しないという市民の普通の感覚に沿った人を呼べる」といったことだという。講座の利用などを通して既存の男女共同参画政策を無効化しつつ、「男女が対立関係ではなく協力・協調の関係で、互いの特性を認め生かして社会づくりに参画するという方向性を推進する」ということだと山口は語った。(26)

条例と基本計画の使い方

二〇〇九年に私が訪れた際、宇部市の男女共同参画課の担当者は、条例をめぐっての一連の議論や、パンフレットなどへの抗議をへて、問題が起きないように参画課としては気をつけている面はたしかにあると述べた。そういう意味で「条例をひきずっていないということはない」ということだった。例えば情報誌を作るときには一字一句気をつけて、市長決裁で市長にまで了解を得ねばならないことになっているなど、かなり気を使っているという。「ジェンダーフリー」は国や県からの通達の後、全く使わなくなり、宇部市の場合は「ジェンダー」という言葉の使用も控えている。(27)また、「講師を選ぶときには気をつけなさいよといわれているのは確か」であり、安全な方向性にいきがちではあるという。だが、「それでもって男女共同参画が推進できないかというとそうとは思わないので、それはそういうやり方もあると思うんですよ」と担当者は語った。

男女共同参画のイベントも、それだけで企画を組むと同じ市民が毎回来ることになるので、別の層に訴えるために、市民オーケストラの講演と抱き合わせにするなどしているという。安全な方向性とはいえるが、逆に広がりという面では意味もあるのではないかというのが、行政の担当者の思いではあるようだった。

小柴久子は、条例は保守的なものとなったが、実際には男女共同参画政策は基本計画にそって、それなりにうまく使ってやっているという（小柴 2008）。「基本計画の段階になれば、それなりにみるべきところと無視するところをちゃんと棲み分けて使い切っているんですね。だから男女共同参画政策が後退したとは思わないんです。他県の人たちから、宇部って超保守的で怖いところねって言われるけれども、実情は、そうではないんです」と小柴は語った。問題は条例自体よりも、その使いこなし方であり、本来は議員たちが条例をもとに、具体的に市民のためになる、気持ちにもつながるような施策を提案していく方向に持っていくべきだという。DV被害者が行政窓口でたらいまわしにされないようにするためのワンストップサービスを充実させたり、市民が市民活動の場面で男女が対等に参画することを学ぶ機会を提案するなどに議員は尽力すべきなどの例を挙げつつ、小柴は持論を語った。

現在の宇部市における男女共同参画をめぐる状況への評価や運用の具体的あり方への考えは異なる

が、「条例は使い方が問題」という視点自体は、小柴も市の担当課も、さらには山口編集長も、広重前市議も共通してもっているものだった。いずれの陣営にとっても、現状は危機感を感じるほどのものでもなく、とはいえ満足を感じるものでもない、という状況なのだろう。さらに、山口は立法機関としての議会を重要視するが、小柴は別の側面に地方議員の役割を見いだしているという重要な違いがある一方で、地方議員がより大きな役割を果たすべきだという論点については両者ともに強調している。

8　宇部条例への注目と「モデル条例」のアイロニー

条例をめぐる複雑な状況

宇部市の男女共同参画推進条例は、フェミニズム側からは「バックラッシュ」の事例として、全国的な注目を浴びた。二〇〇五年秋に宇部市を訪れた時、当時の参画課にアポをとろうとしたが、「ホームページをご覧になればわかります」と断られた。その頃の宇部市の参画課がいかに敏感になっていたかがよくわかる。女性学・ジェンダー学者らも、宇部市条例については「バックラッシュ」が広がるきっかけとなったと、論文などにて言及している（伊藤 2003; 金井 2008）。

小柴久子は日本女性学会の学会誌に宇部市の条例に関する論文を寄稿し（小柴 2009）、博士論文においても宇部市の事例を扱った（小柴 2011）。環境運動から市民運動の世界にはいり、北京ＪＡＣ山口の事務局などを経て、今は宇部市でドメスティック・バイオレンス（ＤＶ）被害者支援の活動を続けている人だ。その小柴を訪ねるため、二〇一一年六月末、四度目となる宇部に足を運んだ。

DV支援のための活動事務所にて話を聞いたのだが、普通の一軒家風で、くつろげてしまう空間。そこで手作りのヨーグルトをふるまわれながら、地域で地道に活動を積み上げてきた小柴のフェミニズム運動の歴史や、宇部の条例をめぐる経緯などいろいろな話を聞くことができた。

小柴は自らの修士論文を、宇部の条例をめぐっての「自分自身にとっての鎮魂歌」としてまとめたのだという。そして修論の要の部分を日本女性学会学会誌に論文として発表した。その論文は女性運動側からみた宇部条例制定への流れという点で、情報も豊富で貴重なものとなっている。だが同時に、小柴の語りから、論文という媒体には書けなかった複雑な部分もたくさんあったことがわかった。

例えば、行政と運動の複雑な関係、行政の力のもとで思うように動けない運動のありよう、運動内での入り組んだ人間関係、それに起因した様々な思いや感情、条例制定自体への思い入れの多寡などといった事柄である。それらは論文という、アカデミアの「科学的」「客観性」などの基準に則るべきとされたジャンルの書き物の中では、記すのが困難なことでもあった。宇部条例の策定は、単なる保守からのバックラッシュの事例であることを超えた、複雑な状況や人々の思いが反映された経緯でもあったのだ。

保守勢力の「モデル」になった宇部市条例

保守勢力にとっては、二〇〇二年六月の宇部市条例の制定は、フェミニストによる男女共同参画の動きに対抗し、流れに歯止めをかけた大きな成果として全国的に注目を浴びた。『日本時事評論』では二〇〇二年七月五日号でトップ記事として扱い、さらに審議会答申案と実際の条例の詳細な比較表を掲載（日本時事評論社 2002c; 2002d）。それを引用して、林道義が自らのサイトに「画期的な宇部市男女共同参画条例」と題した記事をアップした（林 2002a）。七月一三日付『産經新聞』は宇部市の男女共同参画条例の制定について記事で扱うとともに、社説欄「主張」においても、「均衡とれた宇部市の男女共同参画条例」と題し、内容的に家族や家族愛の大切さをうたったこと、そして、「地域の学者や専門家の集まりである審議会の結論に安住せず、議会の見識が示されたケース」であると、二重の意味で評価している（産經新聞社 2002a; 2002b）。『サンデー世界日報』も「宇部市で画期的男女共同参画条例」という末次信明住職のインタビュー記事を掲載した（森田 2002）。そして同年一〇月号の『正論』には、山口敏昭日本時事評論編集長が「快挙！　社会良識を守る男女共同参画条例制定」と題する記事を寄稿し、宇部市の事例を詳細に紹介し全国の自治体でのモデルとなるものだと位置づけた（山口 2002a）。

さらに二〇〇二年八月には、山谷えり子議員が国会質問で宇部市の条例をとりあげ、それが報道され広がっていった。また小冊子『湧泉』創刊号も同年一〇月に発売された（日本時事評論社 2002h）。四百円という手軽に購入できる値段、わかりやすく条例運動のポイントを示した内容もあり、『湧泉』は様々な地域で配布され、保守運動の中でかなりの影響力をもった。こうして、短期間の間に宇部の成功事例がさまざまな保守媒体やインターネットを通じて広げられていった。

山口編集長は、宇部の条例がモデルになり、各地に波及効果があったのはよかったと思っているとのことだった。だが、この展開により、条例の「つくり方」ではなく、宇部市の条例の内容自体がモデル化してしまうことにもなった。そのため、フェミニズム側が主張した「モデル条例」を批判した、日本時事評論の主張と根本的に矛盾が生じたともいえる。そもそも、日本時事評論の主張は、上からの条例ではなく、地域で議員や市民らが議論をし、地元の問題意識を反映させ、独自の条例をつくることが重要であるというものだったからだ。次章で述べる千葉の事例がその矛盾を端的に露呈したといえるだろう。

9　フェミニズムをどうみているのか

反フェミニストたちの暮らし、信仰と思い

最初に山口編集長に会ったときに言われた「次にいらしたときは、山口県のいいところにご案内しますよ」という言葉を覚えていた私は、「いいところ」をぜひ教えてください、ご案内くださいと、二〇〇八年に再訪した際に図々しくもお願いした。それ以来、初夏のたびに山口県に出かけているうち、山口編集長と西坂記者に観光案内さえしてもらった。蛍見学をはじめとして、ザビエル記念聖堂、瑠璃光寺五重塔、そして秋芳洞などの観光地にお連れいただいたほか、宇部から山口市内へ、また、山口市内の移動など、運転をしていただき、移動する機会が多くあった。

移動の車中は、とめどもない話ができる、貴重な場所だった。お茶をしながら、あるいは食事をしながら、じっくり話を聞く時間も作れた。というよりも、山口編集長らが、気を遣ってとってくれた。山口編集長自身、新聞だけを見た人たちには「怖いイメージ」で見られるが、こうして会えば「全

然イメージが違う」と言われることが多いと笑いながら語った。一種の緊張感は完全になくなったわけではないが、それでも彼の人柄がわかってくるにつれ、「怖い、恐ろしい」イメージはなくなり、私も気楽に笑い話しもできるようになっていった。そして通りがかりの風景や山口県の現状、ライフヒストリーや記者としてのキャリア、信仰、男女共同参画やフェミニズムに対する意見などまで、様々なことを聞くことができた。

何度か参加したバーベキューの場は、「保守系のアンチフェミニストは、性別役割分業への信念が強く、それを実践している」という私の思い込みを、大きく裏切っていた。おにぎりづくりなど、確かに台所がらみのことを女性が行ってはいたが、男女ともバーベキューで肉や魚を焼いたり、皿などを片付けたりなどという姿があり、楽しく会話をしていた。女は一歩下がって男をたてる、といった状況は、少なくともそこでは見られなかった。現実には、そこにいた女性たちの多くが仕事を持ち、働いているという。『日本時事評論』の読者には女性が多く、「男女平等反対などと言うことはない。それをいったら、読者がついてこない」とのことでもあった。

私と山口編集長は名字が「山口」で同じということもあり、私は日本時事評論の人たちに「ともみさん」と呼ばれ始め、私にとっても日本時事評論の人たちは毎年会うお馴染みの人々になっていった。バーベキューの際、日常生活すべてに関して神佛にお伺いし、何かが起きれば、神佛からのお知らせがあるのだということ、さらには神佛との対話を通じてよりよい生活や社会をつくることができるのだといった信仰についての話しも出るようになった。(28) そして、いつの間にかバーベキューに参加している人たちが、神佛による「お知らせ」をどのように受け止めて、神佛の教えの意味をさとり、そのように対処することで何が起きたかなどに関しての体験談や自分に起きた出来事のストーリーを話し始めていた(29)。人は社会の中で生きており、社会に役立つことが生きがいにつながると思っているなどの信条も口々に語っていた。山口編集長によれば、このような社会問題を自分の問題として捉えて、社会が少しでも良くなるように貢献したいと考えているのだともいう。

信仰体験については、正直いえば私には理解できがたいことも多々あった。しかし、自らの日常生活における経験を話し、それを小さなグループで共有し、社会の問題とつなげて考え行動につなげるということ自体は、フェミニズムでのコンシャスネス・レイジングに似ている面もあるようにも思った。日々のこうした会話や自らの実体験の積み重ねを通じて、神佛の実在を感じ、信念ができていくようだった。

観光案内の際に、新生佛教本部に行きたいと希望したことがあった。観光地は自分で行けても、本部ばかりはそうはいかない。日本時事評論の人たちの考え方のベースをつくっている場を、ぜひ一度この目で見てみたいと思ったのだ。

山口編集長は、快く案内してくれた。本部建物内も見させていただき、新生佛教式の佛壇や儀式の意味も聞いた。フェミニストであると同時に人類学者でもある私にとって、宗教的な場も、その意味も、とても興味深いものだった。

本部で行われている「法座」とよばれる勉強の会では、信者の身振り手振り（絵姿）で伝えられるとされる神佛の意思に関して「先生」とよばれる人が解説をしたり、解釈についての参加者間の議論や勉強が行われる会も見た。そのような場を通じて、個人的な経験の中で起きた様々な問題などについて語り、それを皆で共有して、日々の問題解決につなげようとしているようだった。同時に、「先生」という立場の人がいることに加え、勉強会的な場の雰囲気や、参加者が一生懸命ノートをとっていたりするところからみても、新生佛教としては、自らの宗教を「学問」として勉強するものであると捉えていることもよく見えた。

私にとっては間違いなくバーベキュー、本部訪問や観光などすべてが貴重な機会であり、場でもあった。「バックラッシュ派」の人たちはフェミニズムを一方的に誤解し、聞く耳ももたないと、私も含め、フェミニストたちは決めつけがちだった。だが、なぜこの人たちがフェミニズムを批判するのか、どういう人たちで、どんな考えにたっているのかについて、聞くということをそれまで私自身もしてこなかったことを思い知らされた。

山口編集長のフェミニズムへの視点

移動中の車内や、ファミリーレストランでお茶を飲みつつ、山口編集長のライフヒストリーを聞かせてもらったこともあった。山口大学経済学部を卒業する頃に偶然の経緯で新生佛教の人に出会い、信仰の道へ入り、決まっていた大企業への内定を蹴って、記者として働くようになったという。そして、山口編集長がフェミニズムに関心を持ち始めたのは、一九九八年の厚生白書での三歳児神話崩壊、夫婦別姓導入・婚外子の相続差別撤廃などの民法改正の動きに疑問をもったことが始まりだった。それがきっかけで男女共同参画行政に疑問を感じ、その推進役としてのフェミニストの思考と行動に興味を持ったのだという。

男女共同参画およびフェミニズムが「上からの意識啓発」であり、「思想教育」「社会実験」の場になっているようであり、言論や思想の自由が制約されるという思いを山口編集長の語りからは感じた。議論も十分でなく、様々な解釈が曖昧のままの中では、専門家と称する人たちが恣意的・独善的に解釈をして、国民に教育をしてやるという発想が根底に流れているように思え、押し付けや傲慢さを感じるともいう。そもそも「男女とは」「共同参画とは」「男女平等とは」「女性差別とは」「人権とは」といった根源的な定義や認識すら定まらない状況があるような気がしてならないという。

「例えば男女の問題なのかなあと思ったら、いやそうじゃない、男女以外にも差異があるよとか、いろんなつかみどころがないような感じがでてくるわけですよね」。フェミニストによって都合がよいことは「国民のニーズ」といい、悪いことは「啓発・教育不足」といっているようにも感じられる。こうした上からの啓発主体のフェミニズムが、本当に差別されている人たちを救済するよりも、むしろ「上にたつ側のフェミニスト」たちに都合がよい政策になっているのではないか。例えば男女共同参画センターがつくられ、活動拠点を確保し、職員がつき、図書館が整備され、教育の場として機能し、職も確保されていくといった状況がある。それが権力の発動となり、利権となっているように見え、女性の中における強者であるところのフェミニストが得をしているようにもみえるという。そして実際、誰が救済されているのか、と山口編集長は問う。

二〇〇五年、最初に日本時事評論の人たちに会ったとき、女性として生きづらいことがある、という発言を私がしたら、いったいどう生きづらいのかを問われた。「ジェンダー」概念の啓蒙などといった方向に走る半面、根本的な女性差別の状況や女性の経験について、フェミニストたちが十分に伝えることができていないのではないかという思いを、その時私はもった。その後の山口編集長らとの会話を通じて、フェミニズムは社会より個人の利益を優先する、「ワガママな思想」であると考えられているようにも思われた。

日本時事評論や保守側の人たちの語りでは、この「社会」という部分の中で「国家」という存在が大きくのしかかる。また、宗教観の影響も当然ながら大きく、家族の中でもとくに縦のつながりや、先祖をまつることを重要と考えるところなどもあり、家族全員での入信が好ましいとする宗教でもある。「家族」の捉え方に関してはフェミニズムとはかなり大きな差異はある。先祖（過去）から自分（現在）、そして子孫（未来）へと連綿と続く「縦のつながり」を重要と考える教義であるとか、先祖供養や墓を大切にするという観点から、夫婦別姓にも反対し、婚外子差別の撤廃についても反対につながってくるのだろう。

フェミニズム側から「バックラッシュ派」と呼ばれることについて、山口編集長は戸惑いの表情を浮かべつつ話した。フェミニズム運動はレッテル貼りがうまく、「右翼」や「新興宗教団体系」、そして「バックラッシュ」「バックラッシュ派」などといったレッテルをすぐに貼ってしまう。そして「敵／味方」「善人／悪人」といった単純な対立構造を仕立て、自己の正当性を誇示するが、違った意見を聞き入れる寛容性をもたないのではないかと思う、と述べる。そして、フェミニズム自体も、男女の対立を煽っているように見えてしまうし、根本的な議論を避けてきた面があるのではないかと指摘された。

山口編集長は、何度も会話の中で、保守とフェミニズムの対立構造は「不毛」であると言った。そして男女共同参画をテーマにした立場の違いで対立があったこと自体は、時代の必然であったとは思うが、「その対立から双方が何かを学ぼう、対立軸から共通軸を探そう、そして社会をより良くしていこうといった前向きな発想がないのではないか、互いにレッテル貼りをしつつ、目的や当事者が不透明になり、対立そのものが目的化すらしてしまったのではないか」という。男女共同参画政策をめぐる動きに、根本的に議論がないと感じたというその思いは、フェミニズムをめぐる立場は逆とはいえ、私も共通してもっていたし、保守との「抗争」は不毛な状況になってしまったとも思っていた。

10　男女共同参画の一〇年間は何だったのか？

二〇〇五年の末に、第二次男女共同参画基本計画が決まった。その後、〇六年頃から「バックラッシュ」といわれた男女共同参画批判の勢いは衰えはじめ、『日本時事評論』や産經系列の媒体での記事数も減少した。

私が〇八年に山口県を再訪したときには、すでに一連の男女共同参画条例づくりや、それへの批判の流れも一段落し、過去のことという感じになっていた。国の第二次男女共同参画基本計画がとりあえず、歯止めになったと保守側が見たためである。それに加え、日本時事評論にとっては、第三章で扱う千葉県の条例策定運動が失敗し、保守分裂を招く結果にもなったことも影響し、条例運動には〇六年頃から表立ってリーダーシップをとる状況ではなくなっていた。政権交代の後の二〇一〇年第三次男女共同参画基本計画の策定についても、後戻りするのではないかという危機感はあったようだが、どこか冷めている感じもあった。

山口編集長との対話の中で、「男女共同参画の基本法ができてから、この一〇年というのは、いったい何だったんでしょうね」と何度か言われた。男女共同参画の問題は、基本法成立から一〇年が経った今になっても、いったい何のための政策だかはっきりしないところだと思うという。

例えばその一〇年間、相当なお金も費やして、どういう社会的な利益があったのかな、と。個々の利益もそうだけども、同時にやはり公が関わったということになれば、社会的な利益も考えるべきだと思うんですよね。やったことがやっぱり無駄ではないとは思うんですけども。無駄ではないっていうのは、やったことに対する反省とか評価をちゃんとしないと、無駄金になってくるのかなあと。（中略）そこの成果というか、私にとっては少なくともみえない。（中略）だから例えば、これをやったことによって、フェミニストの人たちの考えがよくわかったとか、少なくとも社会的な利益につなげていく発想が必要だと思うんです。端的にいえば私もそういう意味では、まあいい面もあると思うんですよ。男女共同参画ということにおいて、やっぱり一つの大きな社会的な意味というのは、例えば女性や子供、家庭や家事に対して目がむいた、というのは非常にいいことだなとは思いますね。

山口編集長は、国や自治体の男女共同参画政策についても、これまで政治課題になりにくかったものに関心が出てきたことは、一定の評価をしてもよいのではないかという。たとえば、ＤＶの問題や賃金格差、介護問題などだ。保守運動が今まで目を十分にむけてこなかった、家族や子供など、いわば実生活に密着した問題に、男女共同参画がきっかけとなって関心を喚起することはできたと考えるという。

だが、具体的なこの一〇年の成果とは何だったのかと山口編集長に問われ、私は答えにつまらざるをえなかった。もちろん、男女共同参画の枠内で行われた政策やセンターでの講座や実践などは多々ある。だが、それらが市井の人々の生活をどのように変革することができたのだろうか。条例ができたことによる変化や、「バックラッシュ」とよばれた動きへの対応に関する検証や調査も不十分だ。そして、あれだけ一時期は集中的に反男女共同参画運動に取り組んだ山口編集長らがフェミニズムに興味を失ってしまうほどまでに、フェミニズムの成果は見えず、しかも脅威すら感じさせない、安全なものになってしまったのではないか。

山口編集長によれば、日本時事評論は「国民一人ひとりが社会の在り方を考え、責任を持つような世論形成に愚直に取り組む」というアイデンティティをもつという。そして、日本時事評論はこの三〇年間、山口県上関町の原子力発電所建設推進運動にも取り組み続けてきた。男女共同参画からはだいぶひいてしまったが、原子力問題は自身の「ライフワーク」だと山口編集長は言う。そして、二〇一二年の初めの段階での『日本時事評論』は、原子力関係の記事が大部分になり、男女共同参画関連の記事はほとんどなくなっている(30)。

【註】

(1) 山口敏昭編集長は一九五九年、山口県生まれ、山口大学経済学部卒。

(2) 私がこの二〇〇五年の山口県訪問の後に書いた文章でも、バックラッシュは全国組織であった日本会議による大規模で組織的なトップダウンの運動だという主張を強く行っていた（山口 2006; 2007）。

(3) この対談、とくに上野の「ボクちゃん」発言は、西尾幹二・八木秀次が対談の中で「政治家と官僚を侮辱している」とするなど、保守からの批判を浴びた（西尾・八木 2005: 214）。

(4) 男女共同参画社会基本法が成立した九九年六月の国会では、日米防衛協力のための指針（ガイドライン）関連法、憲法調査会設置のための国会法改正、通信傍受法、国旗・国歌法などが次々に成立し、労働者派遣法も全面改正されている。

(5) 私が当時事務局スタッフだったNPO法人「女性連帯基金」では、この頃から条例づくりのための講座を行い始めた。北京JAC、市川房枝記念会、グループみこしなどの女性団体は条例づくりへの動きを盛り上げ、『婦人展望』や『ふぇみん』、FAX通信のJJネットなどフェミニズム系メディアも盛んに条例関連の情報を流していた。なお、「首都圏男女平等条例ネットワーク」などの女性団体ネットワークが役割を果たした地域もあったという（橋本 2002a）。

(6) 橋本ヒロ子は山口県出身の女性学・ジェンダー学者。図書館情報学などを専門とし、国立女性教育会館（ヌエック）職員を務めた経歴をもつ。

(7) 九八年からすでに日本時事評論が「ジェンダーフリー」という言葉に着目し、批判をしていたことは第一章を参照。

(8) 「機関紙」という表現を発行者側は使っていないが、ネット上には実質上の機関紙という説明が散見される（「保守系雑誌」サイト：「新教啓世会は新生佛教（新生仏教）の分派である」サイト）。

(9) 広告欄には中小企業や商店などの広告がならび、山口県の地元企業のほか、全国各地からの広告もある。

(10) 小柴久子によれば、県条例は、女性運動もかなり呼びかけを行ったり、意見を出したりと「皆で動いて作った」条例だったという。

(11) 日本時事評論や林道義によって、大泉博子はフェミニストの代表であるかのように描かれているが、大泉自身はフェミニストであるということを打ち出しておらず、女性運動内でもフェミニスト議員として知られてはいない。

(12) 大泉博子は一九五〇年、東京生まれ。東京大学卒業後、厚生省でキャリア採用となった。山口県副知事を退任して国政選挙への二度の出馬、落選を経て、オーストラリアに留学。〇五年に帰国し、〇九年より衆議院議員。

(13) 小柴久子は、審議会に市議二名が加わっていることは地方自治における行政と議会の関係性からみて問題があると指摘している（小柴 2011）。

(14) 学識経験者枠の審議会委員としては、地元の大学教員が多いという。

(15) 「男女共同参画を考える宇部女性の会」は、この運動のために設立された団体であったと思われる。

(16) 飯田健は二〇〇二年九月一一日に市当局の折衝役だった縄田欽一助役と面会をし、縄田が「市議会側は『国や県の条例と同じ内容なら議会に提出する必要はない』と。そこで市当局は議会側の要望と意見調整をして市条例案をまとめ提出した」と言ったと報告している（飯田 2002: 36）。

(17) 調査の過程で、宇部市議会では、議会質問はほとんどしないが、実は多大な影響力をもつ特定の議員が、実質上市政を牛耳っている、「ボス政治」的な状況であったと指摘する声も聞いた。

(18) 「女性の敵」扱いは、「バックラッシュ派」とよばれた男性議員が苦労話として語るケースは他にもあった。

(19) 広重と北川は、ともに早く父を亡くし、ひとりで働いて子供を育てたという母をもつ。地元に密着した仕事をしつつ四十代で議員に転身をし、その後地方議員一筋で活動をしてきたことも重なる。そして、それぞれへの聞き取りから、二人がお互いを信頼していることもわかった。北川に私が最初に面会を依頼したとき、北川はすでに私と会ったことがあった広重に、相談してみたということだった。

(20) 広重は『新・国民の油断』で「たとえば平成一四年六月に「男らしさ」「女らしさ」を否定しないという趣旨の規定を設けた条例をつくったはずの山口県宇部市の実態は、ジェンダーフリーだらけです」（西尾・八木 2005: 225）という記述があったことに関して、実態とは違うと抗議をしたという。

(21) 同様のことは、斉藤、荻上や私の調査の中で、他の保守系運動家やジャーナリストも語っていた。

(22) 日本時事評論の公式ウェブサイトは存在せず、新生佛教教団のサイトでも日本時事評論については触れられていない。「日本時事評論保管庫」というブログが〇六～〇七年には動いていたが、条例運動が盛んだった頃には存在しなかった。

(23) 林道義が理論化を担当し、現実の情報や運動面での裏付けを山口敏昭が行うという側面もあった。大学教員であった林が積極的にネットで発信を続けていたことの影響力は大きかっただろう。岡本明子のサイトの影響も大きかったと思われるが、すでに削除されている。筆者がウェイバックマシンで当時の岡本サイトのアーカイブを確認したところ、大沢真理らによる『誰もがその人らしく男女共同参画』（二一世紀男女平等を進める会 2003）や『男女共同参画推進条例のつくり方』（山下・橋本・齋藤 2001）の条例に関する議論への詳細な反論（投稿者「一期一会」）など、男女共同参画批判情報が豊富に掲載されていた。岡本は現在、「家族の絆を守る会ＦＡＶＳ」事務局長で、地道にフェミニズム批判運動を続けている。

(24) 反対に基本法の廃棄をめざす保守系の個人や団体も多い。第三章で言及するジャーナリストの千葉展正もその一人であり、鎌倉市の元市議で保守運動家の伊藤玲子も、基本法の廃棄にむけての署名活動を行っていた。

(25) ここで「千葉は象徴的」だというのは、千葉県の条例をめぐる運動に日本時事評論が関わったことを指す。詳細は第三章を参照。

(26) 男女共同参画政策に基づく制度、事業等を反フェミニズム側が活用していることについては、第五章を参照。

(27) 「ジェンダーフリー」という言葉に関する国の通知の詳細については第一章を参照。

(28) ここでいう神佛とは、「この世をつかさどる主宰者、絶対者」という意味だという。

(29) 新生佛教においては、「さとり」とは、神佛の考えと人間の考えとの差をとることだと解釈されている。その場合、「ご神示」という霊観で神佛にお伺いをするのだという。

(30) 小冊子『湧泉』は二〇一一年、「社会に広めたい『子育て四訓』」特集を発行し、久々に子育て、家族、母性、夫婦別姓等のテーマを扱った（日本時事評論社 2011）。翌年五月に、「大阪維新の会」から「大阪市家庭教育支援条例（案）」が出てくる動きがあった。『湧泉』は、こうした現実の政治的な動きに先んじた特集テーマを組み、発行されている。

第三章　千葉県に男女共同参画条例がない理由

――条例制定運動の失敗と保守の分裂

山口智美

参議院議員時代、男女共同参画社会基本法づくりに尽力した堂本暁子県知事のもとで、千葉県の男女共同参画条例づくりが行われた。しかし、二〇〇二年九月、一二月議会に上程された堂本県知事の条例案は継続審議となった。そして、翌〇三年二月議会に県知事案と自民党独自の対案が両方上程されるという異例の展開をたどり、両案ともに廃案となった。現在、千葉県は男女共同参画条例がない唯一の県となっている。

山口県宇部市での条例制定運動に成功した日本時事評論は、次に千葉県の条例づくりに着目した。そして、日本会議と共闘し、運動に取り組んだ。だが堂本案が廃案になった後、独自の条例制定を目的とする日本時事評論／日本会議と、男女共同参画条例は必要ないと考えるジャーナリスト・千葉展正は対立し、分裂に至った。

本章では、千葉県条例の制定に関わった堂本前知事や県の担当者、推進側の女性運動と、反対側の保守運動関係者への聞き取りに基づき、保守運動の分裂の背景、および条例に関わったすべての運動が退潮していった背景を追う。

1　唯一条例がない県・千葉

千葉県は全国で唯一、男女共同参画条例がない県である。一九九九年の男女参画社会基本法制定以降、各地で条例制定の動きが進むなか、千葉県でも二〇〇〇年頃から条例策定への動きが始まった。だが〇二年九月、一二月の両県議会に提出された堂本知事の条例案は、反対を受けて継続審議となった。そして〇三年二月の千葉県議会には、知事提出案と自民案の二つの条例案が提出される異例の展開となった。その結果、両案とも廃案。その後、千葉県において男女共同参画条例づくりの動きは出ていない。

堂本暁子前千葉県知事は、基本法が可決された当時、参議院議員だった。当時与党だった新党さきがけの議員団座長として事実上の党首の役割を果たしつつ、基本法づくりに尽力した(1)。堂本はTBSの記者を長年つとめ、環境問題、健康問題、ドメスティック・バイオレンス（DV）問題などに取り組み、女性運動への関わりも深い。

そうした背景をもつ堂本は知事就任以降、男女共同参画条例の策定に熱心に取り組んだが、条例は成立しなかった。県議会の九七議席中六七議席という圧倒的多数を占めた自民党、およびそれを支える保守系団体による「バックラッシュ」が起き、圧倒的な数の力で県知事案を廃案にもっていったからだ――というのが、フェミニズム系文献でいわれてきたストーリーだ（船橋 2003; 橋本 2003）。

だが調査を積み重ねていくと、実は千葉県の条例は保守側の人たちにとり、分裂を引き起した苦い記憶として残っていることがわかってきた。私がそれを最初に聞いたのは、日本会議と連携して千葉県の条例制定運動に関わった『日本時事評論』（新聞媒体としてとくに指し示す場合を除き、以下、『日本時事評論』ならびに日本時事評論社を、日本時事評論と記述）の山口敏昭編集長からだった。第二章で述べたように、私は山口編集長や日本時事評論関係者の話を数年にわたって聞いてきた。その過程で何度か聞いたのが、千葉での失敗の話だった。保守側の運動は分裂し、山口編集長もかなり批判を受けた。それがきっかけとなり、日本時事評論は男女共同参画問題に関して表立った動きからは手を引いたのだという。

そのときに山口編集長を批判した、千葉県在住の保守派ジャーナリスト・千葉展正《てんせい》にも、二〇一一年六月、話を聞く機会を得た(2)。千葉展正にとっても、千葉県の条例をめぐる運動の中で本当に大変だったのは、知事やフェミニストたちとの闘いよりも、県知事案が継続審議になった後から始まっていった、日本会議や自民党との闘いだったのだという。

本章では、この千葉県の条例をめぐる経緯に関して、関係者らのインタビューに基づき、検討していく。堂本前県知事や千葉の行政関係者、条例制定にむけて運動した市民たちは、どのような思いで条例案を推進したのか。それに対し、なぜ日本時事評論は千葉県に注目し、日本会議と運動を展開したのか。そして、なぜ保守運動の分裂は起きたのか。大手保守運動体・日本会議とは異なる方向をたどった、千葉展正らの保守運動の流れはどのようなものだったのか。そして、唯一条例のない県となった結果、千葉県男女共同参画の状況はどうなったのだろうか。

2　男女共同参画条例案をめぐる顛末

堂本県知事就任と男女共同参画条例づくり

千葉県の条例づくりへの動きは、二〇〇〇年頃から始まっている。二〇〇〇年一二月議会で沼田武知事（当時）が条例づくりを明言した。翌年の二月議会では、自民党の議員も男女共同参画条例推進の意思を表明していた。そして、三月には条例専門部会がつくられ、渥美雅子座長、鹿嶋敬、金城清子など六名がメンバーになった。同年四月に堂本知事が就任したときには、条例づくりのための準備がほとんど整っていたのだという。堂本知事就任後に、大沢真理も専門部会に加わった(3)。

堂本は、〇一年六月、一〇月議会において、「日本一の」「他の県のモデルになるような」条例をつくるつもりだと発言した（千葉県議会議事録）。その頃の議会では、女性知事になったことだし早く男女共同参画条例を作ってほしいという質問がくるほどだったと、堂本は語る(4)。男女共同参画推進議員連盟（以下「推進議連」と記述）も組織され、六八名の議員がメンバーとなった。堂本は、男女共同参画担当課の課長に井上さちよを登用。組合の婦人部での長年の活動を通じ、男女共同参画政策に詳しい井上は、堂本にとって信頼のできる女性課長だった。

〇一年に男女共同参画課がアンケート調査や市民団体からのヒアリングを実施した。さらに翌〇二年一月には県内四カ所で説明会が開催された。また市町村への説明会を行うなどもした（船橋 2003）。条例専門部会は計一一回開催され、うち三回は公開だった（橋本 2003）。同年六月議会で、堂本県知事は、早期に条例案を策定、上程したいという意向を表明している。ここまでは、男女共同参画条例の策定作業は、何の抵抗もなく順調に進んだという。

堂本知事と担当課長の条例づくりへの思い

二〇一一年二月二日、私は、斉藤正美とともに千葉県に出かけた。千葉県で育ち、総武線の稲毛駅からほど近い高校に三年間通った私にとっては、総武線から見える、いかにも郊外といった沿線風景が懐かしかった。

千葉県では、堂本前知事の自宅にて、堂本と当時の男女共同参画担当課長だった井上さちよの話を聞いた。部屋に通されるやいなや、堂本と井上とが前もって部屋に出して揃えてあった、条例づくり関連の書類がつまった大量のファイルがずらりと並んでいる状態に圧倒される。この書類の量だけでも、条例案づくりにいかに苦労があったか、二人がどれだけ熱意をかけたものだったかが伺えた。

堂本と井上は、「理想的な条例をつくろうと、一緒に頑張った」という。最初の条例案は、「千葉県男女がともにいきいきと輝く県づくり条例」と名付けられた。その後、何度もの書き直しを行ったのだが、最初の条例案は「千葉県は、豊かな自然、個性的な歴史や文化、多様で生産力に満ちた産業など、貴重な財産を有し、発展可能性に飛んだ県である」という文から始まっていた。条例の前文については、とくに気をつけ、この後も何度も書き直したという。「前文は格調高くてね」「（前文や家族協定のところは）ほんとに心をこめたんです」（堂本）「すごくいい条例でしたよね」（井上）

後に自民党の批判を浴び、県知事案から削除せざるを得なかった、入札に参加する者の資格審査にあたって男女共同参画の促進に関する状況を考慮することができるという趣旨の条文があった。それは男女共同参画以外の障害者雇用などの場では取り入れられており、現在では多くの自治体がとりいれていることではある。だが、当時の男女共同参画行政として触れた自治体はほとんどなく、革新的だったと井上は語る。(5)

千葉県の条例制定時期が他の首都圏の都道府県に比べ遅かったこともあり、満を持しての条例づくりだった。県の教育委員会がジェンダーフリー教育推進に関する通知を出したときも、とくに反発もなかった。そして推進議連もでき、着々とすすんできたと堂本も井上も思っていた。「最初は賛成してくれてたんですよね」「平和だったんですよ」と井上は言う。だが、〇二年の九月議会を前にして、突然条例への「バックラッシュ」が顕著になった。

条例案上程と「バックラッシュ」

「ある集会にいって、ごく普通の講演をしてたらば、客席からいきなり、フェミニスト共産党バカーみたいなヤジがとんで、この人は誰だろうと思ったら、その人がその後ずっと（説明会に来続けた）でしたね」（堂本）

これが、「バックラッシュ」の動きに堂本と井上が気づいた最初の機会だったという。この男性と、二人の女性の計三人が、それ以来、条例の説明会を各地で開くたびに、常に来るようになった。(6)

〇二年、県民からのパブリックコメントを集めるために県は県内三カ所で集会を開いた。五月に開催された最初の会合において、条例反対の人たちが「大挙して押しかけ、席の前列を占めて発言をした」と、条例推進の市民団体、千葉県男女平等条例ネットワーク連絡会議（以下「平等条例ネットト」とする）の一員だった女性学・ジェンダー学者の船橋邦子は述べる。船橋はこのことを「まさに、これは、バックラッシュ派の宣戦布告だった」（船橋 2003: 38）とする。

平等条例ネットは〇二年五月に結成。シンポジウムを開催するなどしながら、条例制定の応援団として動きはじめた。平等条例ネットのメンバーの出納いずみも、「通りそう、これだったら大丈夫だよねっていう感じ」と思っていたという。だが、それが一変した。

当時の男女共同参画担当課長の井上によれば、その頃から県庁前では、「絶叫するような」街宣が昼休みになるたびに毎日のように行われるようになり、たくさんの反対ビラもまかれた。男女共同参画課には抗議電話が頻繁にくるようになり、担当課および全県議宛に、条例推進側、反対側双方からかなりの量のＦＡＸが送られたという。ちょうどこの頃に、保守系ジャーナリストの千葉展正は条例専門部会の傍聴に行くなど、条例反対の立場で運動を開始している（千葉 2002a）。

〇二年七月一九日、条例専門部会の提言書が提出され、堂本知事は条例案を一二月議会に提出する予定だと表明した（千葉 2004）。だが、その十日後の二九日、千葉県ウェブサイト上で、条例案は九月議会に提案する予定という記事が掲載された。そのため、一二月提出予定だと考えていた自民党議員や保守運動からの反発が強まった(7)。

平等条例ネットが九月一日、推進議連に意見書を出し、五日には自民党千葉県連が条例案への意見書を知事に提出するなどの動きがある中で、一一日に知事の条例案が公開された。同日、自民党千葉県連は、条例案に関して、以下の四項目の修正・削除を知事に要求した。

一　「入札の資格に男女共同参画の取り組みを考慮」の修正・削除
二　「家族経営協定」の文言の修正・削除
三　「性及び子を生み育てることについての理解を深め、自らの意思で決定できるよう性教育の充実」の「自らの意思で決定できるよう」の削除
四　教育活動の「性別にかかわりなく」を削除か「互いに違いを認めつつ」に修正（船橋 2003: 39）

結局、二項目（一と二）は知事判断で削除された。自民から残り二項目の修正要求が再度あったが、堂本知事はそれを呑まなかった（千葉県議会議事録）。そして、県知事案は九月議会に上程された(8)。

県議会では、遠藤純夫県議による自民党代表質問を皮切りとして、自民党の篠塚年明県議（当時）や谷田川《やたがわ》元《はじめ》県議（当時。現民主党衆議院議員）が条例や「ジェンダーフリー」批判の質問をたたみかけた。遠藤は、自民党は条例制定自体に反対しているのではなく、「条例案の内容そのものに行き過ぎや県民の理解が得られないような箇所が多々あり」修正、削除が必要だと主張した。また、上程スケジュールが早まったことで、周知が十分なのかと疑問を提示。さらに、「千葉県民のためによりよい方向を決めるものが条例」であると主張した（千葉県議会議事録）。

また、谷田川は「ジェンダーフリー」は意味が定まらない言葉であり、英語において広く使われておらず「過激なニュアンス」があり、「適用され方次第で日本文化の破壊もいとわない、危険な思想にもなり得る」と述べた。谷田川の質問は、第一章で言及されている、当時の保守からの「ジェンダーフリー」批判言説のパターンをもれなくカバーするといえる内容だった。さらには九四年のカイロ

国際人口開発会議やアメリカでの中絶論争などにまで触れつつ、人工妊娠中絶の問題に言及した（千葉県議会議事録）。

結局、知事提出条例案は継続審議となった。これは千葉県議会において前代未聞のことであった（千葉 2002c）。千葉展正によると、条例の成立が回避された裏には、条例案反対派の一部の自民党県議による、党内への粘り強い働きかけがあったという。

さらに千葉展正は、堂本知事に自民党執行部が修正を要求することになった背景には、「某保守団体」がいたと述べる（千葉 2002b）。この「某保守団体」とは、他でもない、日本会議と日本時事評論のことだった。

自民党案上程と廃案

二〇〇二年九月議会で県知事条例案が継続審議になった後、自民党による条例づくりへの動きが本格化した。そして、千葉県の条例議論は〇二年一二月、翌年二月議会で息を吹き返すことになる（日本女性学会幹事会有志 2002; 千葉 2004）。

日本時事評論は、自民党は「単に反対するだけでなく、一二月議会で修正案もしくは対案を示す方針」と報じた（日本時事評論社 2002j）。同紙の山口敏昭編集長はさらに、『祖国と青年』誌への寄稿論文において、「一二月議会で最後の攻防」と述べている（山口 2002b: 40,44）。自民党が独自の条例案の策定にむけて、一二月議会への上程を念頭に動いていたことがわかる。

一二月議会にむけ、一一月一〇日、千葉において「良識的な男女共同参画条例の制定を求める緊急集会」が行われた。同集会実行委員会が主催者となっているが、実質上は日本会議が主催の集会だったという。集会では教育学者の高橋史朗（明星大学教授）の講演などが行われた(9)。

集会で採択された自民党千葉県連への要望書は、「問題のある条例（案）を改め、男女がお互いの特性を認め合い、助けあって、豊かで活力ある社会の実現を目的とする良識的な条例」が制定されることを要望するとした。さらに、条例に含まれる「性の自己決定権」、「家族の破壊」、「男女の過度な結果平等」につながる内容に強く反対するというものだった。同じ内容の県議会への請願書も作成し、署名を集めた（良識的な男女共同参画条例の制定を求める実行委員会 2002）。

だが、結局、一二月議会においても自民案は上程されず、県知事案の継続審議となって終わった。県知事案を廃案にして仕切り直すべきか、独自修正案を出すべきかで自民の中でも割れていたのだということ。

しかし、自民党の独自条例案を作成、上程する動きは翌年の二月議会にむけても続いた。〇三年一月一六日には、千葉県自民党県連主催の「男女共同参画を考える会」と題された公開シンポジウムが千葉市で開催された。これは、自民党の条例を作っていた同県連の条例検討委員会（委員長は谷田川県議）が中心になり、企画した集会だった。そして保守系のパネリストとして、高橋史朗と長谷川三千子（埼玉大学教授）を招聘する一方、条例推進側のパネリストとして、条例専門部会メンバーだった渥美雅子、大沢真理、鹿嶋敬を招待した。だが推進側の三名はいずれも参加せず、高橋、長谷川の講演会という形をとることになった（フェミナチを監視する掲示板 2003a）。谷田川によれば、非公開の懇談会の提案についても、条例推進側は議論に応じなかったという（千葉県議会議事録）。

この後、「フェミナチを監視する掲示板」において、「緊急事態発生」として、二度にわたり、二月議会で自民党案を可決させるよう、自民党県議に激励のＦＡＸやメールをという呼びかけが行われている（フェミナチを監視する掲示板 2003b; 2003c）。最終局面まで条例案提出や可決の見込みについて、予断を許さない状況だったことがわかる。朝日新聞は「党内の意見は二分」されていたとし、とくにベテラン議員は慎重な立場だったと報じた（フェミナチを監視する掲示板 2003d）。

結局、〇三年二月議会に、継続審議になっていた県知事条例案と、自民党案が両方提出されることとなった。県知事案に対立する独自案が出されるのは、千葉県政において初めてのことだった。

自民党案は、会期があと二日という二月二五日の段階で突然議運に諮られ、自民以外の会派が反対する中、上程された（千葉県議会議事録）[10]。自民党案は、前文に「男らしさ女らしさを一方的に否定することなく」という文言がはいり、県知事案を三〇項目以上にわたって削除・修正した独自のものだった（出納 2003a）。同時に自民党は「千葉県ドメスティック・バイオレンスの防止及び被害者の保護等に関する条例（案）」という、ＤＶに特化した新たな条例案も上程した（千葉県議会議事録）。

だが二月議会でも、県知事案と自民党案ともに継続審議となり、結局、両案とも廃案となった。約七割の議席を占めていた自民党が提出した案も可決されないというのは、異例の展開だった。千葉展正は、条例づくりに参加したのは自民党内でも一部若手議員にすぎず、実際には両方の案を継続審議（廃案）にすることは、すでに上程したときに決まっていたのだと筆者に語った。

このように、千葉県の条例をめぐる展開は異例づくめだった。この裏では何が起きており、条例をめぐって動いていた人たちはどのような思いで、何をめざして運動をすすめていたのだろうか。

3 「良識的な条例づくり」を目指した日本会議系保守運動

審議会方式の条例づくりへの批判

千葉県の男女共同参画条例をめぐって、自民党は少なくとも二〇〇二年春頃までは、反対する動きをみせてはいなかった。自民党議員を動かした裏には、宇部市の条例運動に関わった、山口県の日本時事評論や、神奈川県在住のフリーライター岡本明子らの役割が大きかった。日本時事評論は、〇二年六月に宇部市の男女共同参画条例が通った後、千葉県の条例を次のターゲットとした。そして、日本会議や系列議員らとのネットワークも駆使して運動をつくっていった。

千葉県の条例についいては、審議会答申が出た後の、条例案修正の動きが活発であったことが宇部市と共通している。宇部市では審議会答申が出た後、条例案が議会に提出される前に交渉が行われ、保守運動の意向を反映した大幅な修正が加えられた。千葉県の場合、条例専門部会の提言書が提出された後、県知事案の上程前に、自民党が大きな修正を要求するという動きだった。だが、宇部市でも千葉県でも、審議会の首長への答申に大きな修正が加えられたのは同じだった。

この展開には、日本時事評論の山口編集長の条例づくりに関する主張の根幹が反映されていた。すなわち、条例づくりに関して、「審議会答申にとらわれない」（山口 2002a: 332）ことだ。そして、山口編集長は審議会答申の修正には「市民、議会、執行部の連携が不可欠」と書く（山口 2002a: 332）。

さらに、千葉県の条例に関して日本会議系集会で講師を二度つとめた高橋史朗も、フェミニストが

「政府や自治体の諮問機関に入り込んで、基本計画や法律を制定し、ジェンダーフリー政策を強制的に推進」していると述べる（高橋 2004: 320）。

保守が強い議会において、フェミニストは審議会方式を使い、自分たちの主張を政策に反映させようとしてきた。第二章で言及したように、『男女共同参画推進条例のつくり方』においても、審議会方式をベースとして「住民参加」をはかるという方法が条例づくりの主流であるとされている（橋本 2001）。そして、国の法令や方針、そして先進地域とされる他自治体の「モデル条例」に従った条例づくりも奨励してきた。だが、千葉県の保守派はこのような、審議会方式を使った首長提案条例のつくり方に反旗を翻したことになる。そして、自民党は、フェミニストがＤＶ防止法成立などの際に国会において使ってきた議員立法という手法を、地方議会で使ったのだ。

「過激なフェミニズム」のシンボルとしての千葉県

なぜ、山口県に本部を置く日本時事評論が、千葉県の条例に目を付けたのだろうか。

千葉県は基本法制定の際に活躍した堂本暁子が知事だった。そして、国の男女共同参画政策のシンボル的な役割を果たしていた大沢真理が、条例制定の専門委員として条例づくりに参加していた。山口編集長は、「思想良心の自由を尊重する立場」から、その主張内容ではなく、「ジェンダーフリー思想を社会制度として体現（法律・条例等によって制度化）する政治力がある人」こそ「過激なフェミニスト」と考えるのだという。山口編集長にとっては、一都道府県の知事として力をもつ堂本こそが、「最も過激なフェミニスト」の一人だったのだ。

日本時事評論は二〇〇二年八月二三日、「フェミニストによるフェミニストのための条例」「千葉県で超過激な男女共参条例が…フェミニストの横暴に、良識派が奮起を」という見出しの記事を一面トップに掲載。リード文には、堂本と大沢のコンビで「国の基本法では十分に実現できなかったフェミニストの理想を千葉県条例で目指そうとして」おり、「フェミニストの思想実験の場」として、千葉県の条例を位置づけた（日本時事評論社 2002e）。

山口編集長によれば、「フェミニスト」といっても雲をつかむような存在で、問題の根源がわかりづらかった中で、批判の対象として絞ったのが、大沢真理だったという。大沢がジェンダー論やジェンダーフリーを、学者としてのみならず、審議会メンバーとして推進してきたからだったと、山口は語った(11)。堂本と大沢といういわば二大「過激フェミニスト」と目された人たちが関わり、「日本一の条例をつくる」と発言した。だからこそ千葉県が最適なターゲットとして、山口らの目には映った。

日本時事評論と運動への関わり

日本時事評論は、紙面で集中的に千葉県の条例を扱った。二〇〇二年八月三〇日号では二ページ目の全面を使い（日本時事評論社 2002f）、九月二〇日号には一面トップ記事として、二ページにわたって千葉県の条例に関する記事を掲載（日本時事評論社 2002g）。一一月一日号ではトップ記事として、「過激な〝共参〟条例に待った！　一二月議会　知事案を否決し良識的条例の制定へ　千葉県議会」という記事を掲載した（日本時事評論社 2002j）。そして、県知事案の「性的自己決定権」に関する条項が、国の法律を超えた内容であり、安易な妊娠中絶につながると批判。また「性別にかかわりなく」という文言は、「過激派フェミニストが主張している『ジェンダーフリー』という思想を象徴する用語」であり、「『男女の性の区別』そのものを否定することを意味している」と書いた。さらに翌一一月一五日号においても、再び一面トップ記事として「フリーセックスを奨励して性道徳を退廃させて望まぬ妊娠を増加させ」、女性だけに妊娠・堕胎の責任を負わせるような条例であると批判を展開した（日本時事評論社 2002k）。県知事案に盛り込まれている「表現の自由」を侵害する規定は憲法違反であるとも批判している[12]。

このように、日本時事評論は、条例内容についての詳細な批判を提示した。そして、堂本知事の「過激条例案」を否決し、自民党が「良識的な条例案」を対案として提出し、それを可決することこそが重要であるという主張を行った。

実際の運動においても日本時事評論は、千葉県在住の日本会議のリーダー層とネットワークを築き、積極的に運動を展開していった。千葉展正によれば、九月の自民党からの四項目要求についても、日本時事評論が裏にいたという（千葉 2003）。また、先述したように、一一月一〇日の集会を開催した「良識的な男女共同参画条例の制定を求める緊急集会実行委員会」は実質上、日本会議だった。だが、「良識」は第二章で言及したように、「良識取返し国民運動」を展開してきた日本時事評論が使い続けてきたキーワードである。集会の関係者として名を連ねているメンバーを見ると、「新しい歴史教科書をつくる会」の千葉支部長、日本会議千葉の会長、日本会議系の市議らが並び、女性の名前も多い。しかし、前面には出ないながらも、団体名や主張の内容、そして運動の展開方法からしても、日本時事評論が相当に大きな役割を果たしていることがわかる[13]。

一一月頃に千葉県において配られたビラやチラシにも、日本時事評論の影響がみられるものがある。例えば『薫風』（発行元不明）という新聞記事風チラシは、県知事案が継続審議とされたことを記載し、宇部条例が保守にとってのモデル的条例であると紹介している。さらに、「自民党には一二月定例会までの間に、男らしさ女らしさを認め家族を重視した独自の条例案の作成が求められている」と述べ、独自の条例案を推進する日本時事評論の論調の影響が強くみられる。また、『薫風』の下半分には『日本時事評論』の「号外」（第二章八二頁参照）で使われた図入り記事（日本時事評論社 2001a）がそのまま転載されている（薫風 2002）。日本時事評論の山口編集長によれば、千葉県内でも勉強会に講師として数度招かれた際に、その図入り記事は資料として配布し、「善意にご活用いただく分には構わないということで、チラシ等を転載自由にしていた」ということだった。日本時事評論の「号外」や資料、チラシは、全国の条例運動のために、協議資料にしてもらおうという趣旨で作成され、広く配布された（日本時事評論社 2002i）。

さらに、小冊子『湧泉』で男女共同参画を特集した第一号と第二号はこの頃に発行されている（第一章、第二章も参照）（日本時事評論社 2002h; 2003）。これは宇部の条例運動が成功に終わり、その後千葉県の条例運動が最も盛り上がった時期にあたる。山口編集長はさらに、千葉県の条例に関する「日本一のフェミニスト条例案に待った！」と題した論文を保守系媒体『祖国と青年』に発表した（山口 2002b）。

また、ネット上においては、岡本明子のサイトおよび同サイト上の「バックラッシュしよう！」掲示板、そして〇二年に開設された「フェミナチを監視する掲示板」が、情報交換の場として重要な機

図3.1　日本時事評論社「ジェンダーフリー社会」チラシ（日本時事評論社提供）

能を果たした。

このように、日本時事評論と日本会議は集中的に運動を展開したが、条例案は廃案となった。この係争を通して、保守派内部からの厳しい批判にさらされたことが、山口編集長にとって、個人的にも相当な痛みをもたらした経験だったと思われる。自民党の方が多数派で、通すことができたのにもかかわらず、結局最後に継続審議にしてしまい、条例が制定できなかった。結果として運動内部で分裂も起きてしまったのだ。

山口編集長によれば、いろいろな保守団体と協力して運動をつくっていったが、条例の内容については日本時事評論からかなりの提案をしていたという。しかしながら、自分たちが主導したというと語弊がある、あくまでも運動している人たちがいたから効果的にできたのだ、それぞれの役割を果たしただけなのだ、山口はそう強調する。逆にその強調ぶりに、日本時事評論が当時千葉県の条例をめぐっておかれていた立場の難しさをみたように私は思った。

各地で男女共同参画条例ができていったが、ほとんど全部が同じ形でやっており、それでいいのかという問題を投げかけたかったのだと、山口編集長は言う。だが、日本時事評論の本来の主張であった、「上からのモデル条例」ではなく、「地域の特性をいかした条例づくり」というスタンスと、山口から千葉へと出向いて運動に関わり、外から条例の内容を提案せざるをえなかった現状は、現実的には矛盾をはらむものでもあった。だからこそ他の保守勢力からの反発が起きた面もあっただろう。

4 保守の分裂

もう一つの保守の動き

千葉県条例に関しては、もう一つの保守の動きがあった。フェミニズム問題に関する執筆活動を展開しつつ複数の反フェミニズムサイトを運営していた、千葉県在住ジャーナリストの千葉展正である。千葉展正はかなり早い時期から千葉県の条例問題に関心を寄せ、二〇〇二年九月議会で継続審議が決まるまでは、日本会議系の人たちとともに運動をすすめていた。しかしながら、その後、日本会議と袂を分かち、独自の運動を展開していくことになった。

二〇一一年六月、私は斉藤とともに、千葉展正に会うために千葉県柏市に出かけた。著書の『男と女の戦争』に千葉が、「あまり知られていないようだが、女性専用車両のドテッパラには、人間には見えるか見えないやうな薄いペイントで、「男＝ワル」と大書してあるのだ」（千葉 2004: 37）とか、電車がホームにはいるたびにサブリミナル効果のように「男＝ワル」のイメージが刷り込まれる、と書いていた印象が私には強く残っていた。さらには千葉の著書やブログでも常に旧仮名遣いを使って文章が書かれており、その内容も、フェミニズムに対して厳しい批判が多かった。そして、会う約束をするために何度かやりとりしたメールでも、旧仮名遣いが使われていた。千葉展正の文章の印象から、実際に出会う前にはいったいどんな人なのだろうと思い、私はかなり緊張していた。

だが、駅の改札口に現れた千葉は、真面目そうで丁寧な物腰の、ごく普通のサラリーマンといった雰囲気の人で、ほっと安心したのだった。そして、駅前のデパート内の喫茶店にてコーヒーを飲みながらじっくりと千葉展正の話しを聞くことになった。千葉にこのとき、女性専用車両の「男＝ワル」について聞いてみた。すると、「そのへん誤解している人がいて」と言われた。女性専用車両が日々走っていることによって、人々の思想にも影響があるかもしれないということの比喩だったという。人々に関心をもってもらうための方法であるという。あまり真面目一直線になるのもよくないと考え、ユーモアをもたせるなど、工夫しているのだということだった。

「知っておいていただきたいのはね、千葉県条例案の場合には、ひじょうにね、どろどろした動きがあるんですよ」といって、千葉展正の条例の話は始まった。千葉の言う「どろどろ」には二つの側面があった。第一に、千葉県の談合・金権政治体質であり、第二に、日本会議と千葉展正が対立に至ったという、保守運動内や自民党の中での複雑な動きだった。他府県や市町村の男女共同参画条例は数あるが、千葉県の条例をめぐるプロセスは、非常に特殊なものであったという。

千葉展正は、九五年に設立された藤岡信勝らの「自由主義史観研究会」の運動に関わってきた運動家でもある。教科書問題を通して、土屋たかゆき、古賀俊昭といった都議たちと知り合ったという。そして、藤岡、石井公一郎らと「東京教育再興ネットワーク」を九九年に設立し、事務局長をつとめた。同団体は、発足時から「ジェンダーフリー論をもちこませない」を運動方針にしていた（井上他 2010: 12）。

千葉展正は、「ジェンダーフリー」や「ジェンダーチェック」に火をつけたのが東京女性財団であったため、同財団の財政、事業内容などに着目し、東京ウィメンズプラザに通い資料などを調べていった。だが男女共同参画社会基本法が策定されていた頃は、「新しい歴史教科書をつくる会」の教科書採択運動で忙しく、基本法の動きへの注意が不十分になってしまっていたという。

その後千葉展正は、夫婦別姓問題について調べ始め、日本会議の集会で話したり、機関誌『日本の息吹』に投稿したことを通じ、日本会議の運動にも関わり始めた。そして、千葉県の男女共同参画条例に関しては、千葉県在住の日本会議メンバーたちと一緒に、県議会議員に対する説得を中心とする活動を最初はすすめていったのだという。

千葉展正にとって、千葉県条例の闘いは、堂本県政との闘いという意味合いのほかに、千葉県の政治構造、そして「金権千葉」として知られた実態そのものとの闘いという意味をもっていたという。一つ目の「どろどろした動き」というのは、この千葉県の金権体質だった。自身の著書でも、土建屋政治、金権政治が蔓延している政治土壌がある中で、知事と自民党間、とくに「ボス県議」との交渉が行われている状況であるとも言及している（千葉 2004）。千葉県の条例をめぐっては、「自民党／保守」対「反自民／フェミニズム」という図式だけではなく、より複雑な自民党内部の権力関係や千葉県の政治風土も関わってくるはずだと、千葉展正は想定していた。

「いわゆる金権千葉そのものと対決しないとひっくり返せないわけでね。それはぼくはもう眠れないくらい。まさか自分がそんなものと敵対しようっていう局面がくるとは思わなかったですよ」。フェミニズムだけを批判すればよいのではなく、「自民党の暗黒部、非常にどろどろしたもの、それを批判していかないと、今度は廃案にできないわけですから」。千葉展正はそう話した。

千葉展正は、県知事条例案が千葉県サイト上に公開された九月一一日付で、報道機関宛に県知事案の問題点に関する書面を送付している。千葉展正はそこで、条例の成立を阻止すべく、県議会に対して「廃案を求めてゆく所存です」と明記している。千葉はさらに、県知事案は、他都道府県の条例に比べて「条文の分量・内容ともに異常である」とし、「他府県の条例にはない条文が目白押しだった」と批判を展開した（千葉 2002c: 219）。

この書面を作成した頃は、千葉展正は日本会議系の人たちとともに活動していたのだという。そして、知事案は〇二年九月議会で継続審議になった。だが、ここまでは千葉展正にとっての、運動の第一段階にすぎなかった。

千葉展正と日本会議／日本時事評論の対立

千葉展正にとっての二番目の「どろどろした動き」とは、日本会議と自民党との闘いだった。知事案が継続審議になった後、それまで共闘していた日本会議系の人たちとの立場の違いが明らかになり、「ぼくはだから後半は、この自民党案をつぶすために勢力を揃えざるをえなくなった」と述べる。さらに千葉は以下のように続けた。

私の立場とこの人たちのはっきり違うと思ったのは、ぼくは男女共同参画条例ってのは、一切いらないっていう考えだったんです。ところがこの人たちはね（中略）、いわゆる「良識的な男女共同参画条例」っていうものをつくりたいという。ぼくは徹底的な廃案派だったんです。途中でわかったのは、この人たちは本当にわずかなところを修正させれば、この条例案を通過させてもいいんだなと。例の男らしさ女らしさとか、そういうことですよ。それを尊重すると、文言がどこかにはいれれば、いわゆるジェンダーフリーというものが解消されると。それだったら、通していいとこの人たちは考えてるな、ということがぼくはわかったんです。

継続審議になった後、日本会議や日本時事評論の人たちが、堂本案に反対した県議たちを抱き込み、自民党男女共同参画条例案およびDV条例案をつくり始めた。その時点でスタンスの違いがよくわかったと千葉展正は言う。県知事案ができたときよりも、自民党案のほうに危機感をもち、「最後は自民党案・DV条例案を廃案にするために全力を注いだ」と千葉は述べた。

そして、二〇〇二年十月には自身のメルマガとブログにおいて、「『良識的な男女共同参画条例をつくりましょう』などとアホなことを言う連中がいるものだから、『正しい男女共同参画条例』があるものと錯覚する人が絶えないのだ」と書いている（千葉 2002b）。さらに千葉は保守系の『國民新聞』に寄稿し、山口敏昭日本時事評論編集長の千葉県条例に関する『祖国と青年』掲載論文（山口 2002b）を引用し、名指しで批判を加えている。

自民党にこのやうな愚かな条例案をつくるようけしかけたのは、日本会議と日本時事評論社なるエセ保守団体である。かれらは、堂本知事が条例案を九月県議会に提出した際にも関与してゐる。修正案などを自民党に提出し、自民党はこれらをもとに修正要求を作成した。（中略）そこでかれらは九月議会が終はると、にわかに「良識的男女共同参画条例を制定しませう」と

國民新
（第三種郵便物認可）

千葉県男女共参・DV条例 自民党修正案の廃棄当然 裏で画策するエセ保守団体

ジャーナリスト
千葉展正

千葉県の二月県議会では、自民党による千葉県男女共同参画条例案とドメスティック・バイオレンス条例案をめぐるドタバタ劇が演じられた。自民党条例案も県議会に上程されたが、堂本知事が提出した男女共同参画条例案とともに継続審議になり、議員の任期切れに伴ひ廃案になるといふ結末をたどつた。

自民党は、一部の県議が外部勢力にそそのかされて独自案を作成したものの、県民の間から「堂本案に勝るとも劣らない悪質なフェミニズム条例」といふ批判が巻き起こり、結局、成立を断念せざるを得なかつた。愚劣な自民党条例案が堂本案と一緒に葬り去られたことは、千葉県民にとつて幸ひだつたと言はなければならない。

自民党案に関与した人々は「良識的・理想的な男女共同参画条例案がまもなく成立します」と前宣伝してゐた。しかし、他府県の人が「良識的条例案」の中身を知つたら驚愕するに違ひない。まずドメスティック・バイオレンス（DV）条例案。ドメスティック・バイオレンス条例など他府県にはない。国のドメスティック・バイオレンス防止法が左翼フェミニストの圧力で二年前に制定されてから、魔女狩りならぬDV狩りが全国で猛威を振るつてゐる。このDV防止法が存在するだけで危険なのに、DV条例まで制定しようといふのだからほとんど正気の沙汰ではない。

自民党千葉県連のホームページには「ドメスティック・バイオレンスについては、国にいわゆるDV法があることから、男女条例に含めるのではなく、法に基づいた別の条例にすべきと考え、二本立てで検討を進めました」とマヌケな説明がある。

自民党DV条例案は、堂本案にあったDV条項をすべて取り込んだ上で、加害者の更正、民間団体の拠点施設の整備、DV対策基本計画の策定、転居先の秘匿などの条文を新たに盛り込んだフェミナチ条例である。

DV加害者はある種の犯罪者と同じく常習性があるので、施設に収容して矯正する必要があるといふのが加害者更正の考へ方だ。家庭内暴力で収容所に送られるのだから恐い。フェミナチ条例と呼ぶ所以である。

自民党が率先して破廉恥DV条例案をつくつたので、全国のフェミニストもそのマヌケぶりを嘲笑してゐる。県議会では、左翼政党からさへ「国のDV防止法も加害者の更正までは踏み込んでゐない」と指摘される始末だつた。

自民党の男女共同参画条例案もひどいものだ。「男らしさ女らしさ」といふ文言を入れただけで「理想的な条例」をつくつた気になり、大澤真理が盛り込んだ長大な「基本理念」条項を残す一方で、アファーマティブ・アクション（積極的差別撤廃措置）の四割条項（いずれかの性が四割未満になつてはならない）を新たに加へるといふ馬鹿げたことをやつてゐる。

自民党にこのやうな愚かな条例案をつくるようけしかけたのは、日本会議と日本時事評論社なるエセ保守団体である。

かれらは、堂本知事が条例案を九月県議会に提出した際にも関与してゐる。修正案などを自民党に提出し、自民党はこれらをもとに修正要求を作成した。しかし自民党ボス県議を取り込んで強気の堂本知事は、実質一箇所しか修正しない条例案を議会に提出した。それでも日本会議などの面々は、一箇所でも修正されたのは御の字と喜んでゐたのである。

この連中のマヌケぶりを示す証拠はほかにいくらでもある。たとへば、日本時事評論が自民党に提出した修正案の次の条文。

《第十四条　県は、男女が、互いの人格を尊重し、性及び子を産み育てることについて、理解を深め、性教育の充実及びその他の必要な措置を講ずるものとする。》

「性教育の充実」といふくだりに注目されたい。原案にあつた「性教育の充実」といふ文言を御丁寧にそのまま残したのだ。今、大問題になつてゐる超過激なセックス教育。あれを学校で大いにやりませうといふのがこの条文の趣旨なのに。

条例に「性教育」といふ文言が入るのは初めてで、全国に波及すれば恐ろしいことになる。しかしこの人たちには、堂本知事が性教育条項を盛り込んだ意図など理解できない。このレベルの頭だから、非常識なDV条例案なんかをつくつてしまふのである。この修正案でDV条項はどうなつてゐるかといふと、原案か

図3.2　『國民新聞』2003年3月25日（千葉展正提供）

叫び始めた。そして自民党県議に接近し、「宇部市のやうな良識的条例を制定すれば全国から脚光を浴びる」と煽つた。日本会議のメンバーと日本時事評論社（山口市）は宇部市男女共同参画条例の制定に関はつた仲だつた。（中略）

「日本時事評論」編集長の山口敏昭氏は、日本会議系の機関誌「祖国と青年」の平成十四年十二月号で、千葉県条例問題でかう書いてゐる。

「一部に廃案にさえすれば良いという意見もあるようだが、それはむしろナンセンスだ」「条例がなくても、いろんな手法でジェンダーフリー思想を押しつけてくることは目に見えている。こうした常識外れに歯止めをかけ、国民の利益を守るためにも、常識的条例を制定して歯止めをかけることが必要なのである」

「ウチの町には男女共同参画条例なんか必要ない」といふ住民も多からう。でも、さうした意

ら関連条文をすべて削除した上で、「DV法による別の条例での規定が適当であることから削除したものである」と注釈がついてゐた。

話を九月県議会に戻すと、堂本案は結局、継続審議になつた。堂本案の成立を期待してゐたかれらは大いに慌てた。原案を「修正」させた功績を誇ることができなくなつたからだ。修正作業に加担した罪状も問はれかねない。

そこでかれらは九月議会が終はると、にわかに「良識的男女共同参画条例を制定しませう」と叫び始めた。そして自民党県議に接近し、「宇部市のやうな良識的条例を制定すれば全国から脚光を浴びる」と煽つた。日本会議のメンバーと日本時事評論社（山口市）は宇部市男女共同参画条例の制定に関はつた仲だつた。

良識的男女共同参画条例を唱へる勢力は今、男女共同参画社会基本法を擁護する運動を展開してゐる。男女共同参画社会基本法にジェンダーフリーといふ文言はない、よつて男女共同参画社会基本法には問題がない、男女共同参画条例も男女共同参画社会基本法の範囲にとどまってゐる限りは問題ない、といふ論法だ。

周知のやうに、文部科学省は教育基本法に「男女共同参画」を入れようと画策してゐる。「男女共同参画社会基本法には問題がない」などと寝ぼけたことを言つてゐるから、教育基本法まで「男女共同参画」に侵されるのだ。

「日本時事評論」編集長の山口敏昭氏は、「祖国と青年」の昨年十二月号で、千葉県条例問題でかう書いてゐる。

「一部に廃案にさえすれば良いという意見もあるようだが、それはむしろナンセンスだ」「条例がなくても、いろんな手法でジェンダーフリー思想を押しつけてくることは目に見えている。こうした常識外れに歯止めをかけ、国民の利益を守るためにも、常識的条例を制定して歯止めをかけることが必要なのである」

「ウチの町には男女共同参画条例なんか必要ない」といふ住民も多からう。でも、さうした意見は「ナンセンス」なのださうだ。全国には約三千の自治体があり、男女共同参画条例が制定されてゐるのは約百。残る二千九百の自治体にも条例づくりをけしかけるつもりらしい。「常識外れ」に歯止めをかけるために「常識外れ」のドメスティック・バイオレンス条例を作成した人たちの思考は、すべてにおいて常識に外れてゐる。

見は「ナンセンス」なのだそうだ。(中略)

「常識外れ」に歯止めをかけるために「常識外れ」のドメステック・バイオレンス条例を作成した人たちの思考は、すべてにおいて常識に外れてゐる(千葉 2003)[14]。

千葉展正は男女共同参画社会基本法そのものを廃棄すべきという立場であり、さらにすでに基本法があるのに自治体に条例をつくる必要もないと主張する。その千葉展正と、全会一致で通った基本法そのものの廃棄は現実的には難しいとし、「良識的」な条例をつくりそれを活用していこうという立場にたつ、日本時事評論の対立だった。

自民党DV条例案への危機感

自民党は、独自の男女共同参画条例案に加え、ドメスティック・バイオレンス(DV)条例案を同時に上程した[15]。このDV条例案への千葉展正の反発は大きかった。堂本県知事はもともと、DV問題への造詣が深く、国のDV防止法の法案作りにも関わり、千葉県でもDV問題に関しては非常に力をいれていた(堂本 2003)。千葉展正は、自民党DV条例案が、男女共同参画条例の県知事案に含まれていたDV条項をすべて取り込んだ上、「加害者の更正、民間団体の拠点施設の整備、DV対策基本計画の策定、転居先の秘匿などの条文を新たに取り込んだフェミナチ条例」であるとして、批判している(千葉 2003)。

千葉展正は、「国のドメスティック・バイオレンス防止法が左翼フェミニストの圧力で二年前に制定されてから、魔女狩りならぬＤＶ狩りが全国で猛威を振るってゐる」という立場にたつ（千葉2003）。これは野牧雅子の、ＤＶ防止法のもとでの保護命令、すなわち妻子に対する接近禁止命令や退去命令が「確実に家族を破壊する」（野牧2005: 99）という考え方と同様の主張であろう。千葉展正は、「ＤＶ防止法が存在するだけで危険なのに、ＤＶ条例まで制定しようといふのだからほとんど正気の沙汰ではない」と自民党案を批判した（千葉2003）。自民党ＤＶ条例案においては、国のＤＶ防止法にはない「加害者更正」について、被害者支援と同じくらい重点的に扱われている。千葉はそれに関して、「ＤＶの加害者は常習性があるから矯正する必要があるという危険思想」に基づくものであるとする（千葉2003; ジェンダーフリー条例に反対する千葉県民の会2003）。

さらに千葉展正は、フェミニストらはＤＶを「男性から女性に対して行はれるジェンダーに特有の犯罪」と定義しているとし、「家庭内における男女の伝統的役割、慣習に起因するもの」だと考えているとする。そして、暴力を根絶するためには、「男女の伝統的役割を排除しなければならないといふ結論」を導きだしており、すなわちＤＶ関連の運動は、ジェンダーフリーの実現を狙ったものであるとする。さらに、ＤＶ運動には「巨額の税金」がつぎこまれ、それがフェミニズム系ＮＰＯにも流れており、「フェミニズムの運動の中で最も成功した」運動だと千葉は見る（千葉2004: 197–8）。

それに対し、日本時事評論は、フェミニストがＤＶを男性から女性に対するものと位置付け、その原因を「固定的役割分担や女性差別の意識に根ざしたものと限っている」とし、家族制度否定というイデオロギーが反映されていると批判している。だが、「家庭内暴力で本当に困っている人のために、行政や地域社会が手を差し伸べることは緊急かつ重要な課題」とも位置付ける（日本時事評論社

2002h: 42-45)。さらに第二章で言及したように、山口編集長は筆者のインタビューの際に、男女共同参画を評価できるとすれば、国や自治体の男女共同参画政策についても、これまで政治課題になりにくかったものに関心が出てきたことであり、その一つとしてＤＶの問題を挙げている。

千葉は、「バイオレンス／暴力」に関する運動がフェミニズム思想の根幹にかかわるものだと考えていると語った。そして、「ジェンダーフリーに警戒感を抱く保守派の人々も、ドメスティック・バイオレンス運動の危険性には至って無知なことだ」とも述べる（千葉 2004: 197）。ＤＶ運動に対して強い危機感を抱く千葉展正らと、日本時事評論や日本会議は、ＤＶに関するスタンスが異なるといえるだろう。その違いも、自民党提出のＤＶ条例案をめぐって、噴出したと見ることができる。

自民党条例案への反対運動

自民党の条例案を批判し、日本会議と分裂した千葉展正は、条例のときには基本的には一人で動き、日本会議と対立して孤立無援に近い状態にあったという。そんな中で協力してくれたはほんのわずかな人だったと語る。

そのうちの一人が西村修平だった。西村は二〇〇六年「主権回復を目指す会」を設立し、「行動する運動」を立ち上げたことで知られる。フェミニズムに関連しては、女性国際戦犯法廷への抗議活動や、つくばみらい市のＤＶ講座への反対運動で動いた人物である。千葉県在住の西村は、地元の問題ということもあり、千葉展正の主張に共感したので動いたと語った。西村もやはり、男女共同参画社会基本法や条例自体が不必要であるという立場だった。とはいえ条例に関しては前面に出たり、街宣を行ったりという動きはしなかったという。

結果として、自民党案も廃案になったことで、運動の結果は千葉展正が望んだものになった。日本会議で自民党案を推進した人たちは逆に大落胆しただろうと千葉展正は言う。「フェミニズムにとっては、自民の県議たちも、保守運動も、皆同じように見えるのだろうが、もしかしたらフェミニズムと自分の違いと同じくらい、自分と日本会議は立場が違うかもしれない」と。千葉展正にとって結果はよかったものの、今でも条例をめぐる分裂の展開は苦々しい記憶として残っているのだと思われた。

5　フェミニストの動きと千葉県条例

千葉県の条例は、フェミニストの間でも大きな注目を集めた事例だった。例えば国内最大の女性学会である日本女性学会は、幹事会有志として二〇〇二年一〇月、「『千葉県男女共同参画社会の促進に関する条例（案）』に対する抗議声明」を出した（船橋 2002）。「バックラッシュ」と呼ばれた動きの中でも、女性学会の幹事会（有志とはいえ）が特定の条例に関して声明を出したのは、千葉県のケースだけだ。また、日本女性学会はこの頃、「『男女共同参画社会』をめぐる論点と展望に関するプロジェクト」を発足させた。その第一回研究会には宇部の小柴久子とともに、千葉の出納いずみが招かれ、条例への「バックラッシュ」についての議論が行われている（橋本 2003）。

千葉県の男女共同参画条例を通す運動の中心となった団体が、何度か本章で言及されてきた、平等条例ネットだった。二〇一〇年六月、私は、斉藤と千葉市の中央コミュニティーセンターを訪れた。

七四年に設立されたというセンターは、レトロな雰囲気にあふれていた。その会議室で、市民ネットワーク千葉県の大野ひろみ議員（当時千葉県議、現佐倉市議）と、市民として運動に関わり続けてきた、出納いずみ、松尾圭、秋山敏子に、千葉県の条例づくりの運動をめぐる経緯およびその後についての話を聞く機会をもった。

そこでの話から最も強く伝わってきたのは、悔しさと喪失感だった。運動においてはありとあらゆることをやり、「こんなことまでしたのに、通らないという脱力感があった」と出納は言う。

もともと、出納は九〇年代半ば、千葉市生涯学習振興課社会教育係が主催した「女性大学」講座に出席し、その講座卒業生がつくった「ちば女性大学ネットワーク」（後に「ウーマンネットちば」に発展）という女性学の学習グループからフェミニズムに関わるようになった。そして、公立学校で男女混合名簿を導入したいと考えるようになり、「調査アンケートを何度も行った」（秋山）など、混合名簿推進運動に関わっていった。

〇二年に条例づくりの動きが本格化し、公開で開かれた条例専門部会に傍聴にいった人たち同士で、五月一〇日頃に平等条例ネットをつくり、シンポジウムなどを開きながら、条例を通すための応援団として動きはじめた。出納は「このときはけっこういい雰囲気だったんですよね、勢いもあって」と言う。推進議連にも六七名もの議員が参加していたため、条例は通りそうだと思ったという。

それが九月になって突然、四項目削除という話が出たため、それに対抗するために公開質問状を出し、ウェブサイトをつくった。署名活動も行い、保守系も含め各政党からも、学生、組合、市民などからもフル回転で集めた。一〇〇万円のカンパを集めて全国紙の千葉版に二本の新聞広告を出した。

街頭演説、小雨の中のデモなども行った。そして「いろんなこと、ありとあらゆる街頭宣伝から、街宣カー（笑）、やったこともないこと」（出納）を集中的に行い、「やっぱり田舎のほうにいかなきゃいけないといってて、とくに反対してる議員のところにいこうと」（松尾）、銚子市や佐原市にまで街宣カーで出かけて行ったという。

公開質問状には反発も受け、メンバーの実名を出して自民党議員に県議会で言及されるなどという、通常では考えづらい事態も起きた。だが、「やれることは全部やった」という思いがあった。出納によれば、県庁前では毎日条例反対の「バックラッシュ」の人たちが街宣をしていた。出納によれば、以下のような状況が起きていたという。

一つ印象深かったのは、毎日千葉県庁の前でこういうさっきのバックラッシュのひとたちが、条例ができると男女のトイレがいっしょになりますっていうのですよ。それを何度も繰り返しいうんです。ちょうど県庁の前に住んでいたのがいっしょに活動していた女性で、聞いていると本当にそうなのかと思っちゃうっていうのですよ。私たちは最初、ばかばかしいと思ってたんですよ。そんなことに反応するのってばかばかしい。それがわかりやすいから、どんどん浸透していくんです。わかりやすいメッセージってものすごく浸透がはやいんです。

闘いの後半は、「そんな馬鹿げたことありえません」と出納らも街頭で発信せざるをえなくなった。出納は「だからそのときに思ったんです。こっちもわかりやすいメッセージを言わないといけないし、自分たちが当然のことと思っていても、決してそのことは、まわりには当然ではなかった。やり方、いろいろ勉強しましたね」と続けた。だが、「男女共同参画」といっても何のことだか伝わらず、「ジェンダー」といってもなかなか人が集まらなかったという。一般の人にとって、これらの概念は特殊で難解なものだったし、使えば逆にヒステリックなグループとも思われてしまった。「『平等』だったら誰にでもわかったのに、と思った」と出納は言う。

条例に関しては、自民党が要求した修正四項目を呑むか呑まないかが大きな問題となり、堂本知事は条例専門部会にも諮り、教育と性的自己決定に関わる二つの項目は根幹にかかわり譲れないと拒否した。「結果論だが、あのとき呑んでいたら通っていた可能性もある」と出納は言う。だが、当時自民だった佐原選出の谷田川議員が中絶反対などと騒ぎ始め、おさえられなくなったし、おさえこむ力がなかった。自民が存在感を示せた事例だったし、自民が圧倒的に多数であるという議会構成のために通らなかったと思うともいう。「自民党の結束力は堅く、党議拘束もあるから」と大野も語る。

千葉県の場合、当初は女性運動側に広がりも勢いもあった。街頭行動には政党や労組も協力してくれたことで、新たなつながりやネットワークもできていった。だが、あまりに集中的に条例をめぐる運動を行わざるをえない状況だったために、多忙になりすぎて、お互いの連絡がメールになりがちで、メールがない人などがついていけなくなってしまった面もあった。その結果、運動が弱体化したという側面もあったともいう。

そしてもう一点、女性学からはじまったグループとして、「勉強、学習グループ」という自認をもつ人たちもいたため、運動につながる人とつながらない人がいた。「つながらない人のほうが多いんですよ。『勉強できればいい』というのは変な言い方だけど、『学習』することで十分だという人たちと、女性学って行動だし、行動しないとおかしいじゃない、という人たちと、そこのところの差がここでひじょうに出ましたね」と出納はいう。

県知事案、自民党案ともに廃案になった後、出納は平等条例ネットのニュースレターに「『廃案』で私たちの活動は終わったわけではありません。たとえ、これからこの条例がどんな結果に終わっても、それでも私たちが『県条例に込めた思いや願い』が消えてしまうことはありません」と書き、四月の県議会選挙こそ「バックラッシュ」に対抗する大きな一歩だと述べた（出納 2003b）。しかし、四月の選挙では自民党が議席を増やした。

その夏、千葉県の条例の顛末については、国立女性教育会館（ヌエック）のフォーラムで二〇代から七〇代まで十人以上のパネリストが発表を行った。一〇〇人もの人たちが集まり、この時はかなりの高揚感があったという。政党や労組の人たちの協力も受け、ネットワークができたことは大きなプラスだったと考えてもおり、その時には敗北感はなかった。しかしながら条例が通らなかったことで、出納や条例ネットのメンバーにとっても「やっぱり一種のトラウマじゃないけれども、あんなにやったのにダメなのよねっていう感じが」（出納）残ってしまい、「この後じわじわっと」脱力感がやってきたという。

6　条例廃案後の千葉県と、運動の衰退

森田県政以降の男女共同参画とフェミニズム運動

男女共同参画条例案は廃案になった後、再提出されることはなかった。そしてその後も堂本知事と議会との攻防は続いた(16)。

二〇〇九年、堂本知事は引退し、千葉県知事選挙で、堂本知事の後継候補を破り、保守の森田健作が当選した。二〇一〇年五月、森田県政に変わって一年ほどたったときに、斉藤とともに千葉県の男女共同参画課を訪れ、担当者三人の話しを聞いた。フェミニストの間では「バックラッシュ」をめぐる話もだいぶ沈静化はしていたが、千葉県だけは、議会で混合名簿批判の質問がでるなど、展開が注目されていた頃だった。

担当者によれば、ヌエックなど各地の男女共同参画政策の担当者が集まる場では、「いつも最初に開口一番、千葉県って条例ない県よね、といわれます」という。堂本知事時代から男女共同参画の仕事を続けてきたという担当者は、「基本計画があくまでもバイブル」で、それに従って物事をすすめてきたという。条例があれば担保となるし、議会を含め様々なことが楽になる面もある。とはいえ、条例がない中でも、何とかやってこれているということだった。その時は県の第三次基本計画策定前の準備の時期だったが、これについても「そう大幅に変える方向ではないですね。国の動向を見ながらということで」との話だった。

だが、その直後の二〇一〇年七月、千葉県男女共同参画推進懇話会のメンバーの人選に、森田色が色濃く反映された。有識者のメンバーとして、保守派の論者である長谷川三千子（埼玉大学教授）と、渡辺利夫（拓殖大学学長）が選ばれたのだ。そして、懇話会が策定に際して議論を行った第三次基本計画は翌年三月に出されたが、変更の中には長谷川らの主張が反映されたと思われるものもあった。[17]

条例をめぐる運動以降、千葉県内の男女共同参画推進運動は行政が停滞気味になったこともあり、活動が弱体化していると出納いずみはいう。そして森田県政になり、ますます男女共同参画政策は、男女共同参画運動のグループからは遠くなったという。総合計画についても、タウンミーティングも開かれず公募もなく、パブリックコメント募集のみであり、それも非公開で数もわからないままだった。さらに出納は続けた。

私一つの特徴だなと思ったんですけども、やっぱり行政が後押ししている間は市民も喜んでやるんですよ。だけど後ろ向きになっちゃうと、ダメなんです。（中略）こんなに頑張ったのに、署名もしたのに（条例が）通らなかったっていう、そういうものもあるかもしれない。今なんか行政が叩かれないようにどちらかというと停滞気味だから、活動もどんどん抜けていっちゃったり、高齢化もあるし、衰退状況です。数なんかも。「ウーマンネットちば」でいっても五〇人いたけど、半分。半分のなかでも活動休会みたいなのがあるので、存続自体がもう危うい。男女共同参画ブーム自体は沈滞気味で、広げ方を変えないと先が見えない。

堂本前知事が推進といっているときには下のスタッフもトップの意を汲んで動くが、森田現知事がトップになれば、行政スタッフもその意を汲んで変わる。一旦行政が後ろ向きになると、運動が行政から自立していないため、ダメになったという思いも強いと出納は語った。

条例運動後の保守と男女共同参画

男女共同参画から引いていってしまったのは、女性運動だけではなかった。千葉での分裂は、保守にも苦い記憶を残した。日本時事評論も、千葉県で同じ保守から痛烈に批判されたことで、男女共同参画に以前ほどリーダーシップをとる形では関わらなくなった。山口編集長は自らの『祖国と青年』論文（山口 2002b）について、千葉展正の批判をうけたし、フェミニストに組みしているともいわれた。それに関して論争をあのときすべきだったのかどうか、今でも考えてしまうとのことだが、「保守の中で対立してしまうのは残念」という思いもあり、論争をする気が「一気に失せてしまった」という。

山口県から遠方の千葉県に出ていったことも、一つの反発の要素になっていたかもしれないと考えてもいると、山口編集長は述べた。「『ゆるやかな連帯の中で建設的な議論ができる』という形にしたかったが、直接会えない状況では、それも困難だった」という。日本時事評論は、千葉県条例が廃案になって以降も男女共同参画関連の記事は掲載し続けていたが、運動への表立った関わりとしてのピークは、宇部市から千葉県の条例運動にかけての時期だったといえるだろう。そして、二〇〇六年以降は日本時事評論の男女共同参画に関する記事数もかなり減った。今も、共同参画への取り組みを途中でやめてしまったというような思いが残っていると、山口は言う。

一方で、日本時事評論や日本会議と対立することになった千葉展正も、男女共同参画条例が廃案になって、「もう一つ峠をこしたなという感じはあったから、あれから後はそんなに運動してない」といい、当時、条例案に反対したほど熱心にやるようなテーマでは既になくなったという。さらに千葉展正からみると、条例がない千葉県において、行政、政府レベルでは、森田知事になっても、堂本時代からあまり変わらず続いていることは多く、他府県とそんなに変わらないと映っている。トップがよほど自覚して、前知事の行ったことを切らない限りは、行政システムはそのまま継続されていくものだし、保守派の知識人が懇話会にはいったとしても、個別具体的な変化にはつながりづらいと考えてもいるという。

このように、日本時事評論や千葉展正ら、反フェミニズム運動の担い手たちが、千葉県条例廃案の後、次々に表舞台からひいていき、条例をめぐる運動の流れも徐々に移っていった。日本時事評論の条例運動への関わりは後方支援的な形で続いたが、二〇〇四年の宮崎県都城市の男女共同参画条例の制定をきっかけとして、新たに世界日報（第四章、第五章を参照）が反男女共同参画条例に関する報道や運動において目立つ役割を果たすようになっていく転換期にはいっていった。

7　千葉県条例制定運動が提示した課題

千葉県の条例をめぐってフェミニストは、圧倒的に強かった自民党が数の論理で動いた、保守勝利の事例と解釈してきた。だが、保守側から見ると風景が随分、異なって見えていた。数としては自民党議員が圧倒的に多かったにもかかわらず、自民党案を通すという動きがうまくいかなかった、保守分裂の象徴的な事例でもあった。そしてこの条例に関わった運動すべてが、その後、男女共同参画に関しては衰退の方向にむかったり、興味を失っていったりした。

千葉県の条例をめぐる一連の動きは、いくつかの根本的な課題を提示した。例えば、条例づくりにおける議会や議員の役割、及び審議会方式と議会との関係はどうあるべきなのか、基本法がある中、自治体の条例はなぜ必要なのかといった課題である。

現実には、条例がない中、基本計画にのっとって、千葉県の男女共同参画政策は行われている。基本計画は五年に一度の改訂があるのに対し、条例は一度できると改正されることは滅多になく、よりどころとしての安定性、政策の継続可能性が原理的には大きく異なる。しかしながら、実際に条例ができた地方自治体の男女共同参画政策が、千葉県と比べて特にすぐれているといえるのか、あるいは千葉県の男女共同参画政策が異端であるといえるのか。そもそも条例の役割とはいったい何なのか、それは現実に役にたっているのか。個別に調査、検証を続けていく必要があるだろう。

【註】

（1）堂本は一九九六年一〇月から九八年五月まで新党さきがけの議員団座長をつとめた。

（2）千葉展正は一九五二年生まれ。共同通信社に入社し、経済部記者などを経て、九六年に退社。その後はフリージャーナリストとして活動している。

（3）千葉県の条例専門部会委員だった大沢真理、鹿嶋敬は国の男女共同参画関連の審議会の委員もつとめてきた。

（4）議連の人数は、谷田川議員の県議会質問からの数字。

（5）この入札資格の条文については、西尾幹二・八木秀次も企業の経営に対する統制であると批判している（西尾・八木 2005: 294-298）。

（6）これらの市民については、髪型が宗教団体「キリストの幕屋」の女性たちがしている三つ編みを巻き上げたようなスタイルの女性たちだったという複数の証言もある。

（7）例えば〇二年八月一八日に、同年に開設されたばかりの「フェミナチを監視する掲示板」で「千葉県条例が危機!!」という投稿があった（フェミナチを監視する掲示板 2002）。神奈川県在住フリーライターの岡本明子による投稿だった。岡本も、千葉県条例に関して、日本会議系の保守の動きの中で重要な役割を果たしていた。岡本が管理人をつとめた「バックラッシュしよう！」掲示板（〇三年六月に閉鎖）にも、千葉県の条例に関する投稿が掲載されていた（筆者がウェイバックマシンでアーカイブを確認）。

（8）九月議会開会前日、地元紙の『千葉日報』に、千葉県はカラー写真つき全面見開きの条例に関する企画広告を出した。公費三〇〇万円を使って上程前の条例案の宣伝を行うのが世論操作、もしくは公費の乱用ではないかとして、自民党議員らから批判を浴びた（千葉 2002c）。

（9）高橋史朗（明星大学教授）は東京都男女平等参画審議会委員、埼玉県教育委員長などを歴任、現在も埼玉県青少年健全育成審議会会長をつとめる。九七年から〇四年にわたり「新しい歴史教科書をつくる会」の副会長、現在は「日本教育再生機構」の理事、「親学推進協会」の理事長でもある。

（10）自民党案の周知期間の短さについて、千葉県議会で野党議員は厳しく批判を浴びせた（千葉県議会議事録）。さらに保守系の千葉展正も、自民党は独自案を「堂本知事とまったく同じ手法で」サイトに掲載したにすぎず、内容について県民周知がなされていないと批判した（ジェンダーフリー条例に反対する千葉県民の会 2003）。

（11）山口編集長は大沢真理の講演を聞いたこともあるという。山口の大学時代の専門は経済学だったこともあり、大沢真理については著作をとくに読み込んだことが会話からも伺えた。

（12）男女共同参画条例における表現規制問題については、第七章を参照。

(13) 山口敏昭は、「宇部市で審議会答申にとらわれない条例制定という劇的成果を上げたのは、宇部市民（特に女性）、市当局、市議会が協力し合ったからだ。これこそ『男女共同参画』の姿であろう」（山口 2002a: 332）と女性の役割を強調している。

(14) 千葉は、著書『男と女の戦争——反フェミニズム入門』においても、千葉県条例問題をとりあげた（千葉 2004）。

(15) DV条例は他府県にもなく、私が今回調査できた範囲では、このDV条例案が自民党から出ることに至った背景の詳細はよくわかっていない。

(16) 一例が、〇六年、千葉県男女共同参画センター設置管理条例案が否決されたことである。千葉市に中核的な「千葉県男女共同参画センター」を設置し、館山市に分館を新たに設けるなどを条例で規定しようとした。しかし自民党によって否決され、予算がつかなくなるという状況に陥った。結局、大幅修正により次の六月議会で可決。名称を県民共生センターに改め、規模も縮小することになった。

(17) 二〇一一年一二月に発表された第三次基本計画の骨子では、第二次計画の「男女平等」が「男女共同参画」に、基本理念としての「女性も男性も人として尊重され、その人らしく生きることができ、それぞれ個性を認め合える社会、そして平等な社会の実現を目指す」が「男女がともに認め合い、支えあい、元気な千葉の実現を目指します」になるなどの変更があった。懇話会での長谷川三千子の主張が反映されたと思われる。最終的な計画においては、基本理念の文章上では第二次計画から大きな変更には見えないが、体系図では「男女がともに認め合い…」の部分に重点が置かれている（千葉県 2011: 9-10）。

第四章　「性的指向」をめぐって
――宮崎県都城市《みやこのじょう》の条例づくりと『世界日報』

斉藤正美・山口智美

フェミニズムへの「バックラッシュ」と呼ばれた動きをつくったメディアの中でも、『世界日報』は群を抜いた存在感をみせた。その世界日報が男女共同参画に関して危機感をもつきっかけとなったのが、二〇〇三年の宮崎県都城市における「男女共同参画社会づくり条例」の制定だった。同条例は、「性別又は性的指向」という言葉を使って性的少数者の権利を擁護することを明文化した、全国で初めてのものだった。

だがその後、反対派の市民や議員は、旧条例に対して慎重な立場だったと目される長峯誠を新市長に据えるべく動いた。そして〇五年の長峯新市長の誕生と市町村合併を機に、「性別又は性的指向にかかわらず」という文言を削除した新条例を〇六年に制定。

本章では、筆者らが行った都城市などでの条例関係者、および都内での世界日報関係者らへの聞き取りに基づき、都城市の条例策定プロセス、およびそれへの反対運動の経緯を検討する。条例賛成派、反対派両側がそれぞれとった「市民参加」のあり方や審議会方式の課題に関しても考察する。

1　フェミニズムへの「バックラッシュ」と世界日報

『世界日報』との接触

フェミニズムへの「バックラッシュ」と呼ばれた動きに関わったマスコミ媒体の中で、産經新聞系メディアとともにもっとも存在感を示したのが『世界日報』（新聞媒体としてとくに指し示す場合を除き、『世界日報』および「世界日報社」を以下、世界日報と記述）だろう。新聞のオンライン版やGoogleのアドワーズ広告など、その積極的なインターネット活用もあり、フェミニストの中でも「バックラッシュ」といえばすぐに世界日報の名前が浮かぶほどの存在感があった。そして世界日報の中でも、男女共同参画について頻繁に取材を行い、特集記事などを中心的に執筆していたのが、山本彰、鴨野守の二人の編集委員だった(1)。

「バックラッシュ」の主体は誰だったと思うか、とフェミニストらに尋ねたとき、世界日報、もしくは関係団体と考えられている「統一教会」や「国際勝共連合」がしばしば言及され、最も怖い相手として認識されていた(2)。これだけ強い印象をフェミニストたちに与えた世界日報であるが、男女共同参画に関する取材に本格的に取り組み始めたのは、日本時事評論や他の論客達に比べれば、実はかなり遅かった。世界日報が積極的に関わりだしたのは、「性的指向」という言葉を含む、二〇〇四年の宮崎県都城市における「男女共同参画社会づくり条例」の制定が契機だった。

『世界日報』は、世界日報社により一九七五年に発刊された日刊紙で、関東地方と沖縄県の一部で配布されている。初代会長は、日本の統一教会会長でもあった久保木修己《おさみ》。(3)日刊紙の他、週刊新聞『サンデー世界日報』、月刊誌『ビューポイント』も刊行。近年はいち早く電子版を刊行するなど、インターネットの活用に積極的なことでも知られる。

世界日報がネット上で「ジェンダー」や性教育の批判を繰り広げていた頃、斉藤はネット上にある同紙の記事を読むのさえ、おそるおそるであった。男女共同参画条例がらみの記事が多く、もっと読みたいと思ったものだが、名前とメールアドレスを登録しないと記事を読むことができない。だが、世界日報に登録するだけでも危険が忍び寄るのではないかと理由のない不安を抱えていた。振り返るに、恐怖心の大半は、世界日報の記事自体というより、壺や多宝塔などによるトラブルが「霊感商法」、「マインドコントロール」といった言葉で報道された統一教会のイメージが強かったのだと思う。(4)

〇五年三月三〇日、オンライン版世界日報の「袋小路のジェンダーフリー」という特集の初回の記事に、山口の名前が「ジャーナリスト・山口智美氏」として掲載された。その記事は、山口が、フェミニズム系のミニコミに寄稿した「ジェンダーフリーをめぐる混乱の根源」を挙げ、山口の主張は女らしさに敏感になるべきだというものだと説明していた（山本 2005）。驚いた山口はその日に個人ブログで、山本彰記者は故意に曲解しており、職業も間違えていることから、山口の文章を読んでいないのだろうと反論した（山口 2005b）。このとき山口は、「山本彰」という名前を初めて強く意識し、世界日報のサイトもっと気をつけて読もうと思い始めた。その中には有料会員用の記事も多く、情報収集のために読みたいと思ったが、やはり怖さが先立ち、クレジットカード情報を入力するのに尻込みしてしまい、そのままとなっていた。

〇九年、世界日報の鴨野守編集委員に斉藤が富山県内で会ったのが、私たちと世界日報との最初の接触だった（経緯の詳細は第五章参照）。その後まもなく、東京にて、荻上チキ、斉藤、山口の三人で、鴨野はじめ世界日報の人々と会う機会を設けていった。そして斉藤と山口はその頃に、世界日報のオンライン版の購読も始めた。山本彰編集委員と初めて会ったのは、荻上と山口が鴨野と初めて会ってからまもなくのこと。鴨野に山本への紹介を頼み、コンタクトをとったことがきっかけだ。そして、鴨野も一緒であれば、という条件つきで山本に会えることになった。荻上と山口が渋谷の世界日報オフィス（当時）へ行き、応接室で山本と鴨野に会った。

そしてその時、山本から男女共同参画に興味をもったのは都城の条例からだという話を聞いた。その頃、都城条例についてネット上で読んだことがある程度だった荻上と山口はあまりピンとこなかった。

斉藤が山本と初めて会ったのは、二〇一〇年六月のことだった。山口とともに、新宿駅の小田急デパートの前で山本と待ち合わせ、デパート上層階の食堂街で食事をしながらじっくりと対話をしたのだった。

さらに翌年、再度斉藤と山口は、山本と池袋で会う機会をもった。その時は喫茶店でコーヒーを飲み、シフォンケーキを食べつつ、山本から、仕事の話や男女共同参画に関して、さらに思想、趣味に至るまで、合計四時間も話を聞いた。山本は、中学時代はバレーボールをしており、左利きでサーブでよく得点もしていたという。そして今の趣味だという釣りについては、とくに嬉しそうな表情で語った。

こうした会話の中で、山本はじめ世界日報が男女共同参画に関わるきっかけとして、くり返しあったのが「都城」だった。〇九年に会った時の山本の話を受けて、翌年五月、斉藤と山口が都城を訪れ、条例制定プロセスについて一度目の聞き取りを行った。その訪問の後に山本に会い、都城に行ったと伝えると、たいそう驚かれたが、その後は都城が一種の共通の話題としてのぼり続けた。

きっかけとしての、都城の男女共同参画条例

宮崎県都城市は二〇〇三年一二月、岩橋辰也市長（当時）の下、「男女共同参画社会づくり条例」を制定した。この条例は、都城の「男女共同参画社会」を以下のように定義した。

性別又は性的指向にかかわらずすべての人の人権が尊重され、社会の対等な構成員として、自らの意思によって社会のあらゆる分野における活動に参画する機会が確保され、もってすべての人が均等に政治的、経済的、社会的及び文化的利益を享受することができ、かつ、共に責任を担うべき社会（都城市（旧）2003）

さらに、「市民」という概念の定義を「市内に居住又は滞在する者」と滞在者まで含めた。その他にも「妊娠、出産その他の性と生殖」に関して自らの意思が尊重されること、「事業者の責務」として、性別等における差別的取扱いを行わないことが明記されるなどの特徴をもっていた。(5)

都城市の条例は、「性別又は性的指向」という言葉を使って同性愛、両性愛、性同一性障害、トランスセクシュアル、トランスジェンダー、インターセックスなどの性的少数者の権利を擁護することを明文化した、全国で初めての条例だった[6]。国の男女共同参画社会基本法にも盛り込まれていない性的少数者の権利が、地方自治体が制定した条例によって擁護されたのだ[7]。

だが、成立までの過程で、世界日報が「〝同性愛解放区〟に向かう都城市（上、下）」（山本 2003a; 2003b）といった社会の耳目を集める記事を書き、地元議会では激しい論戦が繰り広げられることとなる。実際、議会に上程された首長案は、一票の僅差で可決された。

こうして制定された条例だが、その後の〇四年一二月、五期目の岩橋市長が選挙で落選したことにより、局面が大きく変わることとなる。〇五年、長峯誠新市長が誕生し、市町村合併が行われた。〇六年九月、条例の「性別又は性的指向にかかわらず」が削除され、「すべての人」のみを残した内容に変更され、再制定された。再制定への過程で、尾辻かな子大阪府議会議員（当時）が要望書を携え、長峯市長に面会した。そうした動きがネット上や一部マスコミで逐一報道され、注目を集めた。

〇三年八月以降、山本彰は頻繁に都城市を訪ね、条例に関する展開について、『世界日報』紙上で報告してきた。その背景には、同性愛・両性愛はどうしても認めることができない、日本初という「『同性・両性愛者』らの均等な利益享受」を義務づけた」条例案を成立させてはいけない、という危危機感があったのだという（山本 2006a: 213）。都城で条例案が公聴会に上がってきた際には、「このままでは通常の男女の愛の関係も、同性愛も同列の価値に置く特定のイデオロギーを持つ人物によって、都城市民が監視され続けることになる」（山本 2003b）という危惧を示している。

世界日報は都城市の条例に関して、特集記事で何度となく扱うなど、地方都市の取り上げ方としては異例な、重点的な取り組みを見せている。山本彰は東京勤務であるため、取材のたびに都城市まで遠路出かけている。山本の関心とエネルギーのかけ方が並々ならぬものであることが窺い知れる[8]。そして山本の記事は世論を喚起するよう、世界日報のウェブサイトにおいて読めるように設定されていた。

画期的だったがために広く波紋を呼んだ都城市の男女共同参画社会づくり条例。なぜ都城市という、当時人口一三万人の一地方都市でこのような条例が制定されたのか。そしていかにしてそれが変更され、新たな条例として制定されたのか。

2　都城市男女共同参画社会づくり条例

宮崎県都城市

二〇一〇年五月末、マサキチトセ[9]、斉藤、山口の三人で、都城市に初めて足を運んだ。宮崎ではフェニックスが風にゆれ、色鮮やかな花が咲き誇っていた。都城市は、空港のある宮崎市からさらに高速を一時間走った、霧島山系の裾野に広がる盆地にある。都城への道のりは遠かった。距離だけではなく、次々と災禍が押し寄せたためだ。当時は宮崎県内で口蹄疫が発生した直後でもあり、畜産が中心的な産業である都城に足を踏み入れると、行く先々でウイルスの侵入をシャットアウトするための薬剤を浸したマットに出迎えられた[10]。そして、二〇一一年冬には新燃岳が噴火。風下にあった都城市は土石流の怖れがあったため、大勢の人たちが避難を余儀なくされた。すでに決まっていた市長との面談も、噴火への緊急対応のためキャンセルとなった。結局、種々の出来事により、何度も旅程のキャンセルや延期を繰り返した。二度目の都城行きは二〇一一年八月末になり、スケジュールの調整がついた斉藤が一人で行くことになった。

早朝、人通りの少ない町を歩くと、岩橋辰也前市長が掲げた「ウエルネス都城」構想の名残か、市街地に大きく立派な建物がそびえている[11]。見上げると、文化ホールや市民交流プラザなどの公共建物や、病院や老人福祉施設に、「ウエルネス」を冠した名称が多かった。明らかに高齢化が進んでいるのが、町並みからもうかがえる。病院が目立ち、中心市街地がさびれて遊興施設も見当たらないのは、ほかの地方都市とも共通していた。

条例が成立すれば都城市は「全国から同性愛者が集まる〝同性愛解放区〟になりかねない」と世界日報は書いた（山本 2003a）。さらに『宮崎日日新聞』の社説によると、「全国から同性愛者などが集まり〝ゲイ・ランド〟になる恐れ…」というのが当時の主な反対派の主張だったという（宮崎日日新聞社 2006b）。調査の過程で、出会いの場といわれるという市内の神柱《かんばしら》公園に、条例が通ると日本全国から同性愛者が集まるようになるのではないかと「不安」に思う市民もいたという声を聞いたので、私たちは市内にある公園に足を運んでみたが、自然の美しさが目を引くばかりだった。

都城市を筆者らが訪問した際、「この町は薩摩藩の名残で、封建的で男尊女卑の根強いところ」であると、多くの人たちが口にした[12]。市議会は、自民党系議員が多数を占める保守地盤でもあり、改革的な政治土壌の地というわけでは決してない。それにもかかわらず、日本で初めてという性的少数者

図4.1　都城市神柱公園（山口智美撮影）

の人権を擁護する条例が誕生するという希有なことが起きたのだ。

　この条例は、この町に住む性的少数者に何をもたらし、何を奪ったのだろうか。この町で当事者とともに積極的に活動を行っているのは、市民団体「SIESTA（シエスタ）」である。[13] シエスタ会長の元野広慈《もとのこうじ》、メンバーの日髙幸明《ひたかこうめい》、若松智志らに話しを聞くことができた。これまでの活動を振り返り、「性的指向」が入った条例ができ、条例制定後の市の広報誌にシエスタの中にあるグループ「Circle V（サークル ヴィ）」メンバーのインタビュー記事が載った際に、「この街に生まれてよかった」と思えたとメンバーは語った。そして、斉藤による二回目の都城訪問の最後に会えた同団体メンバー友貴《ゆうき》は、ゲイであることを公表して活動していたが、「条例ができていいことはありましたか」という問いに、議員など周りからかけられる温かい声に「うれしくて、泣いてしまっていた。ずっと、ずっと涙がとまらなくて」と、制定された時の喜びを満面の笑顔で語った(14)。

しかし、新市長の下で「性的指向」を削除した条例ができた途端に、「男女共同参画に関わっている人からの目線は冷たくなりました」とも友貴は語る。そして、「『すべての人』となったじゃん。マイノリティって、いってないじゃん。もう（条例から性的少数者に関する文言が）なくなった以上、あなたたち、守らなくていいんでしょ」という言葉をかけてくる人さえいたことを、悲しそうな表情で話した。

「やっぱ、すごいへこんだし。」「せっかくつくった、ここまで犠牲…犠牲というと言い方あれですが、自分を痛めつけてまで頑張ったものを、あっさり消されたわけじゃないですか。手の上の水じゃないですけど、さっと抜けてしまったから。せっかく世界にも誇れる条例をつくったのに、それを消す?みたいな」。

また、元野は、「条例ができ、市の広報にも活動グループのメンバーのインタビューが載ったことで、見えづらい少数者の人権に配慮すべきだという基本的なレベルまでは受け入れられたと思えた」と語った。だが、他に例のない条項が、三年も経たないうちに削除されてしまったことに落胆したという。

都城市の旧条例で使われた「性別又は性的指向にかかわらず」という簡潔な表現は、考え抜かれた文言である。「性別にかかわらず」により、「男であるか女であるか」そのどちらであるかを問わない。性差別がないことはもとより、トランスジェンダー、性同一性障害、インターセックスなど、性別は男か女かに判別できるものだという性の二元論に合致しない人の人権を考慮すべきであるとする。一方、「性的指向にかかわらず」では、性的意識の対象が異性、同性、あるいは両性のいずれに向かうかにとらわれないことを指す。つまり、そのいずれであっても人権が尊重されるべきであると説いていることになる。したがってそれらを組み合わせた「性別又は性的指向にかかわらずすべての人の人権」という表現は、幅広い層の性的少数者の権利擁護を明文化している。新条例は、そうした多様性を短く端的に言い表したこの文言を、「すべての人」に代行させてしまった。

市民、市職員、議員の人的ネットワーク

「モデル条例」に基づいた多くの自治体の男女共同参画条例は、異性愛の「男女」の参画という点にのみ関心を払い、性的少数者の問題には何ら言及しなかった。それとは対照的に、都城の男女共同参画社会づくり条例（二〇〇三年）の制定過程では、男女共同参画に性的少数者の権利を守ることが重要なことであるとして理解された。逆説的に聞こえるかもしれないが、その背景の一つとして、他地域の女性学・ジェンダー学者らとのつながりが弱く、モデル条例に倣うべきという考え方の影響を受けることがほとんどなかったことが挙げられる。それが都城の条例制定過程において、(1)地域コミュニティにおける市民、市職員、議員らの緊密なネットワークが機能し、(2)条例づくりの目的として、地域の現状に即した問題解決をはかることにつながった、と思われる。

都城市は人口一七万（〇三年時は、近隣町との合併前で一三万人）の地方都市である。大企業も少なく、県庁所在地でもないために、新たな転入者も少ない。旧条例策定に関わった人たちは、地域活動を通

じた市民、行政職員、議員らの緊密なネットワークがあるのだと口を揃えた。その中で多くの関係者が、条例の発端になった出来事として挙げたのは、二〇〇一年一〇月に都城で開催された宮崎県・都城市共催の「男女共同参画フェスタ in 都城市」であった。このフェスタで一〇の分科会を開くために、男女共同参画に関して自主的な勉強会を開き、誰を講師に呼ぶか、どのような行事をするかなどを決めていったという。

フェスタに参加した市民は一一〇名(〇三年一二月都城市議会議事録)。この中で自治体の担当課職員と民間の市民活動グループとの信頼関係ができていった。〇一年一二月議会で、条例制定を提案した無所属の下山隆史議員も、このフェスタに言及している。

この当時、都城市には性的少数者の人権問題などに取り組む市民活動団体シエスタが立ち上がっており、フェスタの委員公募に、同団体会長の元野が応募した。フェスタ準備のための勉強会には、元野や性的少数者も参加することになった。フェスタのコーディネーターは、当時宮崎県などの自治体の男女共同参画政策アドバイザーなどを務めていた、鹿児島市在住のたもつゆかりだった。後に条例案に反対することになった内村仁子《よしこ》市議(当時。現宮崎県議)もこのフェスタに参加していた。

男女共同参画推進懇話会の設置

都城市は二〇〇二年、一般公募を含む一五名の委員からなる男女共同参画推進懇話会を設置(15)。条例案を検討する条例検討専門部会も作った。懇話会の会長は、江夏由宇子、副会長は高木かおるであった。そしてコーディネーターにたもつゆかりを迎えての条例づくりが進められた。

江夏によれば、彼女の「嫁ぎ先」は、手広く事業をしている経営者一族だという。江夏自身、市の選挙管理委員長も務めるなど、市民からの信頼の厚い女性であった。元野は江夏について、「なぜ江夏さんと気軽に話したり、自宅へ伺っているのか」と周囲から問われたり、「身分が違うんだから、自分の身分をわきまえなさい」と言われるなど、当初はかけ離れた存在に映っていたと語る。

江夏は、周囲に生きづらさを抱える人があれば、それをなんとかするのは当然と考えていた。条例や男女共同参画についても、勉強して学んだというより、今までの人生を通して得た経験が彼女をつき動かしていた。シングルマザーとして飲食業の経営で自身を育ててくれた母親、常に彼女を認め、支え、世に押し出してくれた夫。そして、夫を亡くした後、八人の子どもを育てながら事業もしっかり守って来た夫の母が、家庭の中で自分探しに迷った四〇歳までの彼女を後押ししてくれたことも大きかった。このように、自身の周囲の人が彼女に生きる指針を示し、「人として生きる哲学をもっていた」ことを、江夏はライフヒストリーとともに語ってくれた。

江夏が幼い頃、母の経営するクラブにショーで同性愛の人が来ていたことがあり、最初びっくりしたが、「あなたが男の人を好きだと思うのならそれと同じこと、特別なことではない」と、母から言われたことがあったという。そうしたさまざまな経験から、条例についても「いろいろといわれたけど、一切揺らぐことはなかった」と述べる。さらに、「父親がいなくても、なんていうんですかね、わたしが悪いんじゃない。いただいた命のほうがありがたい。だったらどうやって生きていくか、ということだったので。だから、この条例に関わったときも、何がいけないんだろう、同じ人間としてこの世に生まれきて、男だから女だからということじゃなくて、人としてその人が、幸せであるということが、どうしてできないんだろうという強い思いがあった」と江夏は語った。

副会長の高木は教会の牧師の息子で、社会福祉法人の保育園の園長でもある。社会福祉法人では放課後児童クラブも運営しており、週五日制になったときには、受け入れ先のない障害児の学童を受け入れることを決めたという。その時は別に、特に選別するつもりもなく、あたり前のこととしてやったと本人は語るが、それが県内では第一号の障害児保育となった。また高木は、働く場がない障害者を職場で雇用している。こうした仕事を通して高木は、「社会の声になりにくいことをあげていかないと」という思いを持っていた。

また、自身六児の父でもある高木は、子育てで疲れた妻に代わり、家事一切を一週間続けたことがある。短い期間だけでも役割交代してみて、女性の役割の大変さに気づき、その後は女性問題にも関心を持つことになったという。このように、仕事や家庭での経験から、日常的に弱者の問題に取り組んできたため、その流れで条例の意義も、容易に理解することとなる。

懇話会委員が条例作りに関わった動機は一様ではないが、足もとで起きている課題に取り組もうという点は共通していた。都城の条例については、市民が自分たちの手で条例をつくっていったその過程において、性的少数者の問題に気づいて対応を書き込んだ。その策定プロセスもまた、非常に重要であった。

『都城市男女共同参画社会づくり条例案への想いを寄せて』（懇話会委員一同）という市議会議員に届けた文書には、「各地方公共団体において、それぞれ特性に応じた条例をつくる」や「昼の勤務を考慮しながら、夜の会合も度々で、みな、自分の回りの実情をいかに把握し、盛り込むか真剣でした」などと書き込まれている。そして二千人に対しアンケートを行った結果、一〇三六名もの高い有効回答を得た。さらに、直接市民の声を聴くために二六グループ（延べ一九二名の市民）にインタビューを行っている。その中で、性に起因するさまざまな問題に市民が苦しんでいることが明らかになった。そういった問題に条例で取り組むべきだという考えで、条例案がまとめられていった。このように、アンケートやインタビューでの声を活かしながら「条例に盛り込む条項」の論点整理を行った(16)。さらに、久留米市などの先行地視察や、大分での研修にも委員らで出向いている。

シエスタ会長の元野によれば、懇話会での議論の中で、市民が考え、総意として作った条例案であることが重要とされたという。名称こそ「都城市男女共同参画社会づくり条例」という一般的なものだ。だが、この条例案では、性別二元論で苦しむ人たちへの配慮のため、特別に必要な場合を除いて、条文から極力「男女」を外そうと務めたという。性的少数者の人権には「男女」という性の二元制が阻害要因となっていることと、市民に性的少数者がおり、ともに暮らしていることを認識してほしいという願いがあったからだと元野は述べる。また、「市民」という概念の定義に「滞在する」人をも含めたのは、「都城には周辺の市町から学校や仕事、買い物に来ている人が多い」からだという。さらに、元野は、「DVで緊急的に避難している人などの滞在者を守れないし、病院に入院している人や特別養護老人ホームに入所している人などの、すべての人に光をあてないと意味がない」、「滞在している人というのは、旅行や病院等に来ている人も含む。もしかしたら、安心・安全な地域だと思ってくれて都城のファンになって住むかもしれない」という発想があったのだと述べた。

懇話会会長の江夏は、「議員から反対が出ても、自分たちで一つ一つ積み上げてきたという自信があり、また全員の議員に思いを届けたので、揺るがなかったのだと思います。一五名の委員が単に名前だけの委員であったなら、崩れることもあったでしょう。でも、委員ひとり一人が自分のものとしてとらえ書きあげた条例案だったから、揺らぐことがなかった」と語った。

性的少数者を「見える化」したい

都城市の条例づくりに関わった市民は、市の男女共同参画の担当者二人(A、B)の存在は大きかったと口を揃える。「(市の担当者は)いろいろ叩かれている」「みな、支えなくちゃとなった」など、担当者二人を支えようという声が、懇話会でも大きかったという。

二〇〇三年制定の都城市男女共同参画社会づくり条例に男女共同参画行政担当として関わったAは、男女共同参画政策への関わりが長く、経験や知識が豊富であった。Aは、以前五年間女性行政を担当していたことがあり、その時期に男女共同参画に関する研修会やフォーラム等への参加で学んだことが条例づくりをする際に役に立ったという。

それに加え、女性団体等との交流や、兼務していた国際交流業務の中で市民と共に活動することにも慣れていた。また、九五年三月に九州女性サミットが都城市で開催されたことがあったが、Aはそれに「ボランティアとして引っ張り込まれていた」という。

Aが条例に性的少数者の人権を含めた理由として挙げた主なものは二つあり、その一つは、性的少数者の存在を行政が認めることであった。条例に性的少数者について明記した一番の目的は、「当事者と家族の方に、行政が認めたということで安心してほしかった。(中略)行政として、何も悩まなくていい、それでいいんですよというメッセージを出したかった。反対している人たちに繰り返し言っていたのは、これで（新しい）権利が生まれることはありませんと。ただ基本的に性的少数者の人権を認めたかった、まずは見える化したかった」だけだと語る。それと、条例策定過程で、これまで耳にすることがなかった当事者たちの深刻な悩みの声を聞くことになったため、「少なくとも行政には相談できるんだよということを伝えたかった。結局、どこにも悩みを相談できないということが切実な問題だから」と、相談窓口をつくり、相談をしやすくすることをもう一つの目的としたと語る。

さらに、Aが強調していたのは、「性的少数者を含めたみんなが生きていきやすい社会にしたかった」ということである。「性別や性的指向にかかわらず、みんなが生きやすくなるようにと、一つ一つの条項を熟考を重ねて作った。にもかかわらず、「性的少数者」のことだけが耳目を集めてしまったことは不本意だとも、Aは語った。この条例は市民委員が議論を重ね、時間をかけて原案を作ったものであるからと、当時の岩橋市長も最後まで条例案を曲げることがなかった、ということも語っていた。また、できるだけ多くの市民の意見を聞き、また、置かれている状況を把握するために、市民アンケートをとったり、グループ・インタビューをしたりと、それぞれの条項の必要性を説明できる根拠を固めることに心を砕いたという。担当者であるAは、逆風が強くても当時の岩橋市長はじめ上司の姿勢が「全然恥じるような条例ではないから」と一切揺らぐことがなかったことが大きな支えだったと語った。また、さまざまな形で条例づくりに関わった市民が、「自分たちの条例」という意識を強く持ち、条例制定を実現するために、様々な支援活動をしてくれたことも、もうひとつの大きな支えであったという。

岩橋辰也市長とたもつゆかりアドバイザー

その岩橋辰也前市長を斉藤、マサキ、山口の三人で訪ねた際、たまたま乗ったタクシーが岩橋の親戚の運転する車という偶然があった。そのため、車中では、引退してからパソコンを習い始めるなど相変わらず意欲的であることや人当たりがいいことなど、岩橋前市長の人となりを聞くことができた。岩橋前市長の都城の自宅に伺い、応接間に通されたが、部屋にパソコンやプリンターがおかれているのがまず目にはいった。まさに日常的にパソコンを使っているような配置だった。市長時代に達成できたこととして、考古時代から近現代まで一〇冊近くに及ぶ『都城市史』をまとめたことなどを感慨深げに語り、書棚に置かれているのを指し示してくれた。

岩橋は、当時を振り返って、この条例を上程したことは人間として「当たり前のこと」と語った。「当たり前」や「普通」という言葉を何度も繰り返したのが印象的だった。岩橋は、都城で育ち、市役所では助役まで務め、その後市長を五期二〇年務めた。市職員を信頼し、最後まで支えたことについても、自身が市職員だったことをあげ、人も仕事もよくわかっているからとした。条例というのは、問題提起をして、それがみえるように意識づけるものだと考えているという。さらに、自身が最後まで揺らぐことがなかった理由に、「国政や県政への野心がなかった」ことも挙げていた。

都城市の条例づくりのアドバイザーとして関わったのが、たもつゆかりだった。斉藤、マサキ、山口の三人で、都城からJR在来線の電車で鹿児島市に入り、たもつを訪ねた。たもつは、おだやかで落ち着いた語り口の女性だった。自宅でしばらく話を聞いた後、一緒に活動もしているという高崎恵も一緒に、近隣のお気に入りだというフレンチ・レストランにランチを食べに行き、ひとしきりそこでも話を聞いた。話しの途中で、斉藤がアポとりの際にきめ細かく対応してくれた高崎は、実はたもつの娘なのだと言われ、言われてみれば似ていると話しが盛り上がった。

たもつは、鹿児島で自治体職員と「かごしま女性政策研究会」というグループをつくり、独自の動きをしていた。そのやり方は、行政職員を対象に、フェミニズムの視点を入れた講座を開いたり、男女共同参画への理解を広めたりといったもので、行政の職員の足もとから意識、取り組みを穏やかに変えていくものだった。都城市での現場での課題解決型の「条例のつくりかた」は、たもつ自身の男女共同参画に対するアプローチとも沿ったものだった。たもつは、有名な女性学・ジェンダー学者とのつながりもほとんど持っておらず、こうした行政政策に携わる人にしては珍しく、自分から国立女性教育会館（ヌエック）などの全国の流れにアプローチしていきたいという発想がなかった。たもつ自身は、「仕事として引き受けた」という認識が強く、「性的指向」が条例案にはいってくることで、バックラッシュがあることも予測はできたし、これは大変になると覚悟したという。そしてこの業務に取りかかるに当たって、市の上層部の覚悟を確認した。その際、当時の岩橋市長が、「人権に例外はありません。そういう方達（性的少数者）も私が守るべき市民です」と明言したことが大きかったと語った。公聴会では「同性愛を認めるのか！」と叫ぶ男性がくるなどといったこともあったが、「認めないということは、差別してもいいんですか」と問いかけるなど、ピンチをチャンスと捉え、わかってもらうように努力したという。

条例に関わったことは、たもつ自身にも大きな影響を与えた。以前、「あなたは異性愛者か」と問われたことがあり、その時に自らの人権意識、偏見についても問い直したことがあった。懇話会の提言の「性的指向」がはいった一行でそれが甦り、セクシュアリティをめぐる問題について考え、人権の学びを深化させないといけないという思いを強めることになったという。そして一時期でも条例をつくったことで、力を与えたのではないかとも思う反面、「守りきれなかった」という痛みもあると語る。その後はたもつ自身も条例について積極的発言はしてこなかった。また、都城市議会では数少ない女性議員で、条例案に反対の立場に立った内村仁子とわかり合えなかったという思いも残ったということだった。

山本彰に「条例案作りを主導したフェミニスト」（山本 2006b）と称された、たもつであった。だが、筆者が話しを聞くことができた懇話会メンバーらは、たもつの働きとしては、市長との連絡などによる市職員へのサポートが大きく、「みんなの意見を引き出す方だった」という理解をしていた。

3　条例への反対の動き

世界日報の世界観と同性愛・両性愛批判

山本彰は、「純潔教育」や「自己抑制教育」を支持し「過激な性教育」を批判する文脈において、同性愛や両性愛を批判してきた記者である（世界日報「自己抑制教育」取材班 2007: 204）。山本が執筆する都城の条例に関する記事にも、「純潔」へのこだわりと、同性愛、両性愛や同性婚への強い危惧が垣間見える。例えば「過激な項目並ぶ男女共同参画条例案『両性愛者条項』で不倫容認？」と題する記事では、都城市の条例案には同性愛者の「結婚」も含まれている、とする。また、「条例で『両性愛者の人権の尊重』をうたうことは、結婚していても性的関係を男性、女性両方とも結べるわけで、不倫も公式に認めることになりはしないか」と書く（山本 2003d）。そして、山本は「同性愛は生まれつきではない」とも強調している（山本 2006a: 198）。

鴨野守は、山本彰のことを「理論家」であると評価する。山本自身も、思想的な背景について、よく語った。「トータルにとらえ、何が本質か、人間の本性とは何かをつかむ」ということが重要なのだと、山本は言う。

その根本には、男女はそれぞれ本質的に異なっており、それゆえに補い合うことによってよい結婚や家庭が成り立つ、という考えがある。山本によれば「男と女は格位的存在であり、ギブ＆テイクの関係であり、どちらかが主体にならないといけない」のだという。そして、男性が主体であり、女性は対象であるものが、混然一体、一つになることがプロセスであり、それを「デザイン」した存在がいると考えるという(17)。

山本や鴨野と会う中で、性同一性障害は「病気、障害」であり、同性愛も「病気」であるため、もとどおりに治せばよい（それなら受け入れられる）、という主張を何度か聞いた。山本にとっては他のどんな条例よりも、「性的指向」が含まれた都城市や福岡県八女《やめ》市の条例は「過激」にうつったのだ。

山本彰に、「世界日報の主張が往々にして男女混合騎馬戦や男女同室宿泊、同室着替えなどの極端な例を取り上げているのはどうしてか」という質問をしたところ、「多くの人にわかってもらうためだ」という返事だった。すなわち興味を惹きつけるための、あえてする戦略だということでもあり、日本時事評論のストラテジーとも共通する（第二章を参照）。だが「性的指向」については、世界日報

は本気で危機感を感じ、「過激」だと考えたといえるだろう。(18)

地元の情報提供者と「ブリーフィング」の開催

山本彰が世界日報に記事を書いたきっかけに、都城市民として条例に反対した「健全な男女共同参画条例をつくる都城市民の会」(以下、「都城市民の会」とする)代表Cの存在がある。Cによれば、知り合いから条例のことを聞き、それを世界日報に知らせたということだった。私達がCに会えたのは、かなり紆余曲折を経て、半分諦めかかった後だった。山口がCの所属する教会の支部の連絡先をインターネットで探し、そちらに斉藤が電話して直接話すことができ、「少しなら」と了解をもらった。夏の暑い日、指定された都城のファミリーレストランで、斉藤はようやくCに会うことができた。Cは、社交的で饒舌なタイプの人で、初対面の斉藤に対してもよく話した。

Cは、家族はあらゆるものの中心に位置し、すべての根幹をなすと考えていた。そのため、「男女共同参画やフェミニズムが言う『多様性』」というのは、「本質的な家庭の価値を薄めること」に等しいと見なしていた。都城の新しい男女共同参画計画についても、依然として「ジェンダーの視点というものが残っている」と、Cは述べる。「『すべての人』というのは、共産主義ですよ。『性別等にかかわらず』というのは、彼らの詭弁ですよ。男女共同参画を進めてきた人たちは、知恵があるんですよ」「公聴会を開いているけど、はじめから全部、『ジェンダーフリー』の観点から公聴会を開いた、という理由付けにされている。公聴会を開いたのは、実績作り」「保守の基本は、伝統的なという時、家族の価値を認めること。家族が一番大事」。さらに、性同一性障害は厳然とした病気だから理解で

そいでヨカッか?! **ホモ・レズ 両性愛を擁護**

歪んだ『都城市・男女共同参画条例案』

ホモやレズ、両性愛者等の「性的少数者」を法的に擁護する全国で最も過激な男女共同参画条例案が、わが都城市議会に提出されています。先般、宮日新聞でも大きく取り扱われ、今全国でも注目されています。

同条例案の背後に潜 むのは、「性の解放」を目論む
左翼的フェミニズムの 思想です。
さらに問題なのは、 男女共同参画行
政を進める上で、「苦情 処理機関」を
設け、これを市長 ・行政より
も高い位置付けとし て
いることです。これ を
一部の偏向した 思想
の持ち主らが 牛耳れ
ば、都城市の 民主主義
は一体どう なるのでし
ょうか?
今後 深刻となるの
は、「男 女共同参画」
という 大義名文に巧妙
に隠れた ジェンダー・フリー
教育の動き です。これにより
「"男らしさ""女らしさ" という性差は人間が
作りあげたもの」という考え から、学校はおろか地
域社会から後世に伝えていくべ き良き伝統文化までも
が抹殺されてしまうのです。(宮崎日日新聞 9月11日付)

このように常軌を逸した危険な内容に対し、市条例案の廃案を保守系市議会議員へ働きかけするなど、改めて、都城市民の「良識の声」を大にして反対しましょう。

図4.2　条例に反対する「健全な男女共同参画条例をつくる都城市民の会」によるチラシ

きるが、同性愛は絶対に受け入れられないと、繰り返し語った。

世界日報は、紙媒体、ネット両方において、圧倒的な報道量で都城の男女共同参画条例を熱心に扱った。そして地域での反条例運動のリーダーシップをとって動いたのは、「都城市民の会」だった。〇三年の条例制定時には、条例反対の内容のメールやFAXが市外の人たちから市宛に大量に届いたことも、世界日報の報道や、都城市民の会の呼びかけが功を奏した可能性が高い。

一方で、都城市の条例に関しては、日本会議は目立つ動きをとっていない。世界日報と日本会議の関係や、保守運動内での世界日報の位置付けは、微妙でもある。筆者の調査の中でも、世界日報についての保守系の人たちの評価は様々であり、批判的に語る人たちにも出会ってきた。そして世界日報は保守とは自認しておらず、皇国史観を理論とする保守派に比べ、よりグローバルなアプローチであると位置づけていた。

だが、都城にも、初期の段階では日本時事評論編集長の山口敏昭の姿があった。都城で撒かれた反対側のチラシには、「都城市民の『良識の声』を大にして反対しましょう」と、日本時事評論がよく使う「良識」という言葉が使われていた。Cや保守系議員によれば、山口敏昭は〇三年夏頃に山口県から都城市に足を運び、有満忠信、内村仁子《よしこ》、黒木優一ら反対派の議員等を集めて男女共同参画条例に関する「ブリーフィング」（同一の集まりを「勉強会」と呼ぶ人もいた）を開いていたという。

都城の条例反対派市議の動きや発言には、日本時事評論の主張との共通点があるが、それにはこのブリーフィングも影響していると考えられる。第二章、第三章で示したように、条例制定の際の審議会方式への疑問の提示や審議会案にとらわれないという考え方、議員の役割の重要視、議員立法の可能性の示唆などは日本時事評論の主張だった。さらに、山口敏昭は「大沢真理」を男女共同参画のシンボルとしてとりあげ、批判していた。

懇話会と市職員が中心となり、それを市長が後押しした都城市の条例づくりのプロセスの中で、議員は蚊帳の外に置かれていた。だが、保守系議員らは、条例上程前の〇三年九月議会の段階で、他議員らに先んじて条例案の内容につっこんだ議会質問を行い、反旗を翻した。また、内村は同議会で、市当局に対し、宇部市のような男らしさ、女らしさという条文を使う予定があるかと質問しており、ここにも日本時事評論の影響が垣間見える。さらに内村議員は条例私案を作り、議員立法を模索した。それに加え、筆者らが話を聞いた条例反対側の議員がみな、「大沢真理」という特定の学者の名前を挙げていた(19)。

そして世界日報が都城のケースをとりあげ、同性愛に話を広げた。例えば、〇三年八月三一日「〝同性愛解放区〟に向かう都城市（下）」という記事では、大沢真理が「男女共同参画社会基本法推進の中心的人物」だとされている（山本 2003b）。そして「ジェンダーフリー推進」を掲げる大沢の狙いには三つのステージがあるとし、それを図で解説する。

それによると、第一段階は「男らしさ、女らしさ」などの「ジェンダー」を解消することを目指す。これはすでに基本法の中に仕込まれているとしている。次いで、第二段階は「セクシャルライツ（同性愛者の人権尊重）」の実行で、都城の条例はまさにこの新たなステージだとする。そして、都城が「ジェンダーフリー」推進の三段階である、「フリーセックスコミューン」となって、「同性愛者解放区の全国展開」へと進むとし、「ジェンダーフリー推進者」大沢の壮大な計画への危機感を示す。

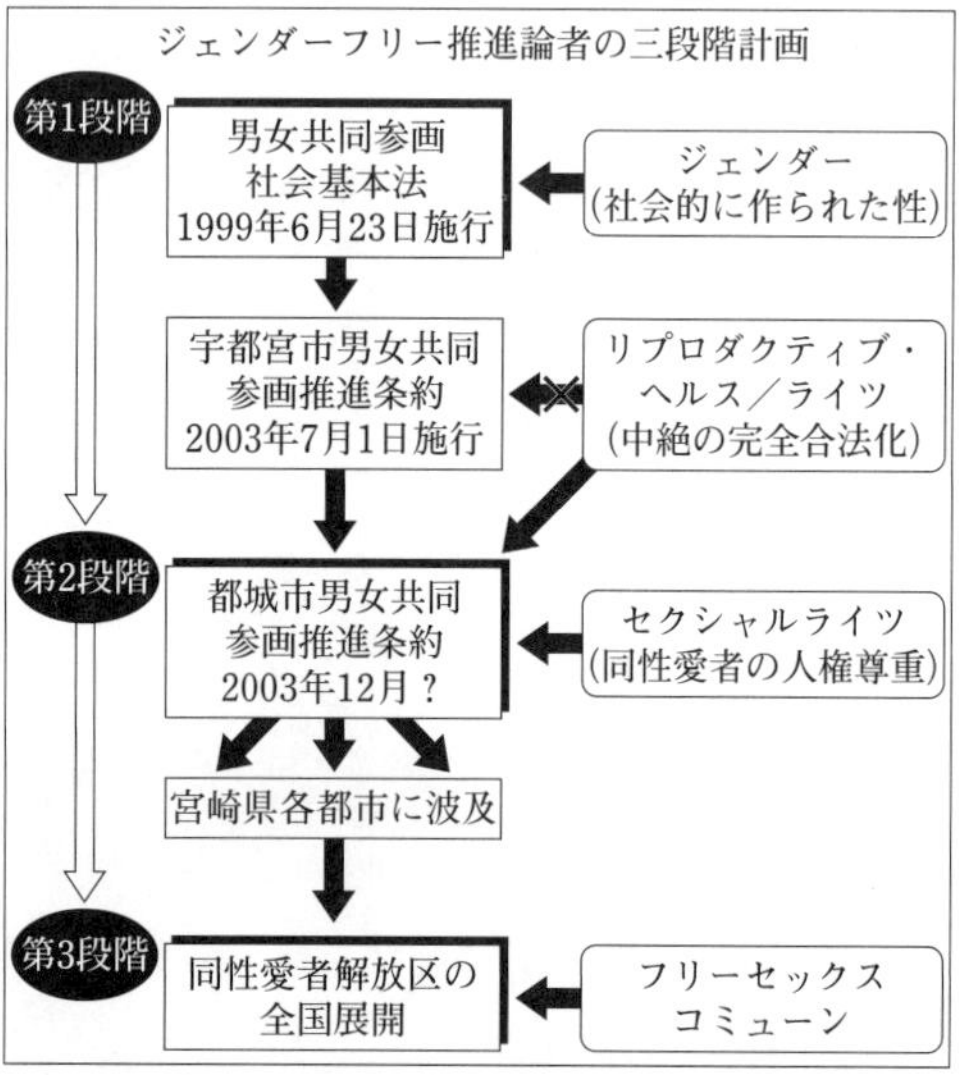

図4.3　山本彰による「ジェンダーフリー推進論者の三段階計画」（山本 2003b; 2003c）（世界日報社提供）

条例が成立すれば都城は〝同性愛解放区〟になるという危機感と、その中心に「ジェンダーフリー」推進派大沢真理がいるという山本彰の主張は、〇三年九月七日「〝市民不在〟の一方的な説明会」という記事でも、同一の解説図を伴って再び現れる。さらに、都城の条例は、「リプロダクティブ・ヘルス／ライツ（中絶の完全合法化）」をも入れ込んだもので危険だとみなしている（山本 2003c）。

都城での聞き取りから、地元市民と連携をとりつつ、世界日報が都城の保守系市議らに情報提供していたことがみえてきた。しかし重要なのは、都城市議がそれをどのように自らに引きつけ、都城市民の問題として受け止めたか、という点にあるだろう。こうした流れのなか、とくに内村仁子、有満忠信、黒木優一の三人の保守系議員が、条例案に激しく批判を向けていくことになる。

保守系内村仁子議員の反対理由

内村仁子市議（当時）は、都城市が条例制定に取り組む以前から、自ら条例案をつくり、議員提案で出そうとしていた。内村は、岩橋市長の下、女性の市職員として初めて係長という役職に就いた。しかし女性の職員としてできることに限界を感じ、五四才で辞職。市議会議員に立候補し、当選した。本人曰く、都城は「おなごはだまっちょれ」「議は言うな」（議論に入るな）と言われるような地域であり、市役所の女性職員は窓口か庶務のみで、役職につけない職場だったと語る。

内村は保守系無所属議員であり、ライフワークは介護、福祉、教育、そして環境だという。地方で保守系の議員活動をしている女性は全国的にも少ないため、内村が議員活動をしていると「共産党ですか、公明党ですか」としばしば聞かれるというが、内村自身は組織がまったくないところで活動していると述べる。そして三期一〇年市議を務め、その後、県議になった。一度の落選を経て二〇一一年に再び、県議に返り咲いた。

内村は、市職員時代、岩橋市長の下で女性登用の象徴的な存在として抜擢され、庁内でも女性の問題を考える研究会を積み上げていた。女性の地位向上につながる条例を作ることには大賛成だったという。そして、市職員、議員としての経験が長い内村は、水戸市などの案を参照しつつ、思いを込めて条例案をつくりあげた。だが、その条例案は市担当者から顧みられなかった。その後、内村は市長が提出した条例案に反対することになった。案に「同性愛という文言が入っていた」こと、「都城の住民からのいろいろな意見を集約してできたものではなかった」ことを理由に、受け入れることができなかったと内村は筆者に話した(20)。

内村には、女性の地位向上について都城市ではだれよりも関わってきた、という自負があっただろう。〇三年九月議会で条例案に反対する際、市職員時代に女性職員の職域の拡大や管理職への登用などを市長に提言してきた経験などを述べ、「決して男女共同参画を否定するものではありません」と繰り返している（都城市議会議事録）。保守系である内村は、保守系の岩橋市長を支える側の議員と一般的には見られる立場であり、実際それまでは岩橋市政を支持してきた。しかしそれが、この条例で反旗を翻した形になる。

内村から見た市条例案は、「（懇話会）会長なんか策定に入っていないと思う。できたものをご覧になったかもしれないが、策定には関わっていない。市の職員とたもつさん（懇話会アドバイザーのたもつゆかり）とかでつくった。市民は策定に関わっていない」、すなわち江夏会長や懇話会メンバーは不介入、という見方であった。「市の担当者と他の人の話から」そう思った、と内村は語る。だから、「皆が希望しない条例が出てきた」と受け取ったという。

条例の問題点として、内村は、「まず一番、文言の中に同性愛という言葉が入っていました。（中略）同性愛を市の税金で保護するというのまで出たわけなんですよ」と述べた。市内の神柱公園は、老人女性が盗難にあうなど、夜はとくに治安がよくないと内村は言い、条例制定によって市外の同性愛者が集まるのではないかという不安の声を市民から聞いたともいう。さらに、内村は、「事業者の責務」が課されたことに関して、「すべてどうしなければならないと義務を課されたんですよ。雇用、賃金についてすべて男女の差をつけてはならない。雇用の差があると罰則、条例違反としてやられると、困る」と語った。「努力義務」を、地方である都城の土木業者などに課すのは無理がある、というのだ。

たもつがアドバイザーとして関わった他の自治体の条例では入っていない性的少数者の問題が、都城だけ明文化されたことについては、内村は、「大沢真理と直結したのが（市に）いる」からだと、東大教授大沢真理の影響を語った。自らを含め「（都城の）皆が知らないこと」と捉えた「同性愛者」の問題が条例案に組み込まれていること、神柱公園の治安がよくないという現実がある中で、山本彰が条例の狙いであるとした「フリーセックスコミューン」をうけて不安感が増幅し、条例案への危機感につながったのではないだろうか。

とはいえ、議員らが蚊帳の外の状態で、一時は内村も心酔したというたもつゆかりが自らの条例案に対立する条例案づくりをすすめたこと、保守的な土地柄で、土木業者など零細企業での均等待遇が困難である現実など、内村の条例案への反対にはさまざまな要因がかかわっていると思われる。[21]

保守系 有満忠信議員が反対に回ったわけ

世界日報の山本彰記者による記事（山本 2003d）にも名前が登場していた有満忠信議員に、実際に斉藤が会えるまでには、紆余曲折があった。有満にコンタクトを試みるたび、「すでに議員を引退したので現役の人に聞いてくれ」と、何度もインタビューを固辞された。だが、斉藤は何度となく有満に電話をし、話を積み重ねた。そして斉藤の二度目の都城訪問時の二〇一一年八月二五日、有満が同じ鹿児島出身であり、親しみを込めて「ポン友」（親しい友）という下山隆史議員といっしょに、有満に会うことができた。[22]

明るい水色の開襟シャツで現れた有満には、延々と六時間に渡って話を聞き、下山が仕事のために帰った後半は、地元産の焼酎「霧島」を手に差し向かいで話が弾んだ。最後には場所を移して、斉藤とカラオケでデュエットをするほどだった。

鹿児島出身の有満は、二才で父を亡くし母子家庭で育ち、高校に進学するも中退。その後、国鉄の技能者養成所に入った際、共産党の活動にシンパシーを感じたという。共産党については、「突っ込んだ知識がなくて、知らなくて、うわべだけで、すばらしくいい党なんだなと（思った）。（中略）メーデーなんか参加しましたけど、赤旗降って、先頭にたつぐらいの気持ちでね。今でもそのとき歌った労働歌、歌えますよ」ということで、「町から村から工場から」という歌を披露してくれた。(23)「公務員の場合は学歴がないとダメでしょう。優秀な大学でてないとダメとかあるでしょう。まともに高校も卒業していない。大学も行っていない、さてどうするかということですよ。悩みましたね。とにかく家が貧しかったということですよ。だから、その時、共産党に入ろうと思って。鉄道技能者養成所にいるときに、そんなに思いましたね」と、当時貧しさから立ち上がるために、共産党に入りかかった有満だった。しかしその後、朝鮮戦争が起きた時期に警察予備隊（後の自衛隊）がつくられ、そこに飛び込んだ。「軍らしきところに行けばそれなりになんとかなるんじゃないのかな、という思いはありましたね」。そして自衛隊二佐の上級幹部にまでなった。ちなみに都城には陸上自衛隊の駐屯地がある。

自衛隊に入隊後は、有満の共産主義に対する考えも変わらざるを得なかった。しかし、今でも市議会では共産党会派の来住議員と仲が良く、議会において共産党とは是々非々の立場で活動を共にしたこともあると語った。元自衛隊員だということもあり、「自衛隊反対、安保反対」という考えは採りたくないが、「それ以外の都城の生活環境をよくする視点に立てば、彼らの考えもよくわかる」と、市民生活の向上という点では思いは共通するとも語った。
旧条例について有満は、以下のように語った。

基本的にダメだと思った。やはり男らしさ、女らしさは持ち続けていないといけない。本質的な問題だろう、とその時は特に、強く思ったですね。性的指向と、女性の性に関する決定権。（中略）妊娠した女性が子どもを産まないことを、女性が一人で決められると。（それは）人類の幸せに通じるのかなと。決定権を女性が持つこと。堕ろす堕ろさない、女性一人でできる。あの条例はそこにたどり着くんじゃないかなと思ったんですよね。

この有満の考えは、先述した山本彰が示した「ジェンダーフリー推進論者の三段階計画」図に記された、同性愛・両性愛と女性の性的自己決定権に対する危機感と共通する（山本 2003b）。だが、有満は性同一性障害、トランスジェンダーなどについても考えなかったわけではないが、「その辺の突っ込みが勉強不足だったというのもあるんですよ」（有満）とも述べた。
都城の男尊女卑については、性差別とは違うのだと、有満は次のように述べる。

島津藩（薩摩藩）っていうのは、見かけは男性上位だけど、しかし内実は女性が牛耳っているわけだ。女は男より早く風呂にはいってはいけない。洗濯物でも一段、二段、三段とある。男は一段上、女のものが一番下。もし女の人のものが男の上にあったらどうなの。女のおこしとか、パンツとかが、男のふんどしよりも上にあったら（おかしい）。だんなは、一番上座にあって。（だけれど）実質は、経済面もなにも奥が牛耳っているのだから。

要するに、見かけ、恰好だけは、男がいばっているように振る舞うが、「本当は女性の尻にしかれているんですよ」という見方である。男女共同参画を支える「男らしさ、女らしさにとらわれず」という部分にも反発しているように思われた。だが同時に有満は、市議会で居並ぶ市幹部の中に女性が少ないことを指し、もっと女性の登用をという質問を何度もしている(24)。こうした「男らしさ、女らしさ」に関する価値観と、女性活躍や女性の地位向上とは、別の問題だと考えているようであった。

市長と同じ保守系だった有満は、「通常、反対討論などしないでいいのに。それでもなおかつ、せんないかんという思いにかられたのは、なぜかと思うわけ」と自らの思いについて振り返った。さらに、有満は、都城の条例は健全な家庭はどうあるべきか、健全な市民社会とはどうあるべきか、が議題だったのだと思うという。そして、インタビューの終盤、有満は一言つぶやいた。「自分の意思が当時はどこにあったのか。有満個人の心情を吐露したものだったのか、ただ、今の風潮、新聞その他の情報に流されたのか（わからない）」。そして「覚えてないけど、どの新聞だったか。当時、錯乱したような感じで、いろいろ情報が流れてきた」とも付け加えた。

異なる「市民の声」の存在の指摘

筆者らが会った議員でリプロダクティブ・ヘルス／ライツについて触れた議員には、他に黒木優一議員もいた。黒木は都城市出身で、一級建築士であり、二〇一〇年五月当時で一四年目となる議員である。黒木はリプロダクティブ・ヘルス／ライツの「ライツの方は、相手の承諾を得なくても自分の考えだけで善後策をとれる」ことにひっかかった、と述べた。また市民の中に心配する声を聞いた、とも述べる。

条例づくりには、フェスタなど行政が呼びかけたイベントに参加する一定層の市民や懇話会など、地域のネットワークが大きな力となった。だが、行政が主催や共催するイベント、ならびに審議会にかかわる市民は、自営業や個人経営の企業関係者、あるいは各種団体の長など一定の層に偏る傾向がある。また、平日の日中自由に動ける層から審議会委員が選任されるために、例えば小規模畜産業者やその家族などは、畜産業務の性質から言って難しい。そのため、黒木など反対派の議員らから、行政と日々関わりを持たない人々の意見は反映されたのか、という批判もあった。

4　旧条例の制定から新市長による条例再制定まで

条例再制定に至る議論

市の男女共同参画条例案は、二〇〇三年九月議会、そして、首長案が上程された同年一二月議会で激しい批判にさらされた。反対の先鋒は、内村仁子、有満忠信、黒木優一の三議員であった。〇三年九月議会は条例案の上程前の段階だったが、内村議員が条例づくりへの批判の口火を切る質問を行った。続いて、黒木議員も反対の議論を展開した。それに対して岩橋市長が積極的に答弁を行ったことが特記される。

〇三年九月議会では、黒木議員は「ジェンダー」「ジェンダーフリー」について突っ込んだ質問をしている。さらに一二月議会でも同議員は、「男女の特性といいますか、それを生かした男らしさ、女らしさだったらいいんじゃないか」と述べ、企画部長が「男らしく…男性でありますので、悪い気はしない」と答えた。すると岩橋市長は、指名を受けたわけでもないにもかかわらず登壇し「部長はうれしいと言いました。うれしいと言えない人がおるんです。そこが問題なんです。男女、ピシャッと割り切ってしまえばこの問題は出てこないのです」と答弁している。さらに、「性は二元論では語れず多様であること、知る大切さを実感した。性的少数者が感じている生きにくい社会、これを人権問題ととらえ、彼らの声に耳を傾けることが私たちにとっても生きやすい社会を築く第一歩になるはずだ」と述べた。

岩橋市長はまた、十二月議会で、反対側が出したチラシ「そいでヨカッか?! ホモ・レズ・両性愛を擁護、歪んだ『都城市・男女共同参画条例案』」を取りあげ、真正面から反論している。「左翼的フェミニズム」という病理の侵入によって条例案が作られたとするチラシに対して、岩橋市長は、この条例はアンケートをとるなど「市民との直接の対話の中から、性的指向によって非常に苦しんでいる方がいらっしゃる」ことがわかり、そうした人たちを救うために提案したと述べている（都城市議会議事録）。

もう一人この論争で重要な役回りを果たしたのが、共産党来住一人《らいじゅうかずひと》議員であった。保守系である岩橋市長が上程した条例であるが、来住は賛成する趣旨の質問をし、条例案の制定に積極的に動いた。

来住は中学を卒業後、東京の硝子工場に就職。一七才で社内労組の委員長に就任し、スト権を発動するなどの経験を持つ叩き上げの運動家であり、共産党の活動家だった。〇三年九月議会で、内村議員の条例に関する質問を聞き、「ええ、なんで女性議員がこんなことなのかなーと思って。これはただ事じゃないと思って」というのが、来住にとっての発端だったという。来住は決して最初から性的少数者をめぐる問題に詳しかったわけではない。むしろ、よく知らなかったゆえに何が問題かを知ろうと、地元の性的少数者に直接会う機会をもち、話を聞いた。そして、「自分の認識が間違っていた」と思ったという。来住は、市職員出身の内村は行政にも詳しいことから、「一定の理論を持っている」と評価していた。その内村の理論に真っ向からむかうため、関連の論文などを集め、猛勉強したのだという。そして、十二月議会で条例が上程された際に賛成の質問を行うなど、この条例に積極的に取り組んでいった。

そもそも、都城での条例をめぐっては、岩橋市長が保守系であるにもかかわらず、市長の上程案に共産党や社民党が賛成するという異例の構図であった。世界日報は、共産党の議員が保守の市長とタッグを組む過激な条例だとする記事を、来住の写真入り（次頁の図）で書いた（山本 2003d）。さらに世界日報社は、「宮崎県都城市の来住一人市議（日本共産党）が同市市議会の一般質問（一二日）で、市議会で議論の焦点になっている『男女共同参画社会づくり条例案』に関するサンデー世界日報（九月七日号）の記事について、全く根拠のない誹謗（ひぼう）中傷を行った」として、十二月一五日、

図4.4 『サンデー世界日報』を演壇で示す来住一人・共産党市議
2003年12月18日、宮崎県都城市議会（山本 2006a: 213）（世界日報社提供）

同市議あてに抗議文を送付した。

都城では、共産党の動き、およびそれに対応した他会派の動きが、第二章でとりあげている宇部市での動きとは異なり、是々非々で他の党と連携をとるなど、極めて柔軟なものであった点も特筆できよう。来住は議会質問で、人類の歴史に女性差別がいかに刻まれてきたか、性的少数者の権利を守ることは「過激」でもなんでもない、と述べた。多数の傍聴者が居並び、TVでも中継されている議会で、人々に届くわかりやすい弁論を意識して行ったという。

都城市議会始まって以来最多数の人が傍聴に訪れたことで、激しい攻防のなか反対側が上回っていた状況が動き、僅差で条例案が承認された。傍聴者の増加の背景には、「都城市女性団体連絡協議会」（略称「女団連」）による呼びかけがあった。女団連は一九八一年に行政主催の「国連婦人の一〇年」のイベント後、二一団体で結成された。一八年間市の助成（年間五万円）を受け、主に教育や平和をテーマとした映画鑑賞会や、平和関係のイベントの開催、市のイベントへの参加などを行ってきたが、九九年以降助成金は受けていない。女団連の行動に深く関わっていたのが、女団連結成から参加していた、市職員労働組合の専従書記（当時）の池江美知子だった(25)。

マサキ、斉藤、山口が最初に都城を訪れたときにも、また二度目に斉藤が一人で訪れたときにも、美味しいものを食べにいこうと、地元ならではの美味しいお店に池江は何度となく連れていってくれた。女団連の活動仲間でもある長倉スミも一緒に、「霧島」のお湯割りを飲み、地鶏、おでんなどに舌鼓をうちつつ、二人からはたくさんの話を聞き、よく笑い、いつも盛り上がった。さらに池江は、我々の聞き取りのためのアポとりから場所の確保まで、たくさんのことをしてくれた。その仕事ぶりの完璧さとともに、池江が市職員、さらに自治労や女団連の運動家として築いてきたネットワークの広さ、深さも感じた。「子ども時代から困った人がいると黙って見過ごせない」性格だったと自らを形容する池江だったが、池江の動きや人となりからは、地域に密着し、地道に運動を積み重ねてきた女性たちのすごさを強く実感させられた。

池江は当時、女団連副会長に就いており、条例の議決二、三日前、男女共同参画担当Bから「いけると思っていたが、情勢がひっくり返った」「もうダメです」という言葉を聞き、そこで「ギアが入った」と語る。女性の地位向上に関心をもち、活動も盛んにしていた彼女だが、それまでは市の条例づくりを「行政のいわゆる時流」ととらえ、特段の関心を持ってはこなかった。しかし、通さないという動きがあると聞けば黙ってはいられない。「がんばれるだけがんばりましょう。差別されてきた女性の権利を認めるということであり、しかも女性たちはこの条例案を良しとしているのに、男たちにこれをダメという権利ない！」と、担当者から話を聞いてすぐに、条例が必要だと訴えるチラシを作成し、議員に訴えて回った。池江には、長く組合活動をして来た経験もある。保守的地盤にあっては課題別共闘を優先すべしとの信条の下、早速、教職員組合出身の奥野琢美議員（当時。無所属、社民党推薦）や共産党の来住一人議員とも連絡を取りつつ、女団連の加盟団体に声をかけ、できるだけ多くの人を誘い合って必死に議会傍聴を呼びかけた。この時、教員だった長倉スミは女団連の役員ではなかったものの、教員仲間に呼びかけ、自らも傍聴に参加した。

その結果、女団連の要請に応えた女性たちは、市議会議員への直訴やビラ入れなどで働きかけを行うと同時に、市民の議会傍聴への大量動員を複数回にわたり呼びかけた。都城市議会始まって以来の多数の傍聴者の裏には、池江や長倉ら組織的な行動に慣れていた女性たちの動きがあった。当初は「残念ながら僅差で否決」になりそうという担当職員らの予測が、「一三対一二」という僅差ながらの可決につながった。来住議員は、「この時うれしかったですね」と語った。同じように、シエスタで活動していた友貴は、来住はじめ多くの議員が寄ってきてくれて、うれしくてずっと涙がとまらなかったと語っている。

その一方で、この条例に歯がみする人たちもいた。それは、有満、黒木、内村ら反対派の議員および反対派の市民だった。内村議員は、一票差で可決となったときは、「くやし涙が出てしかたなかった、腹が立った」と語っている。傍聴の呼びかけが成功したことは、組織の動員の成果であるとみて、反発を感じた人たちもいた。

市町村合併、新市長誕生、そして新たな条例の制定へ

二〇〇六年、都城市の合併に伴い、「性的指向にかかわらず」が削除された新たな条例が可決されるまで、事態はどのように動いたのだろうか。〇四年九月一日、第九回法定合併協議会にて、都城市担当者から、男女共同参画社会づくり条例については、旧都城市の条例をもとに、新市において新たに制定する提案があった。九月二五日、第一〇回法定合併協議会にて、提案はすんなり決定された。その際、性的指向の条文を含む内容については話題にならなかった（第一〇回法定合併協議会会議録）。〇四年一一月、市長選挙にて現職の岩橋辰也市長（五期）が落選、長峯誠（前宮崎県県議）が新市長に選出された。

都城市民の会のCは、条例に反対した議員らと共に長峯を応援した。Cからすれば、この選挙は、「性的指向」を入れ込んだ条例を葬り去るための戦いでもあったという。世界日報は、「早ければ、新市長の下で来年三月の市議会改選後に、同条例の廃棄ないし改正の動きが出る、との見方もある」「各地において過激な条例の見直し・廃止の機運が高まることが予想される」という見通しを示した（山本 2004）。

内村議員、有満元議員らは市長選で長峯を応援したと語った。岩橋支持で一枚岩だった議会の保守グループの一部が反岩橋に転じ、新たに長峯誠を市長に担ぎ出す動きにつながった。

〇五年一二月、長峯誠が旧都城市の市長に就任。十二月三一日、翌年一月の対等合併に伴い、旧市の条例がすべて失効した。翌〇六年二月、長峯が合併後の初代都城市長に就任する。そして、男女共同参画条例の制定に取り組んだ。旧市での条例制定を議会で最初に提起した下山隆史が議長に就いた。

奥野琢美元市議によれば、議長に誰が就くかは議会運営全体に大きな波及効果をもたらすのだという。さらに奥野は、旧条例が前市長の遺産として敬遠されたことや、長峯体制が条例を変えようという議員たちにリードされてできたことが大きいとみていた。それに、前市長時代の部長や教育委員会などの管理者が条例を浸透させるための具体的な施策を進めてこなかったことも響いているのではないかと語った。

○六年二月二〇日から三月二二日にかけて、長峯新市長が条例に関して、パブリックコメントを実施。三月から五月、男女共同参画社会づくり懇話会（一五名）を五回開催した。旧懇話会のメンバーからは高木かおら二名のみで、他は旧四町の総合支所や各種団体からの推薦者であった。シエスタのメンバーは公募に応じたが、選ばれなかった。六月六日、懇話会の意見書が一つにまとまらず、賛否両論併記で市長に提出された。

○六年九月、都城市の条例再制定に関する動きが新聞や個人のブログ、掲示板、インターネット新聞などの媒体を通じて発信された。これまで積極的に都城市条例を支持する記事を掲載してきた地元紙の『宮崎日日新聞』は、九月九日、「都城市先進的な条文を削除」という一面記事（宮崎日日新聞社 2006a）、九月一〇日には、「男女共同参画条例を修正？　避けたい、振り出しへ戻る愚」という社説（宮崎日日新聞社 2006b）を掲載した。社説では、「高らかに宣言した本家本元が〝先祖返り〟したのでは、身もふたもない」と、「性別または性的指向にかかわらず」という文言がなくなることを強い調子で批判している。宮崎日日新聞の黒木友貴《ともたか》（二〇一〇年当時、地域情報部次長）は、当時都城で注目を集めていたのは、南九州大学の移転問題であり、条例の問題からは目がそれていたように思うと述べた。

〇六年九月議会では、公明党の今村美子議員が、長峯市長に文言を削除した理由と性的少数者への考えについて答弁を求めた。長峯市長は、「『すべての人』に性的少数者も含まれる。性的少数者を排除しようとしたわけではない」と強調した。

九月一九日、文教厚生委員会における審議で、「すべての人」への変更のまま条例案が可決される(26)。この頃、旧懇話会メンバーが市議会に「性的指向」という文言を残すように要望書を提出したが、九月二二日の本会議において条例案は修正なしで可決された(27)。

尾辻大阪府議来訪と地元での受け止め

尾辻かな子大阪府議（当時）が都城市市役所を訪れ、都城市の二団体を含む全国の一四団体と個人三九六人の賛同を得た「抗議および要請文」を長峯市長と下山隆史議長に提出したのは、二〇〇六年九月一四日のことだった。その当時、議会は条例案の最終審理を行っている最中であった。尾辻は、一五日から始まる文教厚生委員会の前に提出すべく、「抗議および要請文」への賛同署名を全国の団体や個人にから募っていた（尾辻 2006a）。尾辻が都城訪問当日に書いたブログ記事によれば、「抗議および要請文」と国際人権団体「ヒューマン・ライツ・ウォッチ」からの市長宛抗議書簡を持参し、長峯市長と下山議長に会って文書を手渡してきたという（尾辻 2006b）。さらにシエスタやまちづくり団体、保健・医療・福祉団体などの地元市民団体とともに記者会見も開いた。

市長・議長との面会は穏やかなものであったと尾辻は語る(28)。宮崎日日新聞の報道によれば、長峯市長は、「性別および性的指向にかかわらずという文言を入れなかったのはなぜか」という尾辻議員の質問に対し、「入れれば入れたで困るという人もいる」と答えている。さらに「だれが困るのか」と質問した尾辻議員に対しては「パブリックコメントで反対を表明している人たちだ」とした。そして「性別および性的指向にかかわらず」という一文を入れることに違和感があったかと聞かれて、「強烈な違和感を持っている人がいる」とし、（そうした人を含めた）「市民の広範な支持を得る条例にしたいという気持ちがあった」と述べた（宮崎日日新聞社 2006e）。

尾辻本人は、指をくわえてみていられないという思いと、（性的少数者が）「地元だけに、カミングアウトして反対ができなかったため、外からの動きに頼らざるを得なかった部分がある」という考えもあり、大阪府議会の一般質問がある月で多忙だったスケジュールを縫って日帰りで都城に行ったという。この時点ではすでに議会審議の途中であり、事態がひっくり返るのは難しい状況ではあったが、尾辻は、無理かもしれないがマスコミが味方につき、世論が盛り上がったら、継続審議になる可能性はあると考えていたという。さらには、情報を知ったのも遅く、外からは都城市の問題が一都市の問題ではなく、国際的な人権問題であるという認識を喚起する作戦しかなかったと尾辻は語る。尾辻は面会の当日、自らの活動報告ブログに「市長さんのお答えは、『受け止めます』。議長さんは『委員会で議論します』とのことでした。良識に期待しています」と記している（尾辻 2006b）。

尾辻の市長訪問は宮崎日日新聞の一面トップ記事になるなど大きく報道された（宮崎日日新聞社 2006c）。署名活動の呼びかけや途中経過報告、さらに都城訪問についてもブログなどインターネット上で刻々と報告された。そのため、一般市民に広く知られていたとは言いがたいこの条例再制定問題を全国的にも知らしめる上で、大きな役割を果たした。そして、地元の旧条例支持者などからは、尾辻府議が「来てくれたことには感謝している」、「全国的に注目を集めているのだと実感できた」という声も聞かれた。結果として、尾辻府議の訪問により、都城の条例に関する問題意識は全国的に広がった。実際、筆者が最初に都城の条例をめぐる係争について聞いたのも、この尾辻による訪問ならびに署名活動について、メーリングリストやブログなどで読んだからだった。

だが、尾辻府議訪問に必ずしも効果があったと地元に受け止められていたとは言えない面もある。新条例に賛成（旧条例に反対）の立場からは「大きなお世話」といった受け止めもなされていた。さらには、「他所から来て、人権団体のコメントとかもってくる。大阪府議から都城がなんでいちいち言われなければならないんだ。地元の人がいうならわかるけど」などと言う議員もいたと話題にのぼっていたという。

旧条例賛成側からも尾辻府議訪問については、戸惑いの声もあがっていた。急に決まったという尾辻訪問がなぜ、どういった経緯で行われたのか、地元の旧条例賛成側の市民の間でもよく知られておらず、理解もまちまちだった(29)。また、訪問の際に何をするのか、市長に何をもってくるのかについても事前に説明や相談が少なく、地元からすればどういうことになるかわからなかったという声もあった。そして、地元団体の関係者が尾辻を女性団体関係者に紹介しようとしたが、尾辻らに職場に訪ねてこられた条例推進の立場にたつ団体関係者も、「名刺交換でお茶飲んで帰られたくらいで。私も仕事中でしたから、突っ込んだ話もまったくなかったですね」と語る。地元の人が都城に尾辻を呼んだと思い込んでいたというその関係者は、「いろんな団体と交流したり、意見交換しないと理解が深ま

宮崎日日新聞
THE MIYANICHI

9月15日（金）
2006年（平成18年）
第23641号（日刊）

都城市男女参画条例案

文言削除は差別容認

大阪府議 市長に抗議

都城市が開会中の九月定例議会に提案した「男女共同参画社会づくり条例案」に全国の同性愛者などから抗議が起きている問題で、同性愛者であることを公表している大阪府議会議員の尾辻かな子氏（三一）が十四日、都城市役所を訪れ、長峯誠市長と下山隆史市議会議長に「抗議および要請文」を提出した。旧市の条例にあった「性別または性的指向にかかわらず」という文言を復活させるよう強く要請。米ニューヨークに本部を持つ国際人権団体も同日、「強い抗議の意」を示した公開書簡を送るなど、問題は広がりを見せている。これに対して長峯市長は条例案の修正について明確な姿勢は示さなかった。（29面に関連記事）

「先進的文言」の復活を訴え、長峯誠市長に抗議文を提出した尾辻かな子大阪府議（右）＝14日午前、都城市長室

尾辻府議が提出した「抗議および要請文」は「性別または性的指向による差別が実際にある中で、こうした文言を盛り込まないことは差別を無視し、容認する行為と受け止められる」として、条例案の修正を求めている。都城市内の二団体を含む全国の十四団体と個人三百九十六人が賛同している。

尾辻府議は長峯市長に直接、要請文を手渡し、「（旧都城市の条例は）性的少数者への配慮を盛り込み、高く評価された。憲法にも身分や門地など例示した部分はある。男女共同参画社会づくり条例にも性的少数者配慮の例示は必要」と強調。「（性的少数者配慮の）表現を復活させてほしい」と求めた。

長峯市長は「すべての人という表現で性的少数者を包含すると考えている。性的少数者を排除したものではないということは理解してほしい」と答えるにとどまった。

一方、長峯市長に抗議の書簡を送ったのは国際人権団体ヒューマン・ライツ・ウオッチ（HRW）。書簡は今回の条例案が「市民の平等の達成と差別への戦いにおいて都城市が後退しているという市にとって不名誉なメッセージを外に発信する」と指摘。文言の削除は「世界レベルでの人権保障を進める動きに逆行する」としている。

図4.5　尾辻府議訪問と長峯市長の面会を報じる『宮崎日日新聞』
（宮崎日日新聞社 2006c）（宮崎日日新聞社提供）

らないわけだから。そんな一発花火を打ち上げるようなことをしても理解は深まらない。ましてやこんな保守性の強い土地柄ではなおさら、と思っていた」とも述べた。

また、記者会見自体も問題含みとなってしまったともいう。尾辻側から都城市政記者クラブに連絡は入れており、都城ではテレビ局以外は全社から来るなど、たくさんの記者が集まった。突然の記者会見ではあるが、地元がいないのはおかしいと感じたという地元市民団体は、急遽来ることができたまちづくり団体、障がい者団体、保健・医療・

福祉団体、芸術系団体の代表ら十人程度と記者会見に臨んだ。尾辻は市民団体のほうに話しをふろうとしたというが、記者らは尾辻をとりかこんでしまい、結果的に、記者会見に同席した市民団体の代表たちは最初から最後まで記者から質問を受けることも、尾辻と会話をすることもなく、会見を後ろから見守るという形になった。そのため、会見に集まった市民団体からは、「あの人だれ？」「何しに来たの？」「これ、どういうこと？」などの声もあがった。市民団体に声をかけた側の人は「ホント（自分は）謝ってました。来てくださったみなさんに」という。

都城で活動していた人たちが口々に語ったのが、「他所」から意見を言われることへの反発であった。「自分がよそ者（都城以外の出身）だったので、何を言ってもなかなか聞いてもらえなかった」と、都城が「他所」からの意見に対してとりわけ厳しいところだと述べた市民もいた。

都城市の条例に関する問題をマスコミ報道やインターネットを通じて広範囲に知らしめるという面では、大きな効果があった尾辻府議の訪問だった。だが地元では、この訪問も「パフォーマンスに終わってしまったのではないか」、「効果は薄かったのでは」などの声が聞かれ、地元との連携が弱いままに外から声をあげ、やってくる運動の課題が明らかになった面もあった。さらには、地元での人間関係ややり方をいかに考慮しつつ、運動をつくっていくか、という点が大きな課題として提示されたともいえる。例えば、地元関係者によれば、地元ゆえにカミングアウトできない人もいることについては、運動も行政も十分にわかっていたことであり、それを踏まえて動き、議員らへも「十二分に説明していた」のだと言う。

外部からの運動の困難は、都城に限定された問題ではなかった。例えば第三章で扱った、山口県の日本時事評論による千葉県の条例づくりへの関わりや、第五章で検討する、フェミニストによる福井の図書問題へのアプローチにも共通する課題だった。

5 世界日報によるインターネット戦略

世界日報はもともと、電子新聞への参入が非常に早い媒体だった（第一章を参照）。こうした積極的なネット対応は、都城の条例に関しても、自社サイトへの特集記事掲載を行い、それが保守系ブログや掲示板等で紹介されていくなど、情報を拡散させ運動をつくりあげる上で、大きな強みになった。

二〇〇六年頃、世界日報のウェブサイトは、「ジェンダー」や「ジェンダーフリー」という用語でグーグル検索すると高い位置につけていた（舘・小山 2008）。さらに世界日報は、グーグルのキーワード連動型（アドワーズ）広告も利用しており、「ジェンダー」「ジェンダーフリー」で検索すると、アドワーズ広告でも山本彰が書いた世界日報の記事の広告が表示され、クリックすれば、記事に飛ぶように設定されていた(30)。こうした状況をもって、舘かおる・小山直子は、「資金力さえあれば、視認率が高く、クリックされやすい位置への昇格が可能となった」（舘・小山 2008: 78-9）と危機感を募らせていた。

だが、実際にはアドワーズ広告は、クリックされない限り広告主に支払いは発生しない。世界日報関係者によれば、当時は、アドワーズ広告導入期であり、トライアルとして安く導入することが可能で、一クリック＝八〜九円くらいだったのだという。結果として、世界日報の支払いは多くて月数万程度ということだった。実際にクリックされるかどうか如何で支払いが決まることや、トライアル時期であったという実情などに注意を払わず、批判相手を強大視するフェミニストに対し、使える手段をフル活用していこうという世界日報のストラテジーが浮き上がるエピソードであった。

都城を皮切りとして本格的に反男女共同参画にのり出した世界日報は、アドワーズ広告のほかインターネットを使った手法を駆使し、反対のうねりを作ることに成功した。だが二〇一二年現在、ジェンダーフリーやフェミニズムに関しては、産經新聞系の媒体や日本時事評論と同様に、世界日報でも時折社説で触れる程度になっており、一時期のような多数の特集記事掲載やアドワーズ広告利用などの展開はみられなくなっている(31)。

6 条例をめぐる係争から見える課題と「市民参加」の内実

都城における条例制定ならびに再制定過程やそこで起きた係争を振り返ると、男女共同参画条例づくりがもつ課題が浮き彫りになってくる。岩橋市長下の旧条例制定における手法は、市民の代表からなる審議会を設置し、そこで条例素案を作成し、首長がそれを議会に上程し、議会がそれを通すというプロセスだった。条例づくりは懇話会とアドバイザー、市職員が中心となり、それを市長が後押しする形で行われた。このプロセスの中で、議員の関わりは少なかった。市民へのアンケートやインタビューを行い、市民の声を反映させてつくった条例案だと懇話会や市職員らは主張したが、条例反対側は、自分たちや市民が知らないところで、理解できない内容の条例案が作られていったと捉えた。

さらに、平日昼間の審議会会合などには参加しづらい畜産農家など、多様な市民の声を条例案は反映しているのかという批判の声もあった。市内全域で公聴会を開いたというが、公聴会のあり方自体が「市民の声を聴くポーズ」にすぎないと、出席した都城市民の会のCや、世界日報の山本彰は批判している。そして、保守系議員らは、他議員らに先んじて、条例上程前の議会で条例案の内容を批判する質問を行った。保守系市長をそれまで支えてきた保守系議員らが、市長の条例案への反対討論を行うということは前代未聞のことでもあった。

都城での旧条例反対側の議論や動きには、第二章、第三章での日本時事評論との主張との共通点がある。すなわち、条例の審議会案にとらわれず、議会や議員の役割を重視するという考え方である。そして、第三章で示した千葉県の自民党独自条例案づくりの動きのように、都城でも内村議員が独自に条例案を出そうとした。議員立法の可能性も模索されたのだ。これは議会制民主主義自体を重視する方向性でもあった。

一方、こうした批判を経たはずの長峯市政下での新条例制定時にも、審議会方式自体は問わなかった。むしろそれは残したまま、「市民参加」の成果を活かすという名目のもと、新たにパブリックコメント制度が導入された(都城市 2006a)。だが、市が全てのコメントを公開しないため、全体像が見えないという問題があった。例えば都城市のサイトに掲載されたパブリックコメントでは、旧条例や男女共同参画政策への危惧、懸念を表す意見しか来なかったように見える(都城市 2006a)。また、パブリックコメントが審議会でどのように使われたかについても公開されなかった(宮崎日日新聞社 2006b)。新旧条例制定の審議に関わった高木かおるは、「パブコメというのは怖いなと思った。不特定多数による無責任なコメントがきたことで、事務方もひいてしまった」と語る。

さらに、パブリックコメントの目的について、長峯市政は、「議会制民主主義のもと、市が素案を策定する際幅広く市民等の意見を聞き、また様々な情報収集を行うことにより、議会審議の参考になるより質の高い原案を作成すること」（都城市 発行年不明）だと述べる。だが実際には、議会審議にコメントが活かされた様子はない。パブリックコメントの利用は、条例再制定が市主導であったことを見えづらくし、市民の声を反映したかのように装う効果をもった。

旧条例も新条例も、条例づくりに際して審議会方式をとった。だが、旧条例では、一部の市民の意見が肥大化しているように反対派からは見えた。一方、高木かおるは、新条例策定の際には「性的指向の部分の削除を求める市の意向を強く感じた」と言う。この展開からは、審議会方式は市当局の運用如何で方向性が大きく枠付けされることが示された。すなわち、条例制定の際の審議会方式やその根拠とされている市民参加のあり方の内実が課題として浮かび上がったといえよう。

7　都城のこれから

都城における旧条例制定ならびに再制定までの過程は、男女共同参画条例づくりで定式化されてきた審議会方式やそれに付随する市民参加アプローチの内実を浮かび上がらせたといえる。旧条例制定の際に使われたのも、反対派が条例再制定時に採用したのも、審議会方式であった。都城の事例は、審議会方式の内情もさまざまであることを示すとともに、審議会方式の問題を浮き彫りにした。

都城の旧条例反対運動を契機として積極的に反フェミニズム運動に関わるようになった世界日報は、フェミニズム批判の特集を二〇〇四年以降何度も組み、オンライン戦略も活発化させた。千葉県の条例づくりの失敗の後、反男女共同参画運動の表舞台からはひき始めた日本時事評論にかわり、世界日報は、この時期に反フェミニズムの主役となっていった。二〇〇五年末に、保守側が男女共同参画の動きに歯止めをかけたと評価した、国の第二次男女共同参画基本計画が策定された。そして、反フェミニズム側は第二次基本計画を自らの主張の後ろ盾として活用していった。〇六年の都城市の新条例制定にむけた運動ならびに、次章で扱う同年の福井の図書事件は、こうした運動の事例でもあった。

様々な課題を提示した都城の条例制定をめぐる展開だったが、都城市などで筆者のインタビューに答えた多くの人たちは、条例再制定以来、条例をめぐる経緯について初めて話すのだと語った。それほどにいろいろな人たちに苦い思いを残した闘いでもあった。さらには三年弱で「性的指向」の文言が消えることになったことで、実際の施策として何ができたのか、どこまで性的少数者の状況が改善されたかというと、広報紙などで性的少数者を「見える化」し、相談窓口を設けたといったことにとどまった。積極的に条例を使い、性的少数者の人権について呼びかけ、その生活上の問題を解決に結びつけるといったことまでできたわけではない。

だが、都城の旧条例が、一時期であれ「性別又は性的指向にかかわらず」という文言を入れ込むことで性的少数者の権利を条例で明文化したことは、歴史に残る意義があった。三年弱とはいえ、条例が使われたという事実も大きい。そしてそれ以上に、条例づくりを通じて市民の問題意識は培われ、実態調査も行われ、人びとのネットワークも強まった。都城市の運動は、まだ終わったわけではない。

【註】

（1）山本彰編集委員は一九五四年鳥取県生まれで東京大学文学部卒。ドイツやアメリカでの特派員経験もあり、とくに性教育など教育問題についての執筆活動を積極的に行ってきた。鴨野守前編集委員は一九五五年富山県生まれで金沢大学教育学部卒。広島の公教育問題や沖縄の集団自決問題などについて執筆活動を行ってきた。他に男女共同参画関係を執筆していた中には、横田翠記者らがいた。

（2）正式名称は「世界基督教統一神霊協会」。公的な略称は、「統一教会」。「統一協会」とも呼ばれる。

（3）世界日報社によれば、『世界日報』は共産主義に対して戦う新聞という位置付けという。インテリジェント・デザイン（ＩＤ）理論、禁欲性教育や同性婚批判などの米国におけるキリスト教右派と関連が深いテーマを頻繁に扱っている。世界日報社発行『月刊ビューポイント』掲載の特集「〝拉致監禁〟の連鎖」（「宗教の自由」取材班 2010）では、「統一教会」という名称が記事中で登場する。

（4）統一教会の布教活動については、違法である伝道や献金を強いられたという元信者の訴えが全国で出されており、伝道や献金は個人の自由意思とする教団側と争いになっている。また、信者の勧誘に関しても、統一教会に入信した人の家族、キリスト教関係者、全国霊感商法対策弁護士連絡会などの市民団体や弁護士等が反対運動を行っており（全国霊感商法対策弁護士連絡会サイト）、統一教会側と対立が続いている（「宗教の自由」取材班 2010）。

（5）都城市は、他市町からの昼間流入を指す、昼夜間人口比率が宮崎県内の市町村ではもっとも高い（宮崎県発行年不明）。

（6）「性的少数派」「性的マイノリティ」などの用語もあるが、ここでは都城市が使ってきた「性的少数者」の方を使う。

（7）都城出身の栄留《えいどめ》里美（2008）による論文が旧条例推進側の議員や市民、行政担当者への数多くの聞き取りに基づいており、条例制定の経緯について詳細な分析を行っている。

（8）山本彰の都城訪問回数については、保守派の黒木議員は二回とするなど、個人によってかなり回答が異なった。

（9）フリー研究者。マサキは都城市のフィールド調査を斉藤、山口と行うと共に、本章の加筆も行っている。
（10）宮崎県は、畜産業が盛んである。中でも都城市は、豚、鶏、肉牛、乳牛などあらゆる畜産が行われており、同県内畜産業の代表的な地域。
（11）岩橋前市長は、「ウエルネス都城」を掲げ、「人が元気、まちが元気、自然が元気」をスローガンとした（岩橋 1998）。
（12）薩摩藩は江戸時代、現在の鹿児島県全域と都城市を含む宮崎県南西部を領有した。藩主が島津氏だったため、島津藩とも呼ばれる。内村議員、有満議員ら保守系議員も薩摩藩の名残による男尊女卑が強いと、頻繁に口にした。岩橋市長（当時）は、世界日報の取材でも「歴史的にも男尊女卑の強い所なので」逆に思い切った内容のものを制定したい、と答えている（山本 2003b）。
（13）「シエスタ」は、性的少数派の人権問題をはじめ男女共同参画社会づくりの推進などに取り組む市民活動団体。二〇〇〇年設立。パンフには会員が男性一五〇名、女性五〇名の二〇〇名と記されているが、会長の元野によれば、都城を拠点とした中心的な活動メンバーは一〇名くらい。
（14）友貴は、懇話会とは別につくられた市民委員会の副会長を務め、インタビュー調査など条例にかかわる多くの活動に関わってきた。
（15）都城市の懇話会には、男女共同参画で全国的に活躍する女性学・ジェンダー学者が一人も入っていなかった。だが他の自治体においては、女性学・ジェンダー学者が委員として入っているケースが多く、自らの居住自治体のみならず、複数地域の審議会委員となっていることもある。例えば伊藤公雄は、大阪府、京都府、大阪府寝屋川市、兵庫県神戸市など同時に複数の自治体の男女共同参画審議会会長や委員をつとめている。また、諸橋泰樹も、東京都小金井市と府中市、神奈川県、神奈川県小田原市、埼玉県和光市などの審議会会長や委員を同時につとめている（二〇一二年八月現在）。
（16）この時、宮崎県教職員組合女性部長だった長倉スミ（二〇一〇年より女団連事務局長）も、学校現場の状況について、インタビューを受け、意見を述べたという。長倉は男女混合名簿や男女平等教育に熱心に取り組んで来たが、宮崎県下で混合名簿を制度として取り組むことや、現場で活かすことには課題が多かったと語った。

(17) この「デザイン」という言葉にはインテリジェント・デザイン(ＩＤ)理論の影響がみられる。ＩＤ理論とは、九〇年代に創造科学の宗教色を薄めた論として、アメリカの反ダーウィン進化論者が提唱を始めた、生命が「偉大なる知性」の意志に基づき「デザイン」されたとする理論。

(18) だがフェミニストの多くは、世界日報を「バックラッシュ」の主役として認識していたにもかかわらず、そのフェミニズム批判の根本にあった、同性愛・両性愛批判については、関心を見せることがなかった。例えば日本女性学会のＱ＆Ａ文書(日本女性学会 2003)や書籍(日本女性学会ジェンダー研究会 2006)、斉藤・山口の企画による〇四年「ジェンダーコロキアム」集会や、荻上チキによる「ジェンダーフリーとは」まとめサイト、『バックラッシュ!』(双風舎編集部 2006)の上野千鶴子インタビュー(上野 2006b)等、フェミニストらによる「バックラッシュ」対応の中では同性愛・両性愛への対応や性別二分法の検討が十分だとはいえなかった。それへの批判となる企画を、クィア系フェミニスト研究者らが〇七年日本女性学会大会のため提起したが、タイトルが「フェミニズムをクィアする」から、「バックラッシュをクィアする」に変えられ、フェミニズムへの批判を回避する内容へと変更を余儀なくされた。この問題に関し、内部分裂は望ましくないという女性学会側からの要請があったと思わざるを得ない状況だったなどの問題提起が、後日、女性学会の研究会の場でなされた(tummygirl 2007a; 2007b)。だが、その後刊行された学会誌やニュースレターをみる限り、自らの学問や運動の性別二分法や異性愛体制、及び反フェミニズム対応の再考という提起が実のある議論へとつながったとは言い難い(日本女性学会学会誌編集委員会 2008; 伊田 2008)。

(19) 『ラディカルに語れば』掲載の大沢真理と上野千鶴子との対談(上野 2001)を世界日報からもらったと語る議員もいた。

(20) 内村私案は、他の条例を取り寄せて勉強したというだけあって、「標準条例」に近いものであったものの、フェスタが条例づくりの契機になったこと、先人の遺業を受け継ぐことなど、内村の条例にかける思いが前文に書き込まれていた。また、議員提案で条例を制定することを目指したことも書き込まれている。内村議員は、庁内の法務担当経験者にも相談して私案をつくりあげたという。

(21) 内村議員は、都城市がたもつを偏重すると一方向の考えに偏るとし、農業の担い手でリーダーである女性の名を挙げ、「実践が伴った人を」と二〇〇四年三月議会で発言している。

(22) 無所属の下山議員は、鹿児島県坊津《ぼうのつ》出身。学習塾経営。

(23) 戦争で中止されていたメーデーが一九四六年に復活した。この年、総同盟・産別会議・文部省・NHK・各新聞社と現代音楽協会が協力して新しい労働歌を募集し、第一位に選ばれた曲。国鉄詩人編集部作詞。

(24) 有満元議員は〇三年九月八日、都城市議会で、管理職、審議会等委員への女性の登用を主張していた。

(25) 池江には、都城で筆者と多くの人との出会いをつくっていただき、また車でいろいろなところにも連れていっていただいた。気さくでユーモアのある人柄で、「霧島」片手に話しを聞いたことから得られた情報は得難いものだった。

(26) 前文でも、「男女共同参画社会の実現を最重要課題」を「男女共同参画社会の推進」ならびに「重要課題」へと修正。その他、「男女共同参画の推進は、性差を否定するなど男女の区別をなくすことをめざすものではなく、また伝統文化等を否定するものでもない」などの変更があった（都城市（旧）2003; 都城市 2006b）。

(27) 女団連とシエスタはそれぞれ、抗議文を市長と市議会に提出した。

(28) 尾辻は市長、議長との面談の際に、都城市は元々鹿児島県との方が地縁が深いが、尾辻の親戚も鹿児島におり、鹿児島の親戚の血縁が都城にいたなど、自らと都城の地縁の話しなどもしたという。

(29) 尾辻によれば、たまたま、尾辻の会派の同僚が市長と知り合いであったため、面会のための顔つなぎを依頼したのだという。

(30) アドワーズ広告は、検索キーワードと広告を連動させたサービスで、二〇〇二年にグーグルが始めた。右側の位置に広告を掲載し、クリックされた場合に広告主が広告料をグーグルに払うシステム。

(31) 最近も世界日報は、早期に電子リーダーやスマートフォン用のアプリ開発をすすめ、ソーシャルメディアへも着目するなど、ネット対応に力を入れ続けている。

第五章　男女共同参画とは何か
――ユー・アイふくいの図書問題をめぐって

斉藤正美

二〇〇六年四月末、福井県男女共同参画推進員が、福井県生活学習館ユー・アイふくいの情報ルームに所蔵されている書籍約一五〇冊以上をリストアップし、「男女共同参画にふさわしくない」と苦情を申し立てたことが明らかになった。これに対して、それらの書籍著者である上野千鶴子などのフェミニストらは、福井県側が推進員の申し出に応じて図書の撤去や移動を行ったとし、その経緯を明らかにすべきだと情報公開請求を出した。

反フェミニズム側は、ブログや掲示板などのインターネット活用を積極的に行った。その結果推進員の問題提起はネット上において一定の存在感を示した。一方、フェミニズム側も、インターネット上のサイトや、ブログで事の経緯や活動の状況を報告していった。

本章では、ユー・アイふくい関係者、問題提起をした推進員をはじめとする、当時の推進員数名、この件を積極的に取材・報道した『世界日報』記者、福井県議らに行った聞き取りなどに基づき、ユー・アイふくいで起きた図書問題を通じて、男女共同参画政策やセンター事業の課題を検討する。そして、フェミニズム側が「見落としたもの」を明らかにしていく。

1　男女共同参画センターの運用

ユー・アイふくいの図書問題とは

二〇〇六年四月末、「福井県生活学習館ユー・アイふくい（以下、ユー・アイふくい）」の情報ルームの図書百数十点が、男女共同参画の内容としてふさわしくないとする苦情申し立て書が福井県知事に提出されていたことが表面化した。ユー・アイふくいは、二〇一二年六月現在、全国に三八八施設ある女性／男女共同参画センター（以下、男女共同参画センターとする）の一つである。[1]なお、国や地方自治体が設置した公立のセンターは、三四八施設に上り、約九割（八九・七％）を占める。苦情を申し立てたのは、当時、福井県内に八一名いた「ふくい男女共同参画推進員」の一人、近藤實であった。[2]なお、推進員は、福井県知事から男女共同参画政策を推進することを公に委嘱されている。

『サンデー世界日報』四月三〇日号の記事によれば、近藤推進員は、「ジェンダーフリーを掲げるものが九冊」のほか、『専業主婦が消える日』や『完全離婚マニュアル』など「およそ男女共同参画とは無縁の書物が多数ある」と問題提起。それを受けて県は、『スカートの下の劇場』など上野千鶴子の著書一七冊を含む一五〇冊以上の書籍を「一般の人の目に留まらない」ところに撤去した、という（世界日報社 2006b）。ただし、近藤によれば、実際にリストアップしたのは一九〇冊であったという。

これを知った東京在住の上野千鶴子、岐阜県の運動家の寺町みどり、岐阜県山県市議の寺町知正や福井県敦賀市議の今大地《こんだいじ》はるみらが、撤去された書籍リストの情報公開請求や福井県男女共同参画審議会の音声記録の公開請求訴訟など、福井県を相手取った対抗活動を行った（上野 2011）。その展開が、フェミニズム、反フェミニズム双方のブログ、掲示板、サイト、メーリングリストなどで報告されていった。

当初は公開されていなかった書籍リストだが、裁判途中で福井県により公開された。一方、男女共同参画審議会の音声記録については、一審、高裁とも情報公開の対象には当たらないとし、上野らの請求が棄却された。上野らは最高裁に上告したが、二〇一〇年七月、上告が棄却され、高裁判決が確定した。

この事件の特異性は、県が男女共同参画推進のために委嘱したふくい男女共同参画推進員が、男女共同参画条例によって新たに整備された苦情申し立て制度を利用し、県の男女共同参画推進センターの図書が不適切であると、県に異議を申し立てた点にあった。いわば、男女共同参画政策により整備された制度に、それに反対する側が参入し、制度の内側からその政策内容の妥当性に異議を申し立てる活動であった。

本章では、ユー・アイふくいという男女共同参画センターでおきたことを事例に、そこに表れている現在の男女共同参画政策や運動が抱える課題を三つ示していく。第一に、男女共同参画という概念の定義がはっきりせず、事業の大部分が評価基準のあいまいな意識啓発に偏っている。そのため、男女共同参画に批判的な立場の人からでも齟齬なく活用ができることである。第二は、男女共同参画センターに併設されている情報資料室の役割は何か、公立図書館とは何が異なるのか、という課題である。第三に、フェミニストらが、反フェミニズムへの対抗運動に乗りだし、インターネットを活用し始めたが、効果的に使いこなせなかったという問題である。

男女共同参画センターの情報資料室

ユー・アイふくいには、情報ルーム（情報資料室）が併設されている。[3] これまで男女共同参画センター最大の意義は、「情報が集まるところ」（桂容子の発言。日本女性学研究会編集委員他 2011: 79）であるとするなど、センターの情報資料室機能は、フェミニストから評価されてきた。

槌谷光義（二〇一一年二月当時・大阪府豊中市のとよなか男女共同参画推進センターすてっぷ事務局次長）によれば、「すてっぷ」は、大阪府の男女共同参画センターであるドーンセンターをモデルとしてつくられているという。そして槌谷は、「四大差別のうち、同和、外国人、障害者関連の施設は、どこも図書館的機能を持っていない。女性問題を扱う男女共同参画推進センターだけが図書館的な情報ライブラリーを持っている」と述べた。

男女共同参画センターに情報資料室が設けられている背景は、七〇年代に遡る。国立女性教育会館（ヌエック）初代館長である縫田曄子は、政治や経済、外交の情報とは異なり、女性に関する情報はどこにも集積されていないと考え、「日本における女性のための情報センター」をめざすのであれば、と館長就任を引き受けたという。そして、就任後、情報図書室、情報交流課を設置し、さらに「女性教育情報センター」を開設した。縫田は、女性問題や女性に関する情報は、単に書籍のみならず、新聞や雑誌記事の切り抜き、ならびに市民運動の資料をも集める必要があると考えていた。さらに、収集した情報は、広く共有し、情報のネットワークをつくることが大切であると縫田は述べる（縫田1999)。八〇年代、ヌエックは、女性情報とは「女性の地位向上、女性問題解決のために必要な情報を女性の視点でつくり、提供する情報である」とし、女性の連帯や運動に欠くことができないものと定義した(結城美恵子&「女性と情報」プロジェクト2008: 06)。

全国の公立男女共同参画センターの多くに情報資料室があるのは、全国のセンターが七八年度より始まった公立社会教育施設整備費補助金政策によって建設されたことと関係している。この補助金は、男女共同参画センター設置に際して、他の公立社会教育施設にはない「情報資料室」を設けることを推奨しているからだ(公立社会教育施設整備費補助金交付要綱1976; 六章三節も参照)。

だが、なぜ男女共同参画センターだけには情報資料室が設置されているのか、男女共同参画のための資料とは何なのか、どのような資料を集めるべきなのか、など地域の男女共同参画センターの情報資料室の果たすべき役割や機能についての根本的な議論は、ほとんどなされていない。

先述の槌谷は、全国的に男女共同参画センターの蔵書が批判を受けたり、センターが縮小、廃止になっていることを考えると、現在の情報資料室を維持する場合、その存在意義を市民に説明しないといけない、それができないと存在し得ない、という危機意識を後日、筆者らに吐露し、職員間でその点を改めて考えていると述べた。男女共同参画センターの情報資料室は、公立図書館との違いなども含め、その存在意義に関する議論が十分にされてきたとは言い難い中で、予算がつき運用されているという現状にある。

図書批判の動き

公立図書館の蔵書が書棚から排除され、問題化した事例はいくつか起きている。一九七三年八月、山口県立山口図書館で管理職により、反戦平和問題関係図書や左翼的とされる図書など五〇数冊が「好ましくない本」と見なされ、書庫に隠され、利用できない状態におかれた。それが図書館の資料提供の自由を損なう行為として問題になった（馬場 1993）。八六年、富山県立近代美術館の展覧会「'八六 富山の美術」における天皇コラージュ版画作品が県議や民族派から抗議を受けた。そして、八七年、富山県立図書館は、作品が掲載された図録の閲覧請求を拒否。日本図書館協会の勧告により図録を公開するも、民族派が破損するなどトラブルが続いた。そうしたトラブルを理由に表現の自由を制限する図書館の対応が問題とされた（中河 1996）。

二〇〇一年八月、千葉県船橋市西図書館において、西部邁、渡部昇一らの著作一〇七冊を司書が独断で廃棄していた。これに対し、井沢元彦、西尾幹二、藤岡信勝ら著者八名と新しい歴史教科書をつくる会が提訴した。〇五年七月、最高裁は、図書の廃棄を著者の権利を侵害する違法行為と認定、高裁に差し戻した。結果、差し戻し控訴審は、公立図書館の司書の個人的な評価や好みなどによって、著作を廃棄されるなどの不公正な取り扱いを受けない権利を著者がもつと判断を下した（平岡「東京高等裁判所平成17年11月24日判決」）。公立図書館が住民に図書資料を提供するに際して、公正に取り扱うことが必要であり、著者の権利を侵害することは認められないという判断が示されたのだ。

この船橋市西図書館蔵書破棄事件を契機として、保守側に公立施設の蔵書選定に関する問題意識が生まれていた、と、『世界日報』編集委員だった鴨野守は筆者に語った。

一方、二〇〇〇年代にはいり、男女共同参画センターの情報資料室に対し、所蔵する書籍の内容が男女共同参画の趣旨にそぐわないという指摘が出されるようになる。例えば〇二年一二月、豊中市の北川悟司議員は、豊中市のセンター「すてっぷ」にある「多数のジェンダーフリー関連の図書」は「一方的な思想を植えつける」ものであり、「即刻廃棄すべき」と主張した（豊中市議会議事録）。さらに、福井で図書問題が起きていたのと同じ時期の〇六年六月、北海道議会においても自民党の小野寺秀《まさる》議員が、「道立女性プラザ」の図書について、北海道の男女平等参画推進条例や国の第二次基本計画に示されている「正しいジェンダーの視点」によって選定しているのか、選定基準はどうなっているのか、と福井県の事例に言及しつつ問題提起している。そして小野寺は、道による図書の選定基準の策定を提案した（小野寺 2006a）。同年九月、北海道側は、「男女平等参画社会や女性問題に関する情報を幅広く収集」「対立する意見のある問題を取り扱う図書」では「偏ることがないように」していく選定基準を新たに策定していると言明している（小野寺 2006b）。小野寺議員の選定基準に関する議会質問については、福井で申し立てをした近藤實も、ブログで取りあげている（近藤 2006）(4)。

しかしながら、同じく男女共同参画センターの蔵書が対象とされた豊中市の男女共同参画センター「すてっぷ」および北海道立女性プラザの事例と、福井の事例が異なるのは、福井県に異議申し立てをしたのが、福井県が委嘱した男女共同参画推進員だったことである。しかも、男女共同参画条例で設置された苦情処理制度を活用していることなど、男女共同参画制度を使った批判であった。

それゆえ、北海道の事例で指摘されている、男女共同参画センターの資料選定基準問題にとどまらず、福井の事例は、男女共同参画推進員制度のあり方や、男女共同参画の意味など男女共同参画政策について、より根源的に問い直すものだった。

2　推進員活動をしていた「バックラッシュ派」

世界日報記者が男女共同参画推進員？

二〇〇八年頃、たまたま手に取った『富山県男女共同参画推進員活動事例集・二六集』に「良識・常識を信じて」と題した活動報告記事を書いている推進員の名前を目にし、驚いた。『世界日報』（媒体としてとくに指し示す以外の場合、『世界日報』および「世界日報社」を以下、世界日報と呼ぶ）で男女共同参画批判の記事を書き続けてきた「鴨野守」と同姓同名だったのである。

> 推進員としてのエネルギーの八割を一〇月のつどい（朗読劇）で演じた頑固親父のセリフに投入しました。一方、地区集会や推進員同士の勉強会などのフリートーキングでは多くの人の真面目な意見を聞くことができ、非常に有意義でした。男女共同参画社会基本法の本質は意識の変革を求めるものと理解していますが、それは人々の良識・常識、地道な活動を抜きにしては実現しないと改めて痛感した次第です（富山県生活環境文化部男女共同参画・ボランティア課 2007: 31）。

この文章を何回読んだことだろうか。しかし、男女共同参画に批判的だった世界日報の編集委員が、富山県の男女共同参画推進員を務めているとはとても考えづらい。また、東京に本社がある世界日報の記者が富山に住んでいるということも現実的ではなく、ただの同姓同名であろうと一時は思った。しかし同時に、「鴨野守」はそうありふれた名前でもなく、偶然と片付けるのも難しい。「良識・常識を信じて」という題の文章は、仮に書き手が「あの鴨野守」のものであっても無理がない内容ともいえた。こうした一抹の疑問を抱えたまま、しばらく時が過ぎていった。

「鴨野守推進員」への関心も薄れかけていたある日、インターネット上で見かけた書き込みに、またもやあの記事のことが甦った。そこには、「世界的なジャーナリスト鴨野守氏が富山県庄川町で講演」と書かれていたのだった。世界日報の鴨野記者が富山にいるらしいという疑いは、現実のものとなった。すぐさま、富山県男女共同参画推進員の地区会長経験がある友人のAに、鴨野守と名乗る人物について尋ねたところ、「ありえるかも」という意外な返事が返ってきた。そこで、当該地域で議員経験のある友人Bに、「本人に連絡をとってほしい」と依頼。Bがいろいろとあたりをつけて探してくれた結果、鴨野守は、まぎれもなく世界日報編集委員の、「あの鴨野守」本人であることがわかった。Bの段取りにより、〇九年三月半ば、指定された富山県砺波《となみ》市庄川町生涯学習センターで鴨野と会うことになった。一人では心細く、仲介をしてくれたA、Bも同行してもらった。

私たちは、著名な「バックラッシャー」の登場を、不安な面持ちで待った。それは向こうも同じだったろう。なにせ、あらかじめ「女性学の研究者、男女共同参画推進員の会長」が来ると聞いていたのだ。こちらは相手を「恐ろしいバックラッシャー」、向こうは「過激なフェミニスト」と、お互いのイメージを胸に初対面の時を迎えた。

現れたのは、金ぶち眼鏡、グレーのセーターにオレンジのシャツ、茶のジャケットという、こぎれいな身なりで都会的なサラリーマン風の男性だった。気むずかしそうでなくてよかったと、安堵したのを覚えている。少し落ち着いた私たちは、その後しばらく、鴨野の話に耳を傾けた。

もともと鴨野は、富山県に実家があった。〇六年、鴨野の母親が亡くなり、父親が一人住まいになってしまう。その後の父の暮らしを心配した鴨野は、家族や編集長に相談し、富山を拠点に原稿を書き、東京の世界日報に送るという勤務形態を認めてもらったうえで、五人の子と妻と富山に帰ってきたという。父親はもともと、山村の利賀村で炭焼きをしていたが、鴨野ら子どもたちを中学にやるために学校のある庄川町に下り、そこで相当苦労したようだ。そんな父を一人にしておくのは忍びなく実家に戻ったが、むしろ富山に戻ってからのほうがよい記事が書けるようになったと、にこやかに話した。なお、鴨野とは偶然にも、富山の近隣地域の出身であること、しかも同じ公立高校の同窓生であることもわかった。驚きつつも、学生時代の教師の話などした。その後も、鴨野とは荻上、山口も交え、数度東京で食事をしたり、明治神宮や御苑を案内してもらいながら、ジャーナリストとしての思いや食べ物など生活のこまごました話しを聞く機会をもつことになる。

鴨野は、富山に帰ってきてからは自分で野菜を育てるようになり、そのため料理をすることが楽しくなったとも語った。鴨野をはじめ、私達が取材した「バックラッシャー」の多くは、実生活では必ずしも、イメージ通りの「男尊女卑」ではないことが多い。またその妻も、多くは外で働いており、決して家で子育てをしながら夫を待つ専業主婦でもなかった。また、妻が行動的な女性であることは何度も会ううちに鴨野の話ぶりからも伺えた。

しばらく話をした後、鴨野に、男女共同参画推進員になったいきさつを尋ねた。その回答は実にシンプルで、世界日報で批判してきた男女共同参画の現場がどうなっているのか、実際に見てみようと思ったという。その明快な回答から、むしろ「ジャーナリストらしく、現場主義を貫いているなあ」と感心さえした。鴨野は話もうまく、文章も書けることから、推進員としてもすぐに頭角を現し、〇六年は企画委員長、翌年は副会長と四五名いる地区推進員の実質的なリーダーになっていた。

推進員としての鴨野は、初年度は、マンガ朗読劇「困った村の男女共同参画」で主役の頑固オヤジ役を朗読、〇七年度は「我が家《うち》も心配　実家も心配～愛と幸せの住む故郷《ふるさと》をめざして～」という寸劇を上演した。この寸劇のDVDを砺波市から借りて見たところ、生活が苦しくても専業主婦としてしっかり子育てするのが立派な仕事、子どもはたくさんがよい、という鴨野の主張が盛り込まれた内容になっていた。その一方で、夫の職場には女性の課長がおり、女性の活躍という男女共同参画のメッセージも、そつなくはいっていた。人間でもっとも大事なのは「和やかな家庭をつくること」という鴨野が込めたメッセージは、男女共同参画という言葉と共にしっかり盛り込まれていた。さらに、「親の介護は子どもがするのが当然」、「お年寄りを大切にしよう」という価値観も反映されていた。三〇分という長丁場の劇だったが、よく演じられ、会場からは笑いもこぼれていた。DVDから見る限り、ほとんどが六〇～七〇代かそれ以上と思われる聴衆にとって、「鴨野流男女共同参画」は、違和感のないものであったと思われる。

〇八年度は、「高貴幸齢社会」という寸劇のシナリオを鴨野自ら、執筆し上演した。劇には、お年寄り（といっても、登場するのはおじいちゃん）を大切にしようというメッセージが込められていた。鴨野は、大会の全体司会役も務め、リーダーシップを発揮していた。この寸劇のメインメッセージも

「高齢者を大事にしよう」「家庭は大切なもの」という主張になっていた。後に砺波市の男女共同参画担当者に会いに行った際、担当者は、当時新任だったために男女共同参画担当に慣れておらず、鴨野に頼り切っていたと語った。

閑散とした福祉センターのロビーの喫煙コーナーで、灰皿を前に対峙した一時間。後日、「よく取材に応じてくれましたね」と本人に尋ねると、「自分が日頃取材で人に会ってもらう仕事をしているから、（会ってくれと言われたら、相手がフェミニストでも）応じないわけにはいかない」と応えてくれた。実は最初に会った時は相当緊張したと告白された。鴨野と後に東京で会った時には、鴨野行きつけのうどん屋や鮨屋で食事をして話をした。どこもリーズナブルでおいしい店だった。そうでなくともユーモアがあり、よく話してくれる人であったが、食事をいっしょにすることでやはり緊張もより和らいだ。そしていつもこまごました配慮を感じた。渋谷の鮨屋に行った時には、その後でオススメのアイスクリーム屋があるというので、そちらに寄ると、いかにも若者に人気がありそうな、立ち食いのお店だった。椅子がなかったので、その店の前でフルーツなどがたくさん混ざったアイスクリームを山口と三人でなめた。その後、明治神宮を案内してもらった。庭園内の敬虔な泉がいつのまにか「パワースポット」と呼ばれ、観光客で賑わっているのに驚いたりしつつ、ほかの人たちをまねて携帯電話で泉の写真を撮ったりした。若い時にデートした話から、ジャーナリストをしてきた経験や多くの尊敬できる出会いがあったこと、さらに、遭遇した出来事などについて、お茶を飲み、庭園内を歩きながらも鴨野の話しは続いた。結局半日かけてたっぷりと話しを聞き、高校まで私と同じような田んぼの中で育った鴨野が東京でジャーナリストとして活躍してきた半生を、私も追体験したような気がしたのだった。

図書への異議申し立てをした推進員

福井県男女共同参画推進員であった近藤實に会ったのは、二〇一一年三月二六日、福井市駅前の公共施設「アオッサ」の一階にあるユトリ珈琲店でのことであった。セーターを着て現れた近藤は実直な感じがしたが、最初からとても表情が堅く、その堅さはなかなか崩れなかった。近藤が寄稿している世界日報の鴨野守、山本彰の両編集委員と会ったエピソードを語り和らげようとしたが、それでも無理だった。(5)「男女共同参画推進員には世界日報の鴨野編集委員さんもなっておられますが、近藤さんは、もっと前からなっていらしたのですか」と質問したら、鴨野が推進員だったことは今初めて聞きましたと言われ、ますます手詰まり感が募った。ぶっきらぼうな返事が続いて、焦る時間が続く。

近藤はこのために資料をきちんと用意してきていた。近藤自身のブログ「健全な男女共同参画を考える!」に、いつも質問状と回答、回答状況を逐一掲載していたことから、相当真面目な方だろうなと想像していたが、資料をたっぷりと持ってきて、足りない分は、帰ってから即座にメールで追加資料を送るなど、本当に几帳面で、きちんとした対応をする人だった。

近藤が持参資料の中、真っ先に手渡したのが、紙芝居をDVDに焼いたものであった。男女共同参画推進員時代、グループでつくったという。「中には涙流してくださった方もあった」とのことで、「熱心に男女共同参画に取り組んでおられますね」と言ったら、「そうですね、批判的に取り組んでいるんですけれど」と返ってきた。(6)皮肉のこもった言葉だが、時間や作業を考えると、批判的な立場からとはいえ、これだけ男女共同参画に関心と分析を継続できることに、驚きと敬意をもったのも確かだった。

近藤はアメリカンを注文した直後に、それをやめてクロワッサンのメープルシロップ、ホイップクリーム添えに変えた。クロワッサンにはナイフとフォークが二人分添えられており、私にもどうぞと勧められた。いっしょにホイップクリームをつついたが、近藤の堅い表情は崩れない。インタビューに来る私のことを、「インターネットで検索したら、ジェンダーなんとかというブログがあった」と言った。その言葉で、もしかしたら近藤を批判するために私が来たと思われているかもしれないと気付いた。そこで私が、近藤からみた実情や彼の思いについて聞きたいこと、そして自分は地方の実情に合ったフェミニズムを模索していることなどを語った。いろいろ話しをしているうち、次第に頬杖をついたり腕組みをしたりと、近藤も徐々にリラックスした態度になり、表情も和らいできたように感じられた。

近藤の話しぶりからは、自身の信じる価値観に従って、時間や損得に頓着せず、信じるところを追求していくきまじめさを感じた。また、議員に連絡をとり、情報提供して議会発言につなげることにも熱心だという。さらに子どもの教育や日々の生活から、近藤のフェミニズムへの批判活動が生まれていることを知った。

3　男女共同参画推進員という制度

筆者も推進員に応募してみた

現在の地方の男女共同参画行政の実態を知るには、やはり中に入ってみないとダメだろう。そう思い、二〇〇九年一二月、私は富山県の男女共同参画・ボランティア課に対し、男女共同参画推進員になりたい旨、電話で伝えた。すると、高岡市が管轄だから、直接問い合わせるようにという返事が来た。そこで高岡市の男女平等・共同参画課に電話で希望を伝えると、その場で担当者から、男女共同参画審議会に公募枠があるからそちらでどうか、と促された。いや、推進員になりたいだけであって、審議会委員になりたいわけではないと伝えると、それでは追って返事します、ということになった。

二週間ほどたち、推進員高岡地区の事情に詳しい友人のCに会った。私が高岡地区の推進員になりたいと市に伝えたものの、市からの返事がまだないことを話したところ、彼女が把握している状況を次のように語ってくれた。

斉籐：私が市に推進員になりたいと電話したら、男女平等推進センターは大混乱になったと聞いたんだけど、どうしてだと思う？

C：実際、大混乱だったんですよ、ほんとにー。だって、推進員になる人たちって、まったく何も知らない人たちばっかりじゃないですか。（あなたのような）男女共同参画についてもう知っている人が推進員になって、一体なにを勉強する気やろうか、と。あまりにも突出した人が入ることに対しての不安じゃないですかね。

斉：推進員って勉強するものなんですか？

C：勉強するもんなんですー。

斉：なんで？　おかしくない？　推進員って男女共同参画を推進するものなのでは？

C：進める段階にいってないんです。普及啓発もやっているけど、いや普及啓発活動をするためには、二年一期ある推進員任期の前半の一年ぐらいかけて一生懸命、学習、勉強するんですよー。

斉：じゃ、推進員になるってことは、イコール勉強の場に入るってことなのね。

C：そう、今現在、そうとしか言いようがないですね。

斉：では、私がなったら迷惑なわけ？

C：ヘッへへへー（笑）。はっきり言わしていただくとそうかもしれない（笑）。正当なこと言われると思うんですけど、行政も、他の推進員も、それが正当かどうかもわからない。そこがはっきりわかっていないから、（市側は）そういうわかっている人を受け入れがたく感じるんですよ。

当時、私は、Cにも推進員になりたいとの希望を伝えており、推進員になる可能性を探ってもらっていた。私が住む市での男女共同参画推進員は、地区ごとに、PTAと婦人会からの推薦制をとる。

一期二年であるが、再任を妨げることはしていないため、三分の一が引き続き二期目を継続し、長い人で四年継続することになる。私が住んでいる地区から出ている推進員が二期目も継続してやりたい希望をもっていたこともあり、鴨野のように「自ら応募して推進員になる」という私の計画は断念せざるを得なかった。

それにしても、女性学を専攻し、高岡市において（市から任命されて）男女平等推進計画の策定ならびに条例案の検討にも関わった私が「推進員になりたい」という希望を伝えたくらいで、市側がなぜ大混乱になってしまったのだろうか。

ここから、行政が男女共同参画推進員制度をどのように位置付けているかが見えてくる。すなわち、男女共同参画推進員制度とは、まず行政が推進員を指導・啓発し、啓発された推進員が市民を啓発する仕組みであるということだ。男女共同参画に詳しい人が入りたいと言うと、「もう勉強はできているはずなのに、どうして入ろうというのか？」、「何か別の意図があるのではないか？」と疑心暗鬼に陥るのだろう。

推進員の中で、鴨野のように、何らかの思想や方向性をもった人がリーダーシップを発揮すれば、他の人は勉強することが目的だから、よくわからないままますべて「勉強」だということで、「お年寄りを大切にしよう」という寸劇に積極的に取り組むのも不思議ではない。

男女共同参画推進員制度と地域における運用

そもそも、この男女共同参画推進員制度とは、どのような制度なのだろうか。

福井県の男女共同参画推進条例第一七条には「県民の協力を得て男女共同参画の推進を図るため、男女共同参画の推進に関わる普及啓発その他の活動を行う男女共同参画推進員を置く」と書かれている。「ふくい男女共同参画推進員運営要綱」では、次のような四つの役割をもつと規定されている。

（1）福井県男女共同参画推進条例およびふくい男女共同参画プランの推進に関する普及啓発を図る
（2）男女が共に協力して実施する地域活動を推進し社会活動への参画意識を高揚すること
（3）男女共同参画に関する行政施策の推進に協力すること
（4）男女平等に関わる各種の相談等に対して専門機関等を紹介すること

男女共同参画推進員という制度は、八〇年に富山県が設置した「富山県婦人地域活動推進員」が全国初の取り組みであり、それが全国各地に広がったものという（倉林 2010）。現在でも、青森県、千葉県、兵庫県、長崎県などをはじめとして推進員制度をもつ自治体も多い。福井県で実施されている男女共同参画推進員制度の要綱は、富山県の要綱での規定と一字一句まで同じである[7]。

男女共同参画推進員が何をしているかについて、富山県が推進員制度発足三〇周年を記念し、地域活動についての冊子『地域における男女共同参画推進ＢＯＯＫ　ＨＯＷＴＯ編』を出した。それをみると、「女と男笑顔で支えあい、キラリ輝く故郷を」といったイベントが開催され、男女が共に地域活動を担っていくのはよいことだというメッセージを送っている[8]。また寸劇や朗読劇により、「男女が互いに支えあう大切さをＰＲすることができた」と報告されているが、それらは上の綱領とは決して矛盾しない（富山県 2010）。むしろ、そうした「男女が共に協力し」あう活動を行っているということが、綱領によって正当化されているのだ。「男女の出会い・婚活」イベントが推奨されているのも、「男女共同参画推進」の試みにぴたりと合致することになる（第六章も参照）。推進員の活動をする会員は男女双方が含まれることもあり、実質的にも、地域における推進員の間では、「男女共同参画＝男女が共に（地域活動などに）協力する」という意味として通っている。

日本語での「男女共同参画」は明確な定義がなく、もっとも多く引用されているのは男女共同参画社会基本法（以下、基本法とする）の前文にある、「男女が、互いにその人権を尊重しつつ責任も分かち合い、性別にかかわりなく、その個性と能力を十分に発揮することができる男女共同参画社会の実現」という箇所である（第一章も参照）。それを平たく言い換え、「男らしく、女らしくではなく、自分らしく」（個性を伸ばす）といった文言で啓発されることも多い。

一方、基本法第三条（男女の人権の尊重）として、男女共同参画社会の形成には、男女が性別による差別的取扱いを受けないこと、が記載されている。だが、実際の男女共同参画の運用においては、推進員活動に見られるように「差別をなくす」といった活動は、見いだしづらい。

福井県男女共同参画推進員の活動と思い

近藤實と同じ時期（〇五〜〇六年度）、同じ地域において推進員であった黒川春美と浦井成男《しげお》の二人にも会い、「男女共同参画」って何ですか、と聞いてみた。この地域では、二か月に一回ほど推進員が集まって、「男女共同参画とはどういうものや—」と話し合っていたという。定年まで企業で働き続けて物づくりに励んできたという浦井は、会社を辞めてから誘われて推進員になったという。そんな浦井にとっての男女共同参画は、「女性が社会というんですか、そこに出てこれるような雰囲気をつくること」だと述べた。その上で、地元のまちづくりの集まりでは、メンバー五〇人のうち女性の参加は一割くらいしかいないことに触れ、「地域でも職場の役職でも、集落は親父社会やからねぇ。奥さんやお嫁さんは出てこないんやね」と続けた。

一方、副リーダーも務めたという黒川は、行政の職員から「寸劇があるから見に来てね」と誘われたのが男女共同参画を知るきっかけだったが、その後、〇五年推進員の公募があった際、原稿用紙二枚に自分の思いを書き記し、推進員になった。そんな黒川は、「男女共同参画は、男女それぞれの特性を認め合い、尊重しあって、お互いにいいところを認め合って、社会をつくりあげていくこと」と言う。黒川は、短大を出てから地場商社に勤め、四〜五年で仕事が面白くなってきた頃に寿退社となり、しばらく家庭に入った。その後、娘三人が生まれ、気持ちを引き締めたという。「娘がキャリアを積んでまた辞めなければならないのかと、クエスチョンマークだった。子どもを育てるとき、ぜったいに女性が進出する時期が来るわ、と根拠のない自信で、勉強しなくてもいいけど、自分を活かせる職業をもちなさいといって育てた」。

九九年に基本法ができて、変わっていくようでうれしくなったとも、黒川は話した。「でしゃばるのではなく、自分のもっている意見を届ける。夫がすごく男尊女卑の人だったので、女は台所から出てこなくてよいと言われたが、推進員になって、『あなた何言っているの』と言えるのが気持ちいい」とも語る。

決して女性がエライわけではないが、女性にしかない大切さがある、女性の尊厳を認めてもらいたいと思っている。黒川は、現在司会業で引っ張りだこらしい。「私が常に男女共同参画について言っていたので、娘も会社に入るときに男女共同参画で論文を書き、無事入社が決まった」とうれしそうに語っていた。

浦井は、県の男女共同参画について、「男女共同でも、行政の進め方とぼくらが考えているのとはかなりちがうねー」と言い、「行政は上からのトップダウンで、与えられたことを無難にやっていけばいい」と、県のやり方には限界も少し感じているようだった。一方、黒川は、「結局、行政としては、根本的には子どもを増やしていかねばならない、そのためにこれ（男女共同参画）をやったのかなと思ったんですよ」と述べ、「新聞をみてても、子育てをいっしょに助けましょうとか、家事を協力しましょうとすることで子どもを育てていきましょうみたいなのが多かったかな。少子化対策が入っているなあと思いましたね」。厚生省が九九年少子化対策キャンペーンで安室奈美恵の夫であるSAM（サム）を起用し「育児をしない男を父とは呼ばない」というコピーを使用したことについて、「国が出してきたあれも、ちょっとおかしいかなと思った。協力し合うのはあれ（大事な事）だけど、父親と呼ばないも、決めつけている。特に国は、少子化対策やなと思います」と語った。

さらに、黒川、浦井ともに推進員は県から委嘱されているにしても、「県から下りてきたものでも、おかしいものはおかしいということが大事」ということを語っていた。それは近藤と共通している考えだという。同じ推進員でも、他の地域には県に批判的な活動をすることをよくないとするグループもあり、黒川、浦井ともにそうした態度には疑問があると言っていた。もっとも、浦井は、「きれいごとだけでは進まないからね。毒の中にも手をつっこまないといけない」といい、「私はまあまあ主義で、毒も、毒まんじゅうもたまには食べましょう（笑）」と妥協することも必要だという考えであると述べる。さらに、「近藤さんは、どっちかという一匹狼。その辺が欠点ですね。私たちがついていけない」と近藤とはアプローチが異なるということも付言した。

近藤ら福井・坂井ブロック推進員グループが製作した、DVD「紙芝居　男と女（家族そして未来へ）」の紹介文をみると、「この紙芝居は、男性と女性が、出会い、結婚し、子育てをし、また仕事をしながら、お互い一生懸命生きてきたのですが、あらためてお互いが反省し思いやり再出発をする物語です。（中略）より良い男女のあり方、社会のあり方を議論・検討していただくための材料です」と書かれている。製作が〇六年五月とあるので、情報ルームの図書問題が起きたその当時に作られていたことになる。

DVDの内容は、太郎と華子のカップルが恋に落ち結婚し子どもを二人もち、太郎が仕事、華子が家事、子育ての役割を果たしていくが、次第に溝ができ、華子が家を出る。しかし、息子や娘が相手を見つけて幸せになるのを見て、反省して思いやりを取り戻す、という内容だ。カップルのすれ違いを描いているが、性別役割分業が問題というのではなく、お互いの思いやりや反省を取り戻し、家族を大事にしようというメッセージであった。

その他、黒川は、近藤について、「（近藤さんの）家庭は男女共同参画ができているような家庭ですよ。奥さんには会ってないけど、でも、（近藤さんは）とても協力的ですよ。近藤さんはフェミニストだと思います。二年間見ていると、これはご家庭も大切にしてやっておられるなと（思います）」と言っていた。黒川にとっての「男女共同参画」は、女性の尊厳を認めることであるから、子育てに協力し、家庭を大事にする近藤こそ、「フェミニスト」（女性を尊重している人）という認識になる。国や県の進める「男女共同参画」の意味があいまいである分、いかなる「男女共同参画」であっても、共同作業をする仲間のうちで合意形成できさえすれば、齟齬が生じないように見受けられた。黒川と浦井は、推進員活動においても、近藤が謙虚でよいリーダーであったと述べた。黒川は、「（近藤さんは）僕？できません、僕だめです僕だめです、とばっかり言っていた。すっごい謙虚なの。謙虚は美しいまで謙虚。だけど、これお願いしますというと、すかっとやってくれるの」と述べる。近藤が東大卒だということも、「最後の最後のところで聞いてびっくりした」と、二人は口を揃える。

さらに、話題は行政職員に及んだ。当時のユー・アイふくいの行政職員たちとも浦井や黒川は、近所の住人だったり、家族の同級生だったりと、近い関係にあったという。

4　図書問題

推進員から出た男女共同参画への疑問

近藤實の問題提起の方法は、すでにある男女共同参画推進員制度の中に入り、実情を知り、そこで問題を感じた事例について、苦情申し立てなど男女共同参画制度を使って行うというものであった。推進制度における男女共同参画の定義がはっきりせず、男女共同参画センター事業の大部分が評価基準のあいまいな啓発事業である。そのため、近藤のような男女共同参画に批判的な立場の人が参加し、同じ推進員仲間ともつながりを持ち、男女共同参画事業に批判的な問題提起をすることもたやすくできる。

近藤は、男女共同参画に関心を持つ前に、ユー・アイふくいに立ち寄ることがあり、本棚に「なんだろうこれは、というのがいっぱいあった」ので、担当職員と話をしていた。ある時、『今のわたしこれからのわたし』という小学生向けの副読本を手にすると、「女の子はお嫁に行くのが当たり前」「男の子は強くてたくましく」という項目（考え方）に同感すると、固定的な性別規範をもっており間違っていると批判される、いわゆるジェンダーチェックであった。それに疑問を感じた近藤は何回も市役所にいって変更を迫った（世界日報社 2006a; ジェンダーチェックについては第一章、第七章も参照）。

そうした過程で、男女共同参画推進員を公募していることを知り、応募した。「男女共同参画推進員になって、もう少し行政と密着した形でいろいろと議論したりとか話しあったりできたらいいなと。でも、苦情もだいぶ言っていたので、推進員には選んでもらえないかと思ったが、（選ばれたので）県は柔軟でしたね」と近藤は語った。同期の推進員とは、ユー・アイふくいの図書への疑問について話はしたが、いっしょに抗議することまではしていないとも述べた。

近藤は、男女共同参画を全否定しているのではなく、あり方が間違っていると考えている。何が問題かと聞くと、「基本的に、男女の差を肯定的に、前向きによきものとしてとらえる考えが薄いということですね」と述べた。その一方で、「福井県の副知事が二人いるなら、一人は女性にしたらどうかという提言もしているんです」と語る。鴨野同様、女性の活躍には賛同しているようだ。「女性は女性ですばらしい。男は男ですばらしいという考え方なんです」と説明された。

〇六年一月中旬ころ、近藤は、ユー・アイふくいの男女共同参画推進課長に、総数一九〇にも上る書籍リストを見せ、このような書籍を置いておくのはおかしいと話をした。しかし、課長からは色よい返事がなかった。それで、同一月一八日、近藤はある県会議員にこのリストを示し、男女共同参画課に揺さぶりをかけるようにお願いしたという。そして、同三月下旬頃、その議員が近藤に、書籍は排除することになったと伝えた。そして近藤は、後日ユー・アイふくいでそれらの書籍が書棚から排除されていることを自分の目でも確認している。近藤のやり方は、「県民の意見を付託された議員」が持つ諸力を最大限に活用しようとするアプローチであった(9)。

近藤の話は、議会など公の場において提起するのではなく、議員らが非公式に行政当局に話をつける「口利き」が行われていたことを示唆している。この図書の件については、福井県の市民団体「市民オンブズマン福井」が、〇六年九月、西川一誠福井県知事に「旧態然とした不透明な口利きが行われているのではないか」という憶測を呼んだことを指摘し、今後議員をはじめとする「口利き記録制度」(職務に対する働きかけ記録等取り扱い規程)を設置し、情報公開の対象とするよう申し入れており、県も「必要に応じて」記録すると回答している(市民オンブズマン福井 2006)。

当時このことで動いたと思われる議員については、近藤は私には語らなかったので、私があたりをつけて探した。幸い、動いたと思われるD議員に二度会うことができた。ユー・アイふくいを訪ね、男女共同参画の実情について聞いてきたことなど話すと、D議員は関係者とも親しいと語った。二時間にわたり男女共同参画の現状などの話をしたが、図書の件に水を向けると「よくわからない」という返事が返ってきた。当時の関係者の紹介も、「もう終わったことだし、退職されているから」と断られた。

近藤は、書籍の撤去は、近藤の申し出というよりは、議員が第二次基本計画に基づいて異議を申し立てたことによるものであり、かつそれは後に県が言うような「一時的な移動」ではなく、「撤去」だったのだとみている（近藤 2007）。なぜなら、書籍が撤去された三月末は、県の職員の人事異動が行われる時期であり、その異動で担当課長が転出しているからだ。転出する課長が内容の確認を部下に任せて転出したと考えるのは納得がいかない。議員が県に依頼したことに対して、担当課長あるいはその上司が撤去の裁定を下して、別の部署に異動したと判断するのが順当だと近藤は考えているという。

この作業について、県側の公式見解として繰り返されている説明は、「個人への誹謗中傷や人権侵害、暴力的な表現など公益を害するような表現はないかを確認した」というものだ。だが、『サンデー世界日報』四月三〇日付「県側は過激図書を排除」では、鴨野記者の取材に答える形で、男女共同参画・県民活動課の課長が、「政府の基本計画改定で男女共同参画が目指す方向がより明確になった。それを受けての措置」と、近藤が根拠として挙げた第二次基本計画に言及している（世界日報社 2006b）。

情報ルームの書棚から外されたことは確かだが、近藤は、外した書籍の内容を確認する作業までは、行われていなかったと判断している。その根拠は、近藤が申し立てた本のリストは一九〇冊であったにもかかわらず、県が発表したのは一五三冊であったこと、また一五三冊の中でも一旦撤去した中に含まれていないものが数冊あるなど、厳密に内容を精査した上での対応ではないと思われる点がいくつも挙げられるのだという。いずれにしても、福井県の男女共同参画政策は対応が揺れ続けたことは事実だ。男女共同参画推進のための推進員という足もとからの批判や、所蔵書籍の著作者からの批判に対して、福井県は正面から取り組むだけの構えがとれず、右往左往している。それは、これまで男女共同参画政策の主たる中身を市民への啓発、指導と受け止め、内部からの批判が起きることを想定していなかったことを示していると思われる。

ユー・アイふくいの図書を問題提起したのが、県の男女共同参画推進員であった点をどう考えるか。市民オンブズマン福井は、〇六年五月にユー・アイふくい館長あてに出した公開質問状で、図書の件は、男女共同参画推進員から「男女共同参画の趣旨にそぐわない」と指摘があったことが発端である中で、誰がどのように判断したのかを尋ねた。だが、県側はそれに答えていない。さらに、「他の推進員の意見を聞く機会があったか」と尋ね、県からないという回答を得て、「問題提起から措置に至るプロセスに参加できない男女共同参画推進員の存在意義は何かを問いたい」と批判している（市民オンブズマン福井 2006）。

このように県側は、近藤、市民オンブズマン福井ともに男女共同参画や推進員制度を進める県の方針を問うているにもかかわらず、正面からの議論を避け続けた。そして、上野や寺町、今大地らフェミニストたちは、申し立て人が、福井県が委嘱した男女共同参画推進員であったことに対する関心を示していない(10)。上野は著書『不惑のフェミニズム』（上野 2011）で、福井事件への対応について述べている。だが、男女共同参画推進員からの問題提起であった点をどう考えるか、は不問に付され、推進員制度の運用についてもまったく言及されていない。

男女共同参画にふさわしい図書とは何か

ユー・アイふくいの図書事件は、男女共同参画センターの情報資料室には、一体どういう本が置かれるべきかを問うものでもあった。だが、問題提起を受けた福井県も、上野千鶴子ら図書排除に抗議した側も、この点に触れることはなかった。

まず、申し出をした近藤は、「男女共同参画関連と称して、どのような書籍が購入されているのか」、また「それが適切なものであるかどうかを議論していただきたかった」と述べている（近藤 日付不詳「一番の問題点（書籍内容の議論を！）」）。近藤は、ユー・アイふくいに通い、図書の内容を一冊一冊詳細に精査し、「ジェンダーフリーを目指す」「家族の解体を目指す」「買売春を肯定する」といった内容をもつものがあると考えた。国の第二次男女共同参画基本計画は、男女共同参画とは、「ジェンダーフリー」という用語を使用して、男女の区別をなくしたり、家族を破壊したりすることではないと明示した。その趣旨からすれば、ユー・アイふくいが所蔵する上野の著作をはじめとするフェミニズム書籍は、国または県の進める男女共同参画とは相容れないはずだと近藤は見なした。だからこそ、県が、（一旦は）書籍を棚から外し撤去したのだと、近藤は考えた

近藤が私に手渡した、彼自身がまとめた文書にも、「私が問題にしたのは、男女共同参画に必要かどうか（ふさわしいかどうか）という点だったにもかかわらず、このことについてはまったく考慮されず、県は『個人への誹謗中傷や人権侵害、暴力的表現など公益を著しく阻害するような記述はなく

問題がなかった』と、関係ない基準を持ち出して判断したのはナンセンスであり甚だ遺憾であります」と書かれている。

福井県は、近藤の申し立て理由である「県の男女共同参画にふさわしいか否か」という点には触れないばかりか、実際にいつどこでだれがどのような形で議論したかについても答えていない。近藤によれば、県は近藤の申し立てを受けても、当初は「男女共同参画に関する考え方についてはさまざまなものがあり、それらに関する情報の提供は学習するうえで必要である」として動かなかったのだという。だが、県は、議員が動いたために一時書籍を書架から外したのだと近藤は考えている。そして、県は、このことが報道により表面化したこと、ならびに今大地敦賀市議が書籍の表題や撤去理由について情報公開請求、書架に戻すことなど求めて監査請求もしたことなどを受けて、それらの書籍を〇六年五月に、ひっそりと元に戻した。なお、市民オンブズマン福井も同時期、撤去理由、書籍の選定基準、男女共同参画推進員との協議経過、書籍の精査結果、今後の対応などこの問題について県に対し、幅広く問う公開質問状を送っている（市民オンブズマン福井 2006）。

一方、上野らフェミニストたちは、この図書事件を、男女共同参画の内容を問うているのではなく、ジェンダー概念への攻撃だと考えた。その背景として、〇五年秋に上野が東京都から「ジェンダーフリー」を使うかもしれないということで、講座講師を降ろされていた問題が発覚したことがある。この事件をきっかけとして〇六年三月、「『ジェンダー』概念を話し合うシンポジウム」が開かれた（若桑他 2006）。こうした流れの中で、「ジェンダー」概念こそがバックラッシュの対象である、という理解が、女性学・ジェンダー学者らに生まれていた。

このユー・アイふくいの図書撤去問題でも、上野らは自著を含む書籍が撤去対象になったのは、「ジェンダー」への攻撃だと受け止め、積極的に対抗運動に関わり始めた(11)。この頃、上野を含む女性学・ジェンダー学者らは、「ジェンダー概念の正しい理解を周知徹底されることを強く要望いたします」という書面を猪口邦子男女共同参画大臣(当時)に提出している(ジェンダー平等社会の実現を求める有志 2006)。要望書では、「『ジェンダー』はすでに国際的に確立した学術用語です。これを使うなという政治介入が起きたら、日本は世界の笑いものになるだけではなく、学問の発展は著しく妨げられるでしょう」と主張している。さらに〇六年五月三日、寺町みどりも「みどりの一期一会」ブログで、「ジェンダー関連本が福井県生活学習館から選別・排除された!」という記事を書いている(寺町 2006a)。上野は、福井県が「ジェンダー」概念への攻撃(ジェンダー・バッシング)に屈し、公権力による恣意的な「ジェンダー図書排除」を行ったと主張している(上野 2011: 292-304)。

また、上野を代表とする「福井「ジェンダー図書撤去」究明原告団(以下「原告団」とする)は「著者の権利」が侵害されたと主張した。西川福井県知事宛に提出された抗議文では、「思想の自由、表現の自由は憲法に定められた基本的人権であり、同時に、憲法で禁止された検閲である今回の一五〇冊の図書排除について、私たちは見過ごすことはできず、今回の図書排除の行為に対し、強く抗議するものです」(む・しネット 2006)と述べている。

同年八月一一日付の知事あての原告団による抗議文でも、「このリストに記載された書籍の、著者、翻訳者、編集者、出版社は、県による図書の一時撤去によってその権利が侵害されたことが証明されました。またこれらの書物の顕在的・潜在的読者としての県民の権利も侵害された」とした。このように、原告団は、「表現の自由」とそれによって擁護される「著者の権利」という主張を行った。これは第一節で述べた公立図書館をめぐる船橋市西図書館蔵書破棄事件の原告であった「新しい歴史教科書をつくる会」らが、「著者の権利」を主張したのと同様の論理であった。

さらに、原告団は、北海道の複数の女性団体が提出した、北海道立女性プラザ図書の選定基準をめぐる要望書に加わっている。そこでは、「対立する意見のある事柄については、それぞれの観点に立つ資料を収集する」こと、「著者の思想的・宗教的・党派的対立を理由に、その著作を排除しない」こと、「あらゆる思想、信条、学説、宗派にとらわれず、公平に扱う」ことを要望した（寺町 2006e）。要望書は、北海道は「『モデル』となる」選定基準を作るようにと要求している。だが、この要望は、例えば、フェミニズムと対立する意見の保守系図書も、フェミニズム系図書と公平に扱うことを主張していることになる。この主張は、男女共同参画の推進をはかるための資料収集という、センターの情報資料室の本来の目的を、図らずも転換する内容となっている。

また、この要望書では、「紛糾を恐れて自己規制したりしない」と自由を標榜する一方で、道立女性プラザの図書収集・選定基準を策定する目的は、「（プラザ）事業運営を円滑に行うため」と道が規定すべきだとしている。だが、これでは、「安全な事業運営」を理由に図書を公開しないことを主張した、先述の富山県立図書館の例が示すように、恣意的に図書の公開を制限させることをも可能にする。選定基準の設定に際し、「紛糾を恐れない」という方向性と、円滑な運営という目的には齟齬がある。

寺町みどりも、自身のブログに、図書を目につかないところにしまったのであれば、明らかに「自由権および知る権利」の侵害であると書いた。それに対し近藤を支援する側のブロガー富士山2000は、保守系の『新・国民の油断』『ここがおかしい男女共同参画』などの書籍がユー・アイふくいに所蔵されていないことに言及し、反論した（寺町2006a）。

原告団による二〇〇六年八月一一日付の抗議文は、「著者の権利」を第一義的に挙げ、「読者の権利」は付加的に言及されるにとどまる。実際の運動の場でも同様に「著者の権利」を訴える上野らの活躍ぶりが強調された。例えば、〇六年八月二六日、福井市内で「福井発・焚書坑儒事件を問う！」集会を開催した際、事務局を担う寺町みどりは、主催者による集会の成功のみを報告した（寺町2006c）。また、同集会を報じるフェミニズム系新聞『ふぇみん』は、「【福井発】ジェンダー本撤去事件に勝利宣言」という見出しで、原告団側の「勝利」を強調。さらに、近藤らが「『男女共同参画にふさわしくない本は排除されるべき』と発言し、騒然となる場面もあった」と報じた（赤石2006）。

一方、世界日報の鴨野守は、「上野氏が『あなた、謝りなさい。私の権利を侵害したのよ』とかみついた。『関係ない。私の言論の自由だ』と切り返す近藤氏」といったやりとりが集会であったことを書いている（鴨野2006）。このやりとりからも、上野が自らの著者としての当事者性を打ち出していたことがわかる。

もっとも、寺町は、これ以前のブログには、以下のようにも書いていた。「図書が排除されて不利益を受けるのは、生活学習館の利用者です。（中略）著者らの当事者もがんばっているのですから、（読者として）不利益を受ける県民や、当事者の利用者のなかからも、運動が起きてほしいと願っています」（寺町2006c）。この文面は、この運動が実質的に、上野など著者の権利を主張する県外からの参加者で成り立っていること、福井県民や福井市民などユー・アイふくいの利用者があまり参加していないことを示唆している。

さらに、二〇〇八年には、「支援者の多い東京で「バックラッシュとジェンダー〜福井『焚書坑儒』事件と情報公開訴訟」をテーマに集会が開かれた」など、次第に福井市を離れて「支援者の多い」東京で集会が行われたりしたことが報告されている（菅井 2008）。こうして、ユー・アイふくい情報ルームの「読者の権利」は、忘れられていった。その一方、地元の状況を理解した上で、多種の論点を押さえた公開質問状を出すなど、地道に積極的な抗議活動を展開していた市民オンブズマン福井は、上野らへのメディアなどからの注目に比べ、目立つことがなかった。

そして上野ら原告団の運動は、福井県の男女共同参画やユー・アイふくいの情報資料室のことではなく、行政の情報公開を問うものに流れていった。当初掲げていた著者の権利についても、この流れの中で言及されることがなくなっていった。

図書についての問題提起を行った近藤は、どのような本が置かれるべきかという議論をする中で、今後どのような本を購入していくかではなく、現在ある図書の排除を主張した。そのために表現の自由や、著者の権利を持ち出さざるを得ない素地をつくってしまった。公立図書館とは機能や目的が異なる男女共同参画センターではあるが、すでにある図書の排除は表現の自由や著者の権利に抵触する可能性は大きいからだ。もし、問題提起が、多様性を尊重して保守系の言論をも情報ルームに置こうという議論や選定基準を見直そうといった方向であったなら、対抗運動を含めて、異なる展開が見られたのではないだろうか。

5　インターネットの活用

フェミニズムによるネット発信とその課題

福井の図書事件では、フェミニズム側もインターネット発信に積極的に乗りだした。ジェンダースタディーズメーリングリスト（GSML）（第七章参照）、寺町みどりの「みどりの一期一会」、寺町ともまさの「てらまち・ねっと」、GSMLから派生したウェブサイト「Against GFB ジェンダー（フリー）バッシングに対抗し、ジェンダー平等な社会を実現するために！」など、いくつかの媒体が用いられた。だが、フェミニズム側のネット発信が成功していたとは必ずしも言えない。

例えば、GSMLは紹介がないと入れない閉鎖的なメーリングリストである。さらに、「Against GFB」というウェブサイトは、発信元の団体や個人を明記していない上、「ジェンダーフリーバッシング」をGFBと表示する名称も意味がわからない人が多いだろう。広く理解を求めるのではなく、すでにある程度情報を共有している人に向けた発信を想定していることがわかる。

さらに、事実上、フェミニスト側の対抗運動を報告するブログの機能を果たしていたのが、寺町みどりの個人ブログ「みどりの一期一会」だった。だがこのブログには、寺町自身の生活に関する私的な内容と、運動の報告が共存していた。ブログには寺町が丹精している花や野菜などの写真が多数掲載されており、勢い、運動報告は写真の中に埋もれがちだった。印刷でもしようものなら、梅干しやすいかの写真が漏れなくついてくるということになる。また、この運動が支援カンパを求めている中、〇七年二月、提訴の報告とともに、老舗高級温泉宿に泊まって高価なズワイ蟹を食べたことが記載されるなどもあった（寺町 2007）。このように、運動の報告ブログであることと、寺町自身の生活を綴る私的なエントリーを載せる当初のブログ趣旨との機能上のミスマッチは、問題を生じさせていった。「みどりの一期一会」は、対抗運動報告ブログとしての機能を果たしつつ、コメントを受け付けるブログでもあった。そのため、図書に関して抗議をした本人である近藤をはじめとして、反フェミニズム運動に関心をもつ人たちが、コメントを集中させた。そして、他の対抗運動関係者はコメント欄での議論には参加せず、寺町一人だけがそれらのコメントに対応せざるをえなくなっていたという点で、限界もあった。同ブログで寺町は、当初は本のリストがはっきりしてからでないとコメントに答えないとしていた。だが、リストが公開された後は、「内容には踏み込まない」という方針になっていき、近藤が問うた「男女共同参画にふさわしい内容とは」という論点について触れられることはなかった。

近藤は、「みどりの一期一会」ブログのコメント欄に寺町らへの質問を書き込んだが、寺町は、「セクハラ」だということと、ブログのプロバイダーである goo の規則違反の二つを理由に近藤のコメントを掲載しなかったことを記している（寺町 2006b）。一方、近藤は、左記に示すように、削除された文章が上野の著作からの引用であったことを自身のブログで「スカートの下の劇場　ほかの削除」という記事にしている（近藤 2006）。

私は、書籍の内容は、とても重要なことだと思います。これまで三冊の本について問題となる記述を指摘してきましたが、みどりさんには、どういう観点からそれらの記述が男女共同参画のために必要なものであるかを、具体的に指摘していただきたいと思っています。福井県生活学習館は、県の男女共同参画センターですし、公費で書籍を購入しているわけです。当然男女参画にふさわしい書籍を置くべきです（近藤 2006）。

さらに、近藤は他の団体の人たちと話合いをしたが、その時も書籍の内容について議論はなかったと述べた。そして、近藤が苦情申し立てをした際の書籍リストに含まれていた、上野の『スカートの下の劇場』と松浦理英子の『優しい去勢のために』をとりあげ、以下のように主張した。

福井県生活学習館の書籍コーナーには、テーブルがいくつかあり、高校生、大学生くらいの青少年がよく勉強しています。そういう若い人たちに読んで（見て）ほしくない本が多いと思っています。私が排除を提案したのは、そういう気持ちもあることを分っていただきたいと思います。次は、『優しい去勢のために』からの引用ですが、みどりさんから、即、削除を要求されました。理由は、「セクハラ」と言うのと、goo 規約に違反するとのことでした。では goo 規約のどこに違反するかと聞いたところ、どうも「未成年者に悪影響があると判断される場合」に該当するとのことのようでした。

「セクハラ」で、「未成年者に悪影響があるもの」が、男女共同参画には良いようです。非常に理解に苦しむのですが、以下に記述しますのでお読みください（近藤 2006）。

上野らの書籍を情報ルームに置くべきだとする寺町が、同一書籍の文章を寺町のブログに投稿した近藤には「セクハラ」「未成年に悪影響」等というのは、矛盾していると近藤は批判した。

この記事のコメント欄には、二三件にものぼる、近藤を含め、主に近藤を支持する側からのコメントが殺到した（寺町 2006b）。しかし、寺町は、コメントを書き込んだのが近藤本人であることが特定できないとしてブログでの議論を避けた。

インターネットと世界日報

福井の図書事件が起きた二〇〇六年当時、他の「バックラッシュ」と呼ばれる活動は下火になりつつあり、世界日報が目立っていた。すでに「ジェンダーフリー」や男女共同参画問題に関して、多くの記事を発信していた世界日報は、鴨野、山本彰らによる記事の一部をネット上で無料公開していた。「フェミナチを監視する掲示板」などの掲示板や、「反『ジェンダーフリー&男女共同参画』川崎市の教育を考える会」（Bruckner05）、「目指せ！真の男女共同参画社会★ぶっ飛ばせジェンダーフリー！」（富士山 2000）などのブログは、それらの記事を引用紹介した。そのため、世界日報記事は、インターネットでもよく目にすることになった。近藤によるユー・アイふくいの図書についての問題提起は、『世界日報』の記事や、それを紹介する反フェミニズム系の掲示板やブログを通じて、ネット上で情報が広がっていった。

富士山2000の日記では、「面白くなる、福井県図書排除問題の攻防」という記事が書かれている。

インターネットでは、抗議文だ、住民監査請求だ、情報公開だ、と勇ましい抗議行動があり、さらに新聞を読んでみると「元に戻す」というように動きつつあるようだ。

福井県には頑張ってもらいたいが、攻撃する側も、される側もフェミニストにかわりがないので、どちらに転んでも面白い展開になると予想されますので、当分目が離せませんし、福井県から全国的な拡がりをみせているので、当分オッチャーしていきたいと思います（富士山 2000 2006a）。

富士山2000は、「攻撃する側も、される側もフェミニストにかわりがない」と福井県サイドをもフェミニストだとみなしている。行政がフェミニストの本を男女共同参画センターの図書コーナーに置き、その一方でそれへの批判書である保守系図書は置かれていないことをもって、「フェミニスト化」しているという。

また、近藤、富士山2000、Bruckner05らは、「フェミナチを監視する掲示板」での議論、交流をはじめインターネット上で連帯した行動をとっている。なかでも、富士山2000は、自らのブログ「目指せ！真の男女共同〝家族・社会〟ぶっ飛ばせジェンダーフリー」で、福井の図書問題について、フェミニズム側のウェブサイトも紹介するなど、この件で起きていることの全体像を見えるようにし、問題提起をしている。

近藤やBruckner05、富士山2000ら反フェミニズム側は、ブログや掲示板、メールなどのインターネット上のツール、及び世界日報というマスメディアの情報も積極的に引用するなど、情報を拡散することに長けていた。

6　現在の福井の男女共同参画政策

その後、福井の男女共同参画センターはどうなったのだろうか。これだけの事件が起きた後、政策はどう変わったのか、また図書や図書利用はどうなったのか。私は、二〇一一年七月八日、福井県生活学習館ユー・アイふくいに出かけた。情報ルームを見学し、今冨廣子館長、忠田《ただすみこ》守美子男女共同参画課長、永井徹主任に男女共同参画についての考えを尋ねた。平日の昼間であったからか、情報ルームのゆったりとしたスペースは三〜四名の男性がソファやテーブルのところで本や雑誌を読んでいるだけで閑散としていた。

今冨館長らに「ユー・アイふくいの図書について、何が変わったのか」と尋ねると、二〇〇六年度から新たに、「男女共同参画に関する学習活動を推進する図書や資料等の収集、蓄積、提供について協議するため」の「男女共同参画図書等選定委員会」ができた、という。これまでは内部で図書選定をしていたが、現在は、外部の委員も含めた九名の委員会で選定しているということである。同時に選定基準もつくったというので、「ぜひどういう基準か知りたい」と尋ねたが、内規なので表に出せないということであった。公表することで今後それを基準にした批判や抗議が来ることを恐れているのであろうが、自らの選書の基準すら示せない「男女共同参画」では、意味があるのだろうかと思ったことも確かだ。ただ、図書購入費はその後も予算の概算要求範囲内という一般的な制約のみで、大

図5.1　ユー・アイふくい情報ルーム（斉藤正美撮影）

きくカットされたということはないとのことであった。二〇一〇年度以降、図書に関する問い合わせもまったくなく、（事件があった後でも）特にどうこういうことはないということであった。

さらに、「男女共同参画とは何だと思いますか」という質問をしてみた。今富館長は、「私は基本的には男性女性という差別、区別なく、本来、性がもっている機能があるが、それを越えたところでは——、形は違うだけで、自分が取り組めたり受け入れられたりするそれが普通にできる社会、それが男女共同参画社会だと思う」と述べた。男女の差については、「情報だけは男性で回ることがある。男性が隠しているんじゃないんだけど。それだけはちょっと上手に」と述べ、それ以外は、働く現場で男女の差を感じたことはないという。

一方夛田課長は、「五〇代の半ばの知人に、『もう男女平等になったのに、女性が強くなったがー、今さら何を男女共同参画やるのー、せんでいいがね』と言われた」という。「舅さんにひどいことされることはなく、過ごしやすくなっているのに、突き詰めることはない」と知人に言われたので、反論として、「区長さんもいないでしょ、女性がすごしやすい避難所つくるとか、まだまだ女性が過ごしやすい社会になっていないでしょう」と返したと言う。福井は女性の就業率が高いが、管理職率が低いということも話に出てきた。同年の五月に男女共同参画課に来たばかりという永井主任は、これまでは「男女共同参画とは女性の社会参加のために男性が協力する体制をつくっていくこと」という見方をしていたという。

センターで働く人たちがひときわ強く反応したのが、そもそも「ジェンダー学」が何をやっているのか、何をやろうとしているのかがわからない、ということだった。寻田課長は、「ジェンダーがなんとかかんとかということについては、ジェンダー研究がなんとかかんとかということについては、わからないです。去年（センターに）来た私には意味がわからないです」「逆にですねー、ジェンダー研究なんとかかんとかがなにかってことがわからないと、逆説のようですけど、男女共同参画を推進することは無理なんですかね」とも聞かれた。私は「もちろんそんなことはない」と否定した。しかし、寻田課長からは「ジェンダー研究ってなんですかー（笑）」と繰り返され、また永井主任は、「ジェンダー研究ってなにか、わかる状況にないんです。まだ勉強段階で（笑）」と述べた。寻田課長と永井主任の二人とも、ジェンダーをわかるには「勉強が足りない」と強調していた。「ジェンダー、ジェンダー。たぶんね、知識が浅いので一般論で言いますけど、過去があって今の男女共同参画推進があって、というのはわかりますよー。でも過去のジェンダー研究が何かわからないとやれない、男女共同参画が進められないいんですかね。そういわれると、反発する気持ちがふつふつとね、疑問が出てくるんですよね」

今冨館長は、「男女共同参画は同じでも、年代によって男女共同参画をめぐる状況が異なっている。七〇~八〇の人から学生さんまで、そんなのを一緒にやろうというのが無理。それらを三つ四つに分けてやろうという状況」と述べ、第一に、六〇代以上の世代にはセンターの講座などで学んだことを地域に返して、地域の慣習を見直していただく。第二に、三〇~四〇代の人がきちんと働けるように、企業の人を招いた研修に力を入れている。第三に、中学、高校生向けに、理数関係など今まで行っていなかったところにも行こう、男女隔てなくいろんなところに行きましょうという次世代育成セミナーをやっている、という。何をやったらいいか、年齢層や階層などによって異なる状況であり、誰にどう照準を当てるのか、はっきりとターゲットが見えない状況があり、「だろうだろうと思ってやっている」と、推定によって進めていく現状の苦しさを訴えた。「男女共同参画、まだまだまだまだ、というが、何がまだまだなのか」、と男女共同参画政策の方向性や具体性が見えないということが語られた。

7 「男女共同参画」の意味を問い直す機会の損失

ユー・アイふくいの図書の事件は、フェミニズム・男女共同参画の書籍が、福井の県民にとって男女共同参画を進めるのにどのように役に立つか、が問われていた。しかし、上野千鶴子らフェミニストらは、書籍の「著者の権利」を前面に立てて、福井県を相手取り情報公開の訴えを起こす方向に動いた。

これまで男女共同参画センターの情報資料室は重要な役割をもつとされてきた。だが、センター情報資料室のあり方について問われたこの事件で、上野らの原告団、福井県、ユー・アイふくいは、この点に触れることはなかった。

反フェミニズム側は、地元で男女共同参画活動を制度の中に入って地道に進めていた近藤、自らも男女共同参画の制度の中に入りつつ、近藤の問題提起を記事にした世界日報の鴨野、そしてこの件で、ブロガーのBruckner05や富士山2000なども言論活動を展開し、注目を集めた。

アンチフェミニズムの活動は、現場である男女共同参画センターに足を運び、男女共同参画推進員に応募して地道な活動を、仲間達の信頼を得ながら行うという点で草の根的であった。だが、男女共同参画が登場してから女性学・ジェンダー学者らは、国や地方自治体の男女共同参画において、審議会委員や講座講師として指導、啓発、情報発信を行ってきた。ユー・アイふくいの図書問題は、そうした男女共同参画政策の方向性や戦略自体が問われた事件だった。

だが、このユー・アイふくいの図書をめぐる運動で、フェミニズム側は、市外、県外からの「著者」という当時者性を強調した運動をした。結果、福井に乗り込むも、行政に対して情報公開を迫るという一点突破の運動になっていき、男女共同参画というテーマでの強みを活かしきれなかった。現場主義に徹しきれないフェミニズム運動の現状が映し出され、課題を残した。

【註】

（1）二〇一二年七月現在、国立女性教育会館（ヌエック）サイト上の女性関連施設データベースにおける、「女性／男女共同参画センター」に該当する施設数。

（2）「ふくい男女共同参画推進員運営要領」によれば、推進員は地域で男女共同参画条例やプランを普及啓発し、地域活動を推進することを目的に設置されていた。

（3）情報資料室については、女性教育情報センター、情報ライブラリー、情報ルームなど呼び方はさまざまである。

（4）〇八年には、大阪府堺市立図書館の「ボーイズラブ」小説を廃棄すべきという動きが起き、福井の図書問題に関わった上野、寺町らも表現の自由の観点から住民監査請求を出している（上野2011; 鴨野 2008）。

（5）近藤自身、世界日報記者の山本彰とは大学時代からの知り合いだと語っている。

（6）近藤は〇五年八月七日、福井市内で開かれた世界平和連合（ＦＷＰ）福井県連合会において、福井県下の小学校のジェンダーフリー教育の実態などを報告するといった活動も行っていた（国際勝共連合旧サイト。現在はリンク切れ。ウェイバックマシンで確認）。

（7）福井県は、当初（〇〇〜〇二年）、市町村に推薦を依頼し、県で推進員八一名に二年間の任期で委嘱した。〇三年以降、次第に市町村・地域を主体とした活動に移行させ、〇七年からは市町村に完全に移行した（男女共同参画推進課長夛田守美子資料）。

（8）当初女性のみを対象としてきた全国の女性／男女共同参画センターは、男性も対象として事業を行うようになっていった。ヌエックの事業として、男性対象講座のもち方を検討してきた京都大学教授の伊藤公雄によれば、「一九九四年、五年頃から、各地で男性を対象とするセミナーが急増」したという。伊藤はこうした男性対象講座の講師として、青森県から長崎県まで二六の都道府県ならびに、仙台市、静岡市など市町村でも少なく見積もっても一七都市以上に赴いたという（伊藤 1997: 80）。

（9）近藤は、議員によく情報提供を行うという。〇五年一〇月四日の予算特別委員会での小泉剛康議員（当時、二〇一一年没）が「ジェンダーチェック」や上野・信田『結婚帝国　女の岐かれ道』に関する質問をしているが、その件も近藤が関わっているという。但し、本章が取りあげた事例に関わったのは小泉議員ではなく、別の議員であった。

(10) 〇九年、日本女性学会大会で、男女共同参画推進員で活躍している保守系ジャーナリスト鴨野の事例を紹介したが、女性学・ジェンダー学者らからは関心を示されなかった。

(11) 近藤が撤去を申し立てた本一九〇冊の中には、必ずしもジェンダーやジェンダーフリーという言葉が使われていない書籍も少なくなかった。

第六章　箱モノ設置主義と男女共同参画政策
――国立女性教育会館（ヌエック）

斉藤正美

二〇〇九年の「事業仕分け」の際に、報道を通して広く知られることになった国立女性教育会館（設立当時は国立婦人教育会館、略称ヌエック）は、一九七七年に設置され、「わが国唯一の女性教育に関するナショナルセンター」（第三次男女共同参画基本計画）として知られている。全国に設置されている女性／男女共同参画センターはヌエックをモデルとしており、豪華な施設と充実した情報資料室などをもつことが多い。

八〇年以降、行政と女性学・ジェンダー学者はヌエックをモデルとする女性／男女共同参画センターを中心に協力体制を組むようになった。

また、反フェミニズム側からの、投入される財政額の大きさと事業内容の妥当性を問う批判の他、近年、行財政改革の一環としてヌエックや女性／男女共同参画センターが「箱モノ」として批判を浴びるようになった。これを受けてフェミニストらが取り組む、ヌエックや地域のセンターを存続させる活動について考察する。さらに、二〇一二年、文科省に設置された国立女性教育会館の在り方に関する検討会での議論にも言及する。

1　ヌエックや男女共同参画センター事業とのかかわり

二〇一二年七月現在、女性／男女共同参画センター（以下、男女共同参画センター、とする）は、全国に三八八施設あるが、そのうちの三四八施設が国や地方自治体によってつくられた公立のセンターであり、官製センターの割合は九割（八九・七％）近くを占める（詳細は五章参照）。

地域の公立センターの設立には、地域の女性運動が首長や議長に要望書を出すなどと深く関わってきた。(1) 私自身も富山県高岡市の男女平等推進センター設立を要望する運動に関わった。というのも、「条例、行動計画、センターは、男女共同参画の三点セット」ということが、当時女性運動界隈でよく言われたが、そうした考えに、私も強く影響を受けていたからだ。高岡市での行動計画づくり、条例制定に深く関わり、その後男女平等推進センターの要望をし、センターが設立された暁には、ようやく我々も三点セットを勝ち取ったと、運動の仲間と喜びを共有したものだ。

一九九〇年代冒頭から二〇〇〇年代初め頃まで私が高岡市の男女共同参画政策に断続的に関わっていた時は、男女共同参画に関する本を読み、集会に参加するなどどっぷりとその世界に浸かっていた。時には自身がセンターや行政関連の講座講師を務める機会もあった。その頃の私は、男女共同参画に関心のない人は、まだその重要性に気付く前であり、そのうち気付いてくれるはず、といった期待を持っていた。そのため、男女共同参画の事業内容が啓発中心であることにあまり疑問を持つこともなかった。

しかし、市民から構成されるセンター運営協議会委員に行政から選任されたことをきっかけに、行政側が運営協議会に対して予算内容の開示すら及び腰であること、センターは総予算額の中で五％程度の事業費しか持たない、著しく効率の悪い施設であることなどを知った。その後、市はセンターを市直営に戻し、運営協議会を廃止し、センター長に天下りの市職員を着任させた。

このような経験により、市民への情報開示も乏しく、高額の財政負担額の割に事業内容の妥当性が問われず、天下りポスト先となっている男女共同参画センターを批判的に振り返ることが必要だと考えるようになった。

国立女性教育会館(2)（略称NWEC。以下ヌエックと記述）については、毎年夏に一般市民の交流の場として開催する「ヌエックフォーラム」といわれるイベントに一九九一年に初めて参加して以来、ワークショップを開催したり、情報資料室を利用したりなどとこの施設を活用してきた。自らも男女共同参画推進の流れに乗り、ヌエックや地域の男女共同参画センター事業にも参加、利用してきたフェミニストの一人として、センター設立の経緯を振り返り現状を考察したい。

2　ヌエック問題とは

事業仕分け

二〇〇九年一一月、民主党政権により事業仕分けが始まった。仕分け対象となったヌエックの女性館長が「私の話も聞いてください！」と、仕分け人をつとめた民主党の蓮舫参議院議員に対し言った場面が、テレビの報道番組で「女の対決」風に繰り返し流された。その館長は神田道子であった[3]。ヌエックは、交通アクセスの不便さもあって、どのような施設であるのかは、一般にはほとんど知られてこなかった。

事業仕分けには、民と官、地方と国の役割分担を見直すという大きな視点も組み込まれていた。ヌエックの評価について仕分け人からは、廃止や自治体／民間に移管などを含む厳しい判断が下され、予算については、六億二千万円の予算の内、二分の一から三分の一を削減すべきという評価がでていた。最終結論では「コスト削減、人件費の削減および自己収入の拡大努力をすべきとして大幅に予算を削減する」となった（内閣行政刷新会議 2011）。だが、実際には何が起きたのだろうか。

二〇一〇年一〇月、私は渦中のヌエックを富山からはるばる五時間かけて訪ねた。この施設が一一月一五日から翌年の二月二八日まで四ヶ月近くも全館長期閉鎖になる直前の時期だった。当時、ヌエックのサイトには、トップページ最上段に赤の太字で「女性教育会館をご利用ください。女性男性を問わず、どなたでも研修・会議などでご利用いただける施設です」と書かれており、利用率を高めようとしているにもかかわらず、三ヶ月以上も全館閉鎖になるという。現場の職員によれば特別予算が下り大規模な改修がなされるということだった[4]。しかし、私の知り合いの間でもネットを見ても、長期閉館のことは話題にはなっていなかった。

二〇一〇年度は、ヌエックが事業仕分けで厳しい評価が下された翌年にあたるが、年間五億九千万円の通常予算が例年通り執行された上に、さらに特別予算として、施設整備費補助金が一六億八一〇〇万円投入されていた[5]。通常予算とは別途に、通常予算の約三倍の特別予算が準備され、大規模な改修工事が進められていたことは、話題になることもなかった。ヌエックで私がどこの工事をするのかと尋ねると、受付ではボイラーや天井の修理と言い、別の部署では空調や壁の修理と、答えはまちまちだった。

あれだけ神田道子館長と蓮舫議員の対決シーンが華々しく映し出された事業仕分けからわずか二ヶ月後の二〇一〇年一月末、ヌエックの二〇一一年度概算予算額は、五億九千万円とほぼ全額が執行されることが決まっていた。

だが翌二〇一一年一〇月、再びヌエックは、蓮舫行政刷新大臣らによる行政刷新会議・独立行政法人改革の対象とされ、NPO法人化の可能性や、国立青少年教育振興機構・日本スポーツ振興センターとの組織統合の可能性が議論された(6)。

そもそも、ヌエックが見直しの対象とされたのは事業仕分けが最初ではなかった。二〇〇四年、政府の行政改革推進本部による行政減量・効率化有識者会議が独立行政法人の見直しに当たり、ヌエックもその対象に含め、統合案を提示した。二〇〇七年には、国立青少年教育振興機構との統合・縮小案が打ち出され、二〇〇九年の事業仕分けへと続いた。

二〇一二年三月、国立女性教育会館の在り方に関する検討会が立ち上がり、国立女性教育会館の機能、在り方及び効率化等について検討を行った(7)。七回の検討会ならびに意見募集が実施されており、八月一〇日に報告書がとりまとめられている。

「箱モノ」批判の展開

ヌエックをはじめとする豪華な女性関連施設が税金によって全国に建てられていることを、「箱モノ行政」だとする批判は、これまでも議会や刊行物、インターネットなどで行われてきた。

地域の男女共同参画センターについては、一九九八年一一月東京都議会文教委員会において、古賀俊昭都議が東京女性財団の「ジェンダーフリー」を批判し、都が財団に年間七億以上もの予算をかけていることを問題にした。二〇〇〇年には土屋たかゆき都議が東京女性財団の運営経費や、天下り職員について役員を一人派遣し一千四百万の支出があることを引き出し、約六億二千万の税金投入に疑問を呈した。林道義も、早い時期から東京女性財団への税金投入が高額に上る問題を書籍や自身のサイトを通じて批判していた（林 1999b: 176-194）。

各地の自治体で予算削減に伴い、センター機能の縮小が検討課題となる中で、二〇一〇年に、橋下《はしもと》徹大阪府知事（当時）がドーンセンターの自立化を打ち出した。二〇一二年四月には、大阪市長となった橋下は、市内の男女共同参画センタークレオ五館を廃止し、四億五千万を削減するという改革案を打ち出した(8)。

ヌエックについては、千葉展正が、「埼玉県の山奥」で「教員のための男女平等教育セミナーやジェンダー平等教育などのフェミニズム教育を宣布しているが、国民は知由もない」と、文部科学省の予算投入について批判した（千葉 2004: 136-146）。一方、野村旗守は、ヌエックでの「男女共同参画のための女性学・ジェンダー研究・交流フォーラム」で、人形劇や創作かるたを紹介するワークショップに参加し、その事業内容への疑問を投げかけるとともに、施設の年間運営費約八億円（当時）の約九割が文部科学省からの交付金という税金依存率の高さを批判した（野村 2005: 69-74）[9]。

これに対し、フェミニズム側はどのように応答したのだろうか。男女共同参画センターについての専門誌『女性施設ジャーナル』（横浜市女性協会編 1995-2003）は一九九五〜二〇〇三年まで刊行されていた。しかし、全号を振り返っても、拠点施設としてのセンターの必要性や、公設公営から公設民営への動きについての対応方法などの議論が多く、箱モノ設置主義批判への応答や、センター事業の妥当性など根源的な問いかけは、ほとんどなされていない[10]。

事業仕分けによる見直し論議後に、日本女性学研究会が『女性学年報』（二〇一一年）で「『女性センター』という経験」を特集しているが、男女共同参画センターの存在意義を相対的に捉えようとする視点は見られない。女性学・ジェンダー学者や男女共同参画運動家らの多くが現在の男女共同参画政策に関与してきた経緯もあり、また、センターを職場としているフェミニストも多く存在することなどが、こうした現状分析に影響を及ぼしているのではないか[11]。

事業仕分け以前から、男女共同参画予算の使途や意義、費用対効果などの議論はフェミニズムの雑誌やサイトなどでなされてこなかった。〇〇年代に反フェミニズムの動きが盛り上がる中でヌエック批判が相次いだ際には、「男女共同参画予算が一〇兆円」という財政への批判に対し、いくつか応答もされた（佐藤 2006b:145-150; 荻上 2006:193-198）。しかしそれらも、建設・運営費や事業費、及び事業内容などの議論には、十分に踏み込めていない。

3　ヌエックと男女共同参画センター設立の背景

女性教育施設設立の沿革

女性教育の領域において国が箱モノの設置を始めたのは、一九七七年、埼玉県嵐山町の広大な敷地に、当時としては破格の建設費六二億円をかけヌエック（設立当時は「国立婦人教育会館」）を建設したことに遡る（縫田 1999）。

一九七八年度より、公立社会教育施設整備費補助金政策が、公民館のみならず、公立婦人教育会館も対象とすることになった。結果、国庫補助金により政府が全国の都道府県および人口三〇万人以上の市に対し、公立婦人教育会館を設置するよう奨励していった[12]。公立婦人教育会館とは、「婦人教育の振興を図るため、婦人教育指導や一般婦人に、婦人教育に関する各種の研修、交流、情報提供等を行う広域的な婦人教育施設」であることとされた。建物面積は、二〇〇〇平方メートル以上であることと規定されている。同種の施設としてあげられている博物館が六六〇平方メートル、宿泊目的の青年の家が一〇〇〇平方メートル以上とされているのに比し、婦人教育施設はその数倍大型の施設が構想されている。また、建物には、他の公立社会教育施設にはない「情報資料室」「相談室」「託児室」などを設けることが明記されている（公立社会教育施設整備費補助金交付要綱 1976）。このため、全国の公立男女共同参画センターは、神奈川県女性総合センター、大阪府立ドーンセンター（当時は、大阪府立女性総合センター、現在は大阪府立男女共同参画・青少年センター）など大型施設が多く、充実した情報資料室を併設するのが一般的である。同交付要綱で示される公立婦人教育会館施設の多くは、共通する特徴や機能を持つ。

国立の女性教育会館であるヌエックは、「都道府県および市町村等に対して、援助、指導および助言を行うことによって、社会教育の機会の均等の実現と全国的水準の向上を図る」役割を持つ（文部科学大臣指示 2011）。このようにヌエックは、全国の男女共同参画担当課職員やセンター職員を集め、女性教育について指導や助言を行う施設として位置付けられている。

ヌエック設立の背景

では、ヌエックがつくられた背景を見てみよう。文部省がまとめた『学制百二十年史』によれば、高度経済成長が進み、社会構造や国民意識が急激に変化したことを背景に、一九七一年四月、社会教育審議会が「急激な社会構造の変化に対処する社会教育の在り方について」という答申を出し、「社会教育施設の整備」に取り組んだという。答申が示す社会教育の方向性には、（1）国民生活の多様な機会と場所における学習を総称する、（2）家庭教育、学校教育、社会教育の分担により生涯教育の体系化をはかること、があり、その他に、「（3）人間性の回復と生きがいを目指す学習内容を重視するとともに、社会教育に関する団体活動、地域活動、あるいはボランティア活動を促進するなど、内容・方法の多様化、高度化を図ること」、という方向が示されている（文部省 1992a）。

当時は高度成長期で右肩上がりの好景気が続き、「モーレツ社員」という言葉が流行語になり、成人男性は長時間勤務を強いられていた。このため答申は家庭生活を「人間性の回復の場」とみなし、家庭に「家族の精神安定と明日への活動の源泉となる機能」を期待すると述べる。そして、婦人教育としては、(1)(夫や子どもの精神安定を図る)家庭管理や「かしこい消費者」になるための主婦の学習を拡充する、(2)地域における連帯意識の形成のため、ボランティア活動の展開が期待される、(3)家庭婦人の就労について、職業選択の向上のための機会が準備され、専門指導者の設置養成が望まれる、とする。社会情勢の変化に鑑み、婦人のための「学習の場を準備するとともに、専門指導者の設置要請が望まれる」という結論であった。

これを決めた審議会メンバーは、会長の柴沼直東京家政学院大学理事長以下、二二名全員が男性である。このメンバーが、性別役割分業観に基づいた答申によって、「主婦」や「家庭婦人」を対象に、家庭管理や消費者教育を学ぶ場とするほか、女性が地域の連帯に与するようにボランティア意識を醸成する場としてヌエックは設立された。

なお、青少年教育施設については、既に公立/国立青年の家ならびに、公立/国立少年自然の家の整備が次々に進められていた。そこで婦人教育施設としては、「(昭和)五十年代に入り、社会の進展、生活の変化などによる婦人の学習活動の高まりにこたえ、婦人教育の総合センターとして国立婦人教育会館が埼玉県嵐山町に新しく設置された」(文部省 1992b)。このためヌエックは、少年自然の家にならい、自然豊かな環境に、テニスコート五面、体育館、屋内温水プール、草原運動場、日本庭園に茶屋に宿泊棟三棟という東京ドーム三個分の広さ(一四万㎡)となった。

初代館長の縫田曄子も、会館の設立は社会教育審議会による当該の答申を受けたものだと次のように述べている。

当時、国立の社会教育施設として「青年の家」がすでに全国に約一〇カ所ありましたが、女性のための施設は一つもなかったので、文部省はこの答申を受け、検討することになり、七一年に婦人会館調査費として約五〇〇〇万円を予算に計上したのです（縫田 1999: 178-179）。

「青年の家」があるのに「婦人の家」がないという発想は、女子どもは教育する対象という考えを顕著に示している。一九七七年に設立されたことから、国際婦人年にちなんだ男女平等教育のための施設と思っている者も多いかもしれない。実際、国立女性教育会館の在り方に関する検討会第五回（二〇一二年六月二九日）でも、「ヌエック創設の経緯」として「国連が『国際婦人年』と定めた昭和五〇年（一九七五年）に着工」「『女性の地位向上』という当時の国連方針に呼応した日本政府のシンボリックな事業の一つ」などとその経緯を国際婦人年と絡めて説明している（国立女性教育会館の在り方に関する検討会 2012f）。だが、既に述べたように、この施設は、高度経済成長により潤沢になった国家財政を背景に、文部省所管の社会教育施設を青少年にとどまらず、「婦人」へと拡張するために構想されたものであった。(13)

4　婦人教育・女性教育

戦前・戦後の「婦人教育」の流れ

戦前は、文部省が「大日本連合婦人会」を、「婦徳の涵養」や「醇風美俗の維持」「奉仕」などの

「婦人教育」を通じて国家主義体制に協力させてきた（香川 1981: 155）。戦後、「婦人教育」は国家主義体制を支えてきたとして、ＧＨＱにより一旦否定された。だが、次第に「遅れた婦人の意識を変革することと」が急務であるという認識により、一九四九年施行の社会教育法にもとづいて婦人講座や母親学級が復活し、家庭管理や生活技術の取得といった婦人学級のプログラムが婦人教育の中心的内容となっていった（香川 1981: 155-156）。

さらに、戦後の「婦人教育」は、一九五〇年代半ば以降、「新生活運動」という生活改善運動を主なテーマとして「国体護持以来の戦後官製婦人教育の再確認」がなされることになる。これにより、婦人会を中心とする既婚女性を対象とする官製婦人教育が、時代の要請に応じ、内容を多少ずらしつつ戦前来の伝統として復活することになっていった（藤岡 1971: 11-389）。

この時期には、女性教育が女性による主体的な学習ではなく、文部省という公権力による行政作用の一環として行われるという要素が強かった。これは、制定一〇年後の一九五九年に行われた社会教育法の大幅な改正による社会教育政策の転換が影響していた（碓井 1971: 3-31; 藤田 1971: 133-215）。一九五〇年代半ば以降、青年・女性らの間でうたごえ運動や生活記録運動が全国いたるところで行われるなど、社会的発言を強める行動をとる動きが目立った。こうした動きが、「公権力にとって好ましいものではなかった」（藤田 1971: 187）ために、文部省は社会教育団体に対して政治活動を禁止するさまざまな干渉を行うとともに、社会教育主事の設置や社会教育団体への補助金支出などを通じて、行政の権限を強める方向での法改正に向かっていった。こうした行政の動きについては、官僚統制を招く恐れがあるとして、多くの団体が反対に動いた。女性団体も、市川房枝、田中寿美子、丸岡秀子らが発起人となり、精力的に反対運動を展開している（藤田 1971: 133–215）。

こうしたことを背景に、文部省は、一九六〇年代頃以降の高度経済成長により社会構造が変化する中で、女性がライフサイクルの変化により、地域における中心的な存在となっているとし、「これらの婦人は、地域における連帯意識を形成していく重要な役割を果たすものとして、今後さらに、ボランティア活動の展開等が期待され、その活動を充実するための拠点としての施設の設置、整備がのぞまれる」と、新たな「女性教育」とその拠点施設の整備が課題とされていく（社会教育審議会 1970）。

文部省は、このように社会教育行政の権限強化を図っていった。婦人教育の領域では、都市化が進む中、地域婦人会やＰＴＡなど従来の地縁団体との関係を主とする団体主義が限界を迎えており、文部省は、新たな国立施設を設置し、指導者教育やボランティア教育などを行うことで都市女性層を行政施策に巻き込もうとした。これは、三節で述べた、一九七八年からの公立婦人教育会館が補助金の対象となったことがきっかけであった。なお、一九五六年から市町村に婦人学級の開設が委嘱されていたが、七六年からは「婦人ボランティア活動促進事業」に対しても国庫補助が開始され、婦人ボランティア育成講座が行われるようになっている（俵谷 1981: 21–47）。ヌエックが主婦にボランティア活動を奨励する施設として設立されたことのなごりは、「新聞記事クリッピング（切り抜き）」などのボランティア活動に見られる。

一九八〇年代以降、全国の地方自治体が女性／男女共同参画センターを建設する際にも、こうした文部省の社会教育方針が踏襲され、家庭の主婦のボランティア活動を奨励するといった方向性は全国の男女共同参画センターにも浸透していくことになった。文部省は、婦人会などを対象とした団体主義から新たな女性層を対象にリーダー教育を施そうと箱モノ設置主義へと社会教育政策を転換していった。センターの事業内容がシンポジウム等の開催ならびに、啓発講座の実施などの意識啓発事業がもっぱらであるのも、こうした国の方針に沿ったものといえよう。

「女性教育」とは何か

政治学者の松下圭一は、かつて「国民主権は個々の国民の市民としての成熟を条件としている。成熟した市民は『オシエ・ソダテル』対象ではありえない」と述べ、社会教育行政の存在意義はすでに終わっていると主張した（松下 1986: 4）。

しかし、国立女性教育会館という名前が示すように、ヌエックの設立目的は「女性に対する教育」であった。しかし、男性を集めて「男性に対する教育」を行う国立の施設は存在しない。一体、国家は、何のために女性を特別に対象とし、「教育」、すなわち、「オシエ・ソダテル」のだろうか。

ところで、社会教育学の文献では、女性教育はもっぱら「婦人教育」として、「青少年教育」「成人教育」「高齢者教育」と並べられた歴史をもつ。教育学者の香川正弘は、「あらためて婦人だけを対象に一領域が形成されているのは、婦人のなかでもとくに既婚者、すなわち主婦のもつ家庭管理者としての役割が着目されたため」と記す。さらに、「この考えの前提となっているのは、『男は職業、女は家庭』という伝統的な男女の役割分業観であったろう」とみなす（香川 1981: 154-155）。

東京都国立市の公民館職員として社会教育を担当してきた伊藤雅子も、かつて「成人教育」とは別個に「婦人教育」なる概念が存在してきたという。伊藤は、「女は男より劣るものであるから婦人に対する特別の教育が必要と見られ、さらに国家や男社会に都合のよい存在であるよう女を教育する必要があってのこと」だったとその理由を説明する。さらに、婦人教育とは、「とくに主婦一般を啓蒙の対象とみなし、旧来の性別役割分業を前提にして女を教育しようとするものであった」（伊藤 1993: 17）という。こうした「婦人教育」に疑問を感じた伊藤は、公民館などにおいて成人教育とは別個に「婦人教育」が存在する意味があるのは、「唯一女性問題の視点、すなわち女自身が主体となって女性差別を克服・解決していく力量を養うことをめざす視点に立った学習であるときだけだ」（伊藤 1993: 15）と考えるに至り、国立市公民館において「女性問題学習」を実践してきた。

一方、ヌエックは「女性教育」をどのように定義しているだろうか。ヌエックの目的や機能を規定している独立行政法人国立女性教育会館法（以下、会館法と略す）は、本来「女性教育」自体の定義を示すべきだが、それはどこにも示されていない（独立行政法人国立女性教育会館法 1999）。

だが、ヌエックが独立行政法人有識者会議の際に提出した資料には、「女性教育」の定義が記されていた。そこでは、女性教育とは「女性がその資質・能力の向上等を図り、自らの意思によって社会のあらゆる活動に参画するための力をつけるとともに、男女双方に対し男女平等意識の涵養や女性問題解決に資する教育を進めるための教育活動」と記載されていた（内閣官房行政改革推進事務局 2004）。この定義は、（1）女性教育とは女性が力をつけること、（2）男女ともに男女平等意識を涵養すること、としている。しかしこれは、裏を返せば、女性には社会参画する力がないという認識を示している。

ヌエックの女性教育の対象

一方、会館の目的として、前述の会館法は、第三条で「女性教育指導者その他の女性教育関係者に対する研修、女性教育に関する専門的な調査及び研究等を行うことにより、女性教育の振興を図り、もって男女共同参画社会の形成の促進に資すること」としている。この法律をみる限り、館の存在目的は第一義的に「女性教育の振興を図る」ことであり、「男女共同参画社会の形成に資すること」は、二義的なものとして添えられている。

ヌエックの業務範囲を規定する第一一条では、第一項で「女性教育指導者等に対する研修のための施設を設置すること」であるとする。[14] 第二項で、「会館は、前項の業務のほか、同項の業務の遂行に支障のない範囲内で、同項第一号の施設を一般の利用に供することができる」としている。そして、第一項から「指導」という用語を用いており、「シドウ＝教え、導く」という立場が示唆されている。国の事業仕分けに、民と官、地方と国の役割分担を見直すという大きな視点も組み込まれていたのは、国が指導をするという体制に見直しをかけるためであっただろう。国民を「オシエ・ソダテル・ミチビク」という官僚トップダウンによるシステムは、女性の主体的な学習の奨励とは真逆のものである。

ヌエックが文部科学省から示されている事業目標は、第一に、基幹的な女性教育指導者等の資質、能力の向上であり、第二に、男女共同参画・女性教育・家庭教育に関する喫緊の課題に関する学習プログラム等の開発・普及である（文部科学大臣指示 2011）。つまり、ヌエックの第一義的な役割は、全国各地の男女共同参画に携わる地方公共団体等の指導者に対する研修を行うこと、そして女性教育や家庭教育の普及を図ることとされている。このような規定に則して、ヌエックは、行政職員等を対象とした学習プログラムを実施している。(15) ヌエックは、このように基本的には女性教育を施す「指導者」を育成する施設として定義づけられている。

官僚の語りと当時の女性運動

ヌエック生みの親ともいえる当時の文部官僚・志熊敦子（志熊については五節で後述）と有馬真喜子・財団法人横浜市女性協会理事長（横浜女性フォーラム、フォーラムよこはま館長を兼任。当時）と中村紀伊・主婦会館館長ならびに主婦連合会会長（当時）の一九九五年に行われた対談は、ヌエック設立に込めた官僚の狙いを浮き彫りにしている。ここで有馬は、公立女性会館の館長という立場から、私立女性会館館長を長年務めた中村紀伊と公立女性会館生みの親ともいえる文部官僚・志熊敦子による対談の司会をしている。

有馬：志熊さんは、あの時になんで国立の婦人教育会館をつくろうとお思いになったんですか。当時の課長でいらっしゃったでしょう。

志熊：行政的な観点でいきますと、社会教育行政の施設としては、公民館、博物館、図書館、それに対象別の施設ですね、青少年施設とか、少年の家とか青年の家とかになります。したがって社会教育施設の整備という形では、婦人が抜けていたのです。だけど、社会教育といっても、実態としては女性の学習で支えられているんです。これだけ広範な女性の学習の実態があって、その拠点がないというのは、施設の体系的な整備という観点からするとおかしいと。それで国立を建てようというのが一つの理由です。
有馬：お役所向けの話ですね（笑）。予算獲得向けのね。
志熊：もう一つは、中村さんの婦人会館の動きを見てきて、この変動社会の中で、地婦連が弱体になる、女性が消えていくという危機意識がありました。戦後、地婦連は教育委員会と密接につながって、二人三脚で婦人教育をやってきましたが、地婦連自体も、婦人学級当たりをピークとして、だんだん学習に対応できなくなってきた、学習活動のある種の終焉といいますが、団体活動の限界というものが、国際婦人年あたりから見えてきていたんですね。団体が衰弱すると、もう女性の姿が見えなくなってしまうわけです。ですから、非常に抽象的ないい方ですけれど、施設活動で女性が顕在化してほしいというのが、私の心情的な願いでした。初期は、それこそ団体活動のために施設ができたわけですが、今度は団体活動が下降していくなかで何とか施設づくりでそれを顕在化させたいと（中村・志熊・有馬 1995: 39–40）。

志熊がそれまで足を向けることのなかった全国婦人会館協議会にも一九七二年から急に顔を出すようになったと、この対談の中で中村紀伊は述べている（中村・志熊・有馬 1995）。全国婦人会館協議会（六節で後述）は、当時、主婦会館や婦選会館など民間の婦人会館の集りであり、中村によれば、文部省はそれまで民間の「施設には冷たかった」（中村・志熊・有馬 1995: 40）という。しかし、国立婦人教育会館の実現には、「女性たち自らの主体的な意思による施設づくりが決め手になる」と考えた志態は、今までの消極的なスタンスを変え、大学婦人協会など知り合いのいる女性団体に積極的に近づいていったという。

だが、官僚が接触していた婦人団体は一部の大規模婦人団体に限定されていた。例えば、ヌエック初代館長の縫田曄子によれば、女性運動の旗手として人気が高く、婦人運動のリーダーの一人でもあった市川房枝参議院議員は、設立当時にヌエックへの嫌悪感を示していたという。一九七七年四月末、ヌエック館長就任を打診された縫田は、まず市川に相談した。すると市川は、言下に反対し、「あんたは自民党のお先棒を担ぐような仕事をしたいのか」と不愉快な顔をしたという。後日、就任するかしないかを決めるのは自由だとその矛先を治めた市川だが、「あんまり長くあんなところに勤めないでほしい」という自身の思いを添えた（縫田 1999: 181）。

また、ヌエックの構想が温められていた七〇年代は、ウーマンリブ運動の盛んな時期と重なっている。にもかかわらず、例えば「国際婦人年をきっかけとして行動を起こす女たちの会」（以下、「行動する会」と略す）の七七年一〇月時ニュースレターには、「文部省がそんなものを建築中とは少しも知らなかった」という会員の記事が載っている（国際婦人年をきっかけとして行動を起こす女たちの会 1997）。行動する会は当時、行政に対する要望、要求も含め、活発な運動をしていた。しかし、その行動する会も、このような施設を要求してはいない。というのも、リブ運動家たちは、安保反対や全共闘運動などを背景とする人が多く、国家体制への批判の姿勢を強くもっていた。そのため、リブ運動に、国をはじめとする行政に自分たちの活動場所を提供させるという発想はもとよりなかった。行政の権力作用に敏感であったために、国が民間の女性や女性団体を教育・管理するという発想に基づく国立の婦人教育会館そのものに反対の意見をもつリブ運動家は少なくなかった。

5　運営体制

官僚が果たしてきた役割

ヌエックが仕分けの対象となったのは、市民感覚とかけ離れた高額の役員報酬や、官僚の天下り体質などの財政・運営的な課題からだった。事実、ヌエックは、文科省官僚の天下り先となってきたし、現在も官僚の出向先となっている(16)。

ヌエックの初代館長・縫田曄子(17)（一九七七〜八二年）、二代館長・志熊敦子（一九八二〜八七年）、三代館長前田瑞枝（一九八七〜九五年）、四代館長・大野曜《てるこ》（一九九五〜二〇〇四年）までは、縫田が東京都の管理職から、それ以外は文科省官僚からの天下りである(18)。しかも、在任期間は、当初五年であったのが次第に長くなり、大野は九年という長期の在位だった。会館法によれば、任期は四年となっているが、再任については規定していないため、最高九年と在職期間が長い。

その後の神田道子前理事長（二〇〇四〜一一年）、内海房子現理事長（二〇一一年〜現在）は民間からの転身である。事業仕分けの際も、館長の神田が官僚でも元官僚でもなかったことで、ヌエックの天下り体制はさほど問題になることもなかった。事業仕分け後間もない二〇一一年七月、神田は二〇一三年までの予定任期九年を全うせずに退任。新理事長、内海房子が就任した。

ヌエックには、理事長の他に事務局長を兼任する理事職があり、文部官僚の出向先となっている。

平成二一年度財務諸表によれば、役員報酬は理事長に一四一一万円、文科省から出向している理事に一二五六万円支払われている(19)。

さらに疑問なのが、施設維持費（二億二三五八万円）、人件費（二億五四三六万円）、一般管理費（一億八一一万円）で予算の大半を占め、事業費がわずか六〇一五万円とヌエック財政総額の一割にも満たないことである（ヌエックの在り方に関する検討会 2012d）。さらに、事業が大幅に外部委託されている。平成二一年度をみると、高額の役員・職員給与が支払われているにもかかわらず、一億五千七百万円に上る業務委託費が別途支払われている。事業委託費の内訳をみると、研修事業が一億四千万円と飛び抜けて多い。

ヌエックは「研修、調査研究、情報、交流の四つの機能を有機的に連携させることにより、女性教育の振興を図り、もって男女共同参画社会の形成を促進」を掲げ、研修を事業の柱としている。しかしながら、この業務委託費の支出は、その看板である研修事業の三分の一以上が外部業者に丸投げされていることを示している。財団の支出は、八九・九％が国の財政からの支出である。役員と職員の報酬総額に二億三千万を支出しておきながら、メイン事業である研修の大半を外部に委託しているのは税金の不合理な使い方であるという批判を免れないだろう。

女性学・ジェンダー学者などのヌエックへの関わり

ヌエックの見直しの動きがあるとそれを押しとどめるための呼びかけを発するのは、元官僚や男女共同参画センター、婦人団体関係者などに加え、男女共同参画行政に長年関わってきた女性学・ジェンダー学者が多い。そこで、改めてヌエックと女性学・ジェンダー学者などとの関わりについて考察してみよう。

二〇一二年八月現在のヌエックの理事会幹事や運営委員、外部評価委員の顔ぶれをみると、小山内世喜子（青森県男女共同参画センター副館長／全国女性会館協議会常任理事）などの男女共同参画センター関係者や中畦《なかあぜ》都舎子《つやこ》（全国地域婦人団体連絡協議会顧問、以下「地婦連」とする）、山口みつ子（国際婦人年連絡会世話人）などの婦人団体代表らに加え、広岡守穂（中央大学教授）、竹信三恵子（和光大学教授）、矢澤澄子（元東京女子大教授）、天野正子（お茶の水女子大学名誉教授）などの女性学・ジェンダー学者らが今まで同様につとめている。

また、ヌエックを主研究機関とする科研費助成事業やヌエック開催国際シンポジウム等にも、女性学・ジェンダー学者らが深く関わってきた。例えば二〇〇五～〇六年度、当時ヌエック理事長の神田道子を代表者とする「アジア太平洋地域の人身取引問題と日本の国際貢献——エンパワーメントの視点から」という総額一四九〇万円の事業には、伊藤公雄、大沢真理、橋本ヒロ子、原ひろ子、坂東真理子が研究分担者として参加した。さらに〇八年～一〇年度にも、ヌエック研究員中野洋恵を代表者とする総額一八八五万円の「人間の安全保障と人身取引——エンパワーメント視点からのアプローチ」に、伊藤、大沢らが参加（科学研究費助成事業データベース）。これらの事業に関連する国際シンポジウムも二度ヌエックで開催されており、伊藤、橋本、坂東、大沢、原、大野曜らが登壇している（国立女性教育会館サイト）。

事業仕分けの後も、二〇〇九年一二月、民主党議員との「新政権との男女共同参画対話集会」や、文科省に学者らがヌエック存続の要望書を出すなどの運動が行われてきている。堂本暁子のほか、原ひろ子、都河《つがわ》明子、船橋邦子といった学者らが呼びかけた民主党議員との対話集会では、ヌエックを国立の組織に戻すべき、利用率や収益を上げることを求められるのは無理を生む、などといった意見が出たという（荒川 2009）。

また、堂本暁子や中畔都舍子地婦連会長（当時）に加え、原ひろ子、都河明子、江尻美穂子といった学者が出席した鳩山首相（当時）への要請では、ヌエックは「地方のリーダーを養成し、拠点となってきている。男女共同参画に取り組む地方の女性にとっては、ヌエックに行くことが誇りですらある」など、今後もヌエックを充実させていくべきだと訴えた（全国地域婦人団体連絡協議会 2010）。それに対し鳩山首相は「ヌエックの役割を見せていただいて極力何とかしたい」と答えた（円《まどか》 2009）。こうして翌二〇一〇年一月、ヌエックの通常予算は、五億九千万円とほぼ全額の復活を果たした。

さらに、二〇一二年四月より「独立行政法人の制度及び組織の見直しの基本方針」（平成二四年一月閣議決定）を受け、ヌエックの機能、あり方及び効率化等について検討する「国立女性教育会館の在り方に関する検討会」（以下「ヌエック検討会」とする）が設置された。その委員は堂本暁子、坂東真理子、樋口恵子、大日向雅美、山田昌弘といった元政治家、元官僚、学者に加え、柏木はるみ（三重県男女共同参画センター所長）、柿沼トミ子（地婦連理事）ら男女共同参画センター事業を推し進める側に立ってきた関係者が大半を占めている。ヌエックの事業に深く関わり、ヌエックの幹事や委員、ヌエック検討会の委員を歴任してきた、樋口恵子、原ひろ子、広岡守穂、山口みつ子、山田昌弘などは、国の男女共同参画審議会（一九九四年～二〇〇〇年）や男女共同参画会議（二〇〇一年～現在）の委員をつとめ、さらに坂東真理子は元内閣府男女共同参画局長であるなど、国の男女共同参画にも深く関わってきた。

「女性運動」の要請という新たな語り

ここまで述べてきたように、七〇年代、国策により官僚が中心となりヌエックを設立する過程があった一方、当の女性運動に関しては、官僚が接触を図った一部の団体を除いて、ウーマンリブ運動や当時の女性運動のリーダーだった市川房枝も決して積極的には関わっていなかった。

しかしながら、ヌエック存続を求める運動側が、その理由として挙げるのは、(1)我が国唯一の女性教育のナショナルセンターであること、(2)日本の男女共同参画は先進国では遅れており、国が取り組むべきであること、(3)全国の女性運動が国に要望してできた施設であるということ、の三点である(男女共同参画をすすめるための緊急対話 2011; シャキット富山 35 2011; 新日本婦人の会 2011)[20]。

三項目めが示すように、「ヌエックの危機」が叫ばれる際にしばしば持ち出されるのが、ヌエックは全国の女性たちが活動の拠点を要望した結果できたもので、女性運動が生みだした施設という言説である。

例えば「国立女性教育会館は、三四年前に、全国各地で地域活動等に取り組む女性たちが、孤立しがちなそれぞれの活動をさらに発展させ、世界的に見てきわめて遅れている日本の男女共同参画の状況を前進させていくための拠点が必要との強い要望・想いを受け、構想段階から女性たちが積極的に関わって作られたものです」(男女共同参画をすすめるための緊急対話 2011)などと主張されている[21]。

さらに、二〇一二年度から始まったヌエック検討会の第一回でも、事務局側の湯澤女性政策調査官が【資料5-1】を示しつつ、ヌエックは「全国の女性団体等からの強い要望を受け、女性の自発的な学習を促進するための国立施設として昭和五二年に設立されました」と説明している（国立女性教育会館の在り方に関する検討会 2012b）。ヌエックは女性団体が国に要望した結果できた施設というこの説は、行政刷新会議の議論の際に提出された文部科学省資料でも用いられている（内閣府行政刷新会議 2011）。

こうしたヌエックが女性運動のリーダーによる要請の結果できた女性運動の活動拠点であるという言説は、同時に、「全国各地の女性たちと共に富山からも多くが集い、宿泊や研修、夜の交流などで活力を得、男女共同参画の地域リーダーとして成長してきています」（シャキット富山 35 2011）などと、ヌエックに行く地域の活動家たちこそが「地域のリーダー」であることを正統化する言説としても機能している。

だが、当時の文部官僚の語りを追うと、事実は「女性たちが要請」したわけではなく、新たに建物を建てて、そこでの事業で女性や女性団体を組織化し、傘下に置こうとしていたことが明らかだ。ヌエックは、行政の息のかかった地域婦人会などが弱体化してきたため、別途、新たに教育する女性たちを集めなくてはと考えた文部省によって、新たに教育施設として設立されたものだった。

6　ヌエックと全国女性会館協議会

事業仕分けの際に「国よりも地方が進んでいる。（もはや）国の（地方に対する）先導的役割もない」という評価が下った（内閣府行政刷新会議 2011）。ヌエックの県や市町村の職員や男女共同参画センターの指導者の研修の国の教育施設という機能に疑問符がついたのだ。

さらに、全国の女性関連施設（女性会館、女性／男女共同参画センター等）をネットワークし、自治体・センター職員への教育を施す団体としては、ＮＰＯ法人全国女性会館協議会[22]も存在する。同様の目的をもつ団体は、一つではなく、二つあるということになる。

女性会館協議会は、「不良マッチの追放」で名を馳せた主婦連の創立者・奥むめおが全国の婦人団体の拠点になる施設の設置を呼びかけたことに始まる民間の組織として、一九六一年に設立された。そもそも、婦人会館というもの自体が、戦前は女性たちが自力でお金を募り活動拠点としてつくってきたものであった。しかし、一九七七年のヌエックの創設を機に、公設公営の女性／男女共同参画センターが全国各地にでき、全国協議会にも官製センターの参加が増えていった。戦前の女性教育のねらいであった「婦徳の涵養」は、戦後「一般女性の実力の向上」となり、二〇〇一年には、「男女共同参画社会の形成」へと変遷した[23]。

全国協議会は、その定款第三条において、「全国の女性関連施設（男女共同参画センター、女性センター、女性会館等をいう）に関する研修事業、情報事業等を実施し、女性関連施設の事業及び管理運営の充実発展を図る」と謳っている（全国女性会館協議会定款）。

ヌエックの目的も「女性教育指導者その他の女性教育関係者に対する研修、女性教育に関する専門的な調査及び研究等を行うことにより、女性教育の振興を図り、もって男女共同参画社会の形成の促進に資すること」と規定されている（独立行政法人国立女性教育会館法1999）。このように、全国協議会とヌエックの存在目的は、大きく変わることはない。

では、全国協議会は誰が運営しているのだろうか。「民間自力」を原点とした同協議会であるが、二〇〇六年からは、元文部官僚で元ヌエック館長の大野曜が理事長に就任した。[24] そして、マイクロソフト社など民間の助成を獲得し、地方の男女共同参画センターとネットワークを組み、ヌエック方式の事業を展開中である。全国協議会はまた、全国各地の会員館を持ち回りで会場とする全国大会を年に一回開催している。大野は、全国協議会を新たに支援ネットワーク組織へと改組するに当たりまとめ役として力を尽くし、二〇一一年六月まで約五年間、全国協議会の理事長の座に就いた。そして同年七月、桜井陽子に役を譲り渡した。全国協議会は、二〇一二年現在も、マイクロソフト社の助成を活用し、財政的に厳しい全国の男女共同参画センターの財源を支えている。二〇一一年六月現在、同協議会の正会員施設は、全国の男女共同参画センターのうち八七カ所に上っている（全国女性会館協議会2011）。

全国協議会は、一九九七年以来、文科省の委託事業を継続して受託するなど実績をあげている。さらに、同会は、「女性関連施設・地方公共団体・団体リーダーのための男女共同参画推進研修」（二〇〇六年～一二年現在）をはじめヌエックとの共催事業を行っており、「女性関連施設における事業評価に関する調査」（二〇〇七年度）などヌエックからの委託事業をも実施している。とりわけ、ヌエックとの共催事業「女性関連施設・団体リーダーのための男女共同参画推進研修」のうち「女性関連施設管理職コース」では、「地域の男女共同参画を積極的に推進するリーダーとして必要な専門的知識、マネージメント能力、ネットワークの活用等、高度で専門的な研修」を全国協議会が担当している（全国女性会館協議会女性関連施設管理職研修事業）。このように、NPO法人である全国協議会に、ヌエックは主たる事業であるはずの「女性リーダー教育」事業を委託している現状である。

それにもかかわらず、文科省やヌエック存続運動は、ヌエックを「わが国唯一の女性教育に関するナショナルセンター」と呼び、その意義を強調し続けている[25]。文科省のヌエック検討会担当者に筆者が問い合わせたところ、ヌエックが打ち出す「ナショナルセンター」は「国立のセンター」という意味であるという[26]。だが、ヌエックも現在は独立行政法人となっている。一連のヌエック存続の議論の中で、あいまいな「ナショナルセンター」という単語が定義されないままに使われ、官僚や男女共同参画政策関係者が過度の意味付けを持たせているようにも見える。

二〇一一年一〇月二八〜二九日、富山県民共生センターサンフォルテを会場に第五五回全国女性会館協議会大会が開催され、全国の男女共同参画センター職員など二〇〇人程が参加した（全国女性会館協議会第55回全国大会実施報告書）。私はこの大会に参加したが、その際に実施されていたのは、基調講演「サービス・人気日本一の旅館、加賀屋のおもてなしの心」、公開講座「災害と男女共同参画センター」、それに「企業における女性活躍推進の支援」、「男女共同参画推進活動の広がり」などの分科会だった。この事業内容にも、ヌエックで行われている同種の事業と比較して、明確な違いを見いだすことはできなかった。全体会や分科会では、ヌエックが行政法人改革の対象とされていることに対して、大野全国協議会理事らが、全国のセンター職員を前に、地元の国会議員に要望書を出すよう呼びかけていた。

二〇〇四年頃のヌエックの廃止・縮小という危機以来、元官僚や官僚出身の学者が中心になって全国女性会館協議会の「第二のヌエック」化を準備し、ヌエックを下支えしている。近年、自治体財政が厳しくなり、センターの運営を指定管理制度へと変更する場合が多くなっているため、民間の資金を導入し、さらに文科省との連携にも手慣れた全国協議会のような中間支援組織の存在は貴重ではあるだろう。

反面、事業仕分けの目的が天下り官僚に税金を投入するシステムを見直すことであったにもかかわらず、官僚は、ヌエックが廃止された場合に備えて、全国協議会の運営を行い、現在のヌエックのネットワークや利得を活かせる天下り先の確保に動いている、と筆者に語った男女共同参画センター職員もいた。かつ全国協議会を支えた層は高齢化し運営が厳しくなっていた。そして、ここも青木玲子、米田禮子ら官僚出身者や広岡守穂ら女性学・ジェンダー学者が理事、監事として支えている。

ヌエック見直し論議の中で、ヌエックを「女性教育唯一のナショナルセンター」と呼ぶ声が高まっているが、ヌエックが独立行政法人であり、ヌエック機能と類似の機能を持つ全国女性会館協議会が存在する現在、そのキャッチフレーズには無理があるといえる。

7　箱モノ設置主義と意識啓発事業の限界

先述の志熊敦子は「今の女性施設を原点までさかのぼってみると、やはり『はじめに活動ありき』ですね。活動をさらに充実、前進させるために施設がある（中略）現在はむしろ、施設を建てて活動を作っていくというふうに、この一世紀のうちに逆転しています」（中村・志熊・有馬 1995: 30）と解説する。しかし、その箱モノ設置主義という方向に転換したのは他でもない志熊ら文部官僚であった。

戦後から七〇年代頃までは、女性運動においても権力を問う議論が見られたが、八〇年代以降、女性学・ジェンダー学が広がり始め、センターが建設されていく中で、行政との権力関係を問わない議論が主流になりはじめ、現在では箱モノ設置主義という行政施策のあり方を問う議論はほとんど見られない。税金の使途の妥当性、官と民の関係、国と地方の関係を見直すという視点から、ヌエックをはじめとする男女共同参画センターのあり方を再検討することが、改めて求められている。

ヌエックやセンターでの事業についても、課題は多い。依然、全国の男女共同参画センターでは「気づき」がメインの意識啓発事業が主流である。二〇一〇年一二月に閣議決定された第三次男女共同参画基本計画では、「地域における男女共同参画の推進」が謳われたものの、実際に行う取り組みとしては、「地方公共団体等か、地域住民等に対する固定的性別役割分担意識解消のための意識啓発等を行うに当たり、地域の課題解決等実践的活動を通じた取組を支援する」と男女共同参画政策の目的を「気づき」とする方向性は揺らぐことがない（男女共同参画局 2010）。

二〇一一年一〇月富山で開かれた全国協議会の全国大会における「男女共同参画推進活動の広がり」分科会で紹介された活動事例は、自治体の少子化対策予算を使って「男女の出会い・婚活」イベントを行うことであった。「結婚適齢期の子どもを持つ親の交流会」まで行う熱心な取り組みとして紹介されていた。

二〇一二年八月現在、ヌエック検討会が既に七回開催されている。(27) 第七回のヌエック検討会で示された「在り方に関する検討会報告書（案）」は、男女共同参画社会実現のためには「意識の変革」こそが重要であるという結論を出している。そして、「男女共同参画の意識の変革」のための教育・学習支援を行う「戦略的推進機関」の創設が求められるとする。「戦略的推進機関」の定義は提示されることがないままに、その名称が新たなキャッチフレーズとして打ち出されている。

その「戦略的推進機関」の機能とあり方として、「もっぱら女性から、男性もターゲットに」というスローガンが掲げられ、重点対象は男性の中でも管理職に絞り込むとする。さらに、「〝唯一のNational Center〟の視点に、〝Center of Centers〟の視点を加えて」と記され、多様な機関とのネットワークを活用し、「ハブ機能」を重視すると書かれている。だが、どこのセンターと連携し、センターの中心がどのような意味をもつのかが示されておらず、現在のヌエックの中央集権的傾向が一層増大する懸念がある。その一方で組織運営については、管理運営を民間に委託することや外部資金の獲得や寄付金の拡大などが検討されているにとどまる（国立女性教育会館の在り方に関する検討会 2012g）。

このように、二〇一二年八月現在、ヌエック検討会の公開情報をみる限り、「戦略的推進機関」という新たなキャッチフレーズ以外はそう大変わりしない方向性が示唆されている。ヌエックのあり方については、組織の目的や運営に関する根本的な議論がなされないまま、新たな機関への移行が示されている状況と思われる。

【註】

(1) 地方自治体の首長は地域住民の半数を占める女性有権者を意識し、地域女性団体と連携した政策をとる傾向が見られた。その際、国の補助事業とされていた女性／男女共同参画センターの設立は、首長が取り組みやすい政策の一つだった。このため、一九八〇-九〇年代頃は、首長や議会に宛ててセンター設立の要望を女性団体が出す流れができていた。ただし、ヌエックの設立に関しては、地方自治体の女性センターの設立とは、時代および政治的背景を異にしており、女性運動からの要望より先に官僚が動いた。この点は、五節で詳述する。

(2) ヌエックは英語名称 National Women's Education Center の頭文字を集めた呼称。

(3) 神田道子は、一九三五年東京都生まれ。東洋大学文学部教授、学長を経て、二〇〇四～一一年ヌエック理事長。

(4) 二〇一二年七月二五日現在、ヌエックのサイトのトップページの最上段に赤字などで強調してあげられているのは、文科省がヌエックの在り方に関する検討会を開催していることや、それに関連して、平野文部科学大臣、中川男女共同参画担当大臣などの視察が相次いでいることである。

(5) 平成二一年度財務諸表では、冷暖房設備等の老朽化改修工事に、一五億八千九百万円（契約期間：二〇〇九年七月一五日～一一年三月三一日）が計上。

(6) 二〇一二年一月二四日行政刷新会議・独立行政法人改革に関する分科会の最終報告によれば、「国立女性教育会館の機能、在り方及び効率化に関する抜本的な検討」を関係者等の参画を得て行い、平成二四年夏までに結論を得るとされている（内閣府行政刷新会議 2012）。

（7）毎回の配付資料はインターネット上で公開されている（国立女性教育会館の在り方に関する検討会 2012a〜2012g）。なお、議事録は二〇一二年四月一三日の第一回分しか公開されていない（国立女性教育会館の在り方に関する検討会2012a）。八月一〇日に最終回が開催され、報告書案がとりまとめられた（国立女性教育会館の在り方に関する検討会 2012g）。

（8）二〇一二年七月一九日の段階では、橋下市長は、中央館一館のみ存続を表明している。

（9）ヌエックは、「ジェンダーフリーの発信基地」（千葉 2004: 145）や、「フェミニズム真理教のサティアン」（野村 2005: 69）とも批判された。さらに、野村はフェミニストを「法律に守られながら税金を使って革命する左翼」であり「潤沢な資金を使って着々と日本転覆計画を進めつつある」とした（野村編 2005: 2-3）。

（10）二〇〇九年度にヌエックが全国のセンターを対象に実施した「男女共同参画センターの現状に関する調査」にも、利用者が固定している、予算が少ないという現状への不満があがる（国立女性教育会館 2009a）。だが、予算の使途や高コスト体質への振り返りは見られない。

（11）他にも、『女性センターで働く人たちは——女性（男女共同参画）センター非常勤職員労働実態調査』（ぐるーぷ・わいわい 2004）や『比べてみれば「私」のまちの女性センター』（WIN-L 組織開発研究会 2001）などの調査報告がある。だがいずれも、予算の多寡やその運用妥当性などにまで踏み込んだ検討はしていない。

（12）二〇一二年六月四日、文科省生涯学習政策局社会教育課に問い合わせたところ、この施設整備補助金事業は、一九五一年に公民館等を対象に開始されていたが、公立婦人教育会館を対象としたのが一九七八年であったという回答をメールで得た。また、一九九七年に、全国的な整備が進んでいること、地方分権推進委員会の勧告（一九九七年七月八日）などにより、地方公共団体の自主性・自立性を高める観点から補助金の整理合理化を図るなどの理由で廃止された、との回答も得られた。

（13）ヌエックと国際婦人年との関わりについて、志熊敦子は、「まあ婦人年がなかったら、規模にしても機能にしてもあそこまでにはならなかったかもしれません。そういう意味では、婦人年は確実に追い風になった」

と婦人年がヌエック設立に間接的な影響を与えたことは認めている（縫田 2002: 73）。

(14) 一九九九年制定の現行会館法は、その時点において館の設立から二〇年を経ていたが、その際にも業務範囲のトップに館の設立が据えられている。

(15) ヌエックが行っている事業のうち、情報事業については、五章も参照。情報事業は、初代館長縫田の肝いりで進められたこともあり、ヌエックの大きな柱となるばかりか、ヌエックをモデルとして全国の男女共同参画センターにも行き渡った。

(16) 二〇一二年現在、主な出向元は、文科省、東京大学、埼玉大学、千葉、埼玉県教育委員会である（国立女性教育会館の在り方に関する検討会 2012d）

(17) 縫田曄子は、一九二二年上海生まれ。ＮＨＫ解説委員を経て、東京都民生局長。一九七七‐八二年ヌエック初代館長。その後、市川房枝記念会理事長もつとめる。

(18) 館長と理事長という二つの名称があるのは、二〇〇一年四月より独立行政法人国立女性教育会館となって以降は、同館館長が同館運営員会の理事長をも務めることになったためである。

(19) 平成二二年度の財務諸表では、人件費の詳細は不掲載に変わっている。ただし役員二人の給与総額は前年度と大変わりしない（国立女性教育会館 2009b; 2010）。

(20) 男女共同参画が遅れている根拠として堂本暁子委員や、大日向雅美座長らが挙げているのが、世界経済フォーラムが算出する「ジェンダーギャップ指数」に基づく日本のランキング（一三五か国中九八位：二〇一一年）である（国立女性教育会館の在り方に関する検討会 2012c; 国立女性教育会館の在り方に関する検討会 2012f）。しかしながら、ごく一部の例だけを、「男女比」という基準のみに基づいて男女平等度を評価し、国ごとに格付けするというこの指数については、平均寿命の男女比と出生時の男女比など異質な指標を総合し単純に平均を出すという計算方式、何を指数に選ぶのかなどのウエイトづけ、計算根拠など多くの疑問が出されている（杉橋 2008; 伊藤 2009）。これは『男女平等の指標ではない』」、「マスメディアをはじめとして、批判的注釈なしにそのまま引用して使ってしまう傾向があり、あやしげな数字の一人歩き、そして世論誘導がますます強まってきている」という厳しい批判や、それゆえ『２０１０年人間開発報告書』からは、削除されるようになったことが、ヌエックが発行するニュースレターにも掲載されている（杉橋・伊藤 2011: 9–11）

(21) 同様のストーリーは、NWECを支援する全国ネット、シャキット富山35などにも見られる。

(22) 全国女性会館協議会は「全国の男女共同参画センター、女性センター、女性会館等に関する研修事業、情報事業等を実施し、女性関連施設の事業及び管理運営の充実・発展を図ることにより、男女共同参画社会の形成の促進に寄与」（全国女性会館協議会概要）することを目的としたNPO法人である。

(23) 「婦徳」とは、女性に求められる三従四徳の一つ。三従とは「在家従父、出嫁従夫、夫死従子」（結婚するまでは父親に従い、結婚後は夫に従い、夫が死んだら子供に従う）であり、四徳は、「婦徳、婦容、婦言、婦工」（女性らしい道徳、女性らしい容姿、女性らしい言葉遣い、料理や裁縫の技術）を指す。

(24) 大野曜は、一九六四年文部省入省。一九九五～二〇〇一年ヌエック館長、二〇〇一年独立行政法人化により〇四年までヌエック理事長。〇六年～一一年、NPO法人全国女性会館協会理事長もつとめる。大野はその後も会員として全国女性会館協議会に残り、活動に参加していくという（桜井陽子 2011）。実際、筆者が参加した二〇一一年の第五五回全国大会でも大野の活動は目を引いた。

(25) 「ナショナルセンター」は、「労働組合の全国中央組織」（小学館『デジタル大辞泉』）が一般的な意味である。

(26) 二〇一二年七月二四日、松尾祐樹生涯学習政策局男女共同参画学習課男女共同参画推進係の回答。さらに、翌七月二五日、田才貴大・男女共同参画推進係長は、今後はナショナルセンターに加え、「戦略的推進機関」という言葉を用いていくことを座長と話している、と筆者に電話で語った。

(27) ヌエック利用者の二三・三％が六〇歳以上（二〇一〇年）（国立女性教育会館の在り方に関する検討会 2012b）。また、ヌエックの在り方に関する意見提出者九二人のうち、五〇代以上が五〇人を占める（国立女性教育会館の在り方に関する検討会 2012e）。

第七章　フェミニズムとメディア、インターネット

山口智美・斉藤正美

九〇年代以降、全国の男女共同参画センターを舞台に「ジェンダー」や「ジェンダーフリー」をキーワードにした啓発事業が盛んに行われた。その頃に、「女性とメディア研究」が「ジェンダーとメディア研究」に名称を変え、行政施策の推進活動に乗りだした。さらに、フェミニズムの情報発信が、学者や政治家の主導のもとで中央集権化していった。

九〇年代中盤以降、インターネットが急速に広がった社会において、フェミニズム運動ではFAX通信やメーリングリストが徐々に使われ始めた。しかしそれは、双方向ではなく閉鎖的な一方向、地域からの発信ではなく中央からのトップダウンの回路を強化していくことにもつながった。一方でネット上でのフェミニズムの存在は、揶揄の対象となる場面のほうが目立ち、自らの発信は弱かった。反フェミニズムの保守系の動きとくらべ、フェミニズムのメディア利用は弱体化していたのだ。

〇〇年代、急速に情報弱者と化したフェミニズム。その背景をひもとく。

1　フェミニストのメディア活用の現在

一九九〇年代頃から、男女共同参画政策やその啓発活動などにおいて行政との連携が強まるにつれ、女性学・ジェンダー学者が、フェミニズム運動をリードすることが多くなった。ネット発信の分野においても、二〇〇九年に開設された「WAN（ウィメンズ・アクション・ネットワーク）」によるポータルサイト運営など、学者主導の動きはより目立ってきている。WANについては、その設立のきっかけとして、〇〇年代初め頃からの反フェミニズムの動きがあげられることが多い。実際、反フェミニズムの動きは、これまで各章で示したように、既存の各メディアに加え、インターネットメディアを連動させるメディア戦略を駆使して展開されてきた。それがこのWAN設立の理念に大きく影響しており、「バックラッシュ」への対抗として、という設立理由が掲げられた。

フェミニズム運動においては、北京会議当時はインターネット発信に関して一瞬の盛り上がりをみせたものの、その後の取り組みはなかなか進まなかった。当初、多くの女性学・ジェンダー学者は、ネット発信にはほとんど手を出さず、多メディアで広がりをみせていた「バックラッシュ」に対抗する手段としてさえ、〇〇年代半ば頃から書籍を刊行しただけだった（詳細は第一章参照）。遅まきながらネットを使って対応に着手した時も、効果的なメディア戦略を行なったとは言いがたい。さらに、本来強みだったはずのミニコミでの発信力も弱まり、多様なメディアを活用できていないという状況が浮き彫りとなった。

フェミニズムのこうしたメディア活用状況の背景には何があるのだろう。八〇年代以降のフェミニストによるメディア活用の歩みと、フェミニズム系メディア研究の流れを振り返り、課題を探っていく(1)。

2　女性学の書籍刊行と女性運動——一九八〇年代

女性学の台頭

一九七〇年代のウーマンリブ運動以来、フェミニズム運動は、女性の活動をからかい、矮小化し、周縁化するマスメディアへの批判を行いつつ、マスメディアを自らの活動を取りあげる媒体として利用するという、「二枚腰の戦略」を進めてきた(2)。さらに、チラシ、ミニコミなどの小さなメディアによる自主発信も重視してきた(3)。

リブ運動の流れが継続する一方で、七〇年代の終わり頃から女性学が台頭した。七七年、国立婦人教育会館（現在は国立女性教育会館と改称。略称ヌエック）がオープン。翌年七八年七月、ヌエックで国際女性学会（現在は、国際ジェンダー学会と改称）による国際女性学会東京会議が開催され、海外からの参加者も含め、一〇〇名以上の学者が集まった。

東京会議に参加した井上輝子は、この会議が契機となり、女性学の研究と成果が日本でも急速に広まったと述べる（井上 1987）(4)。そして七九年、渥美育子や冨士谷あつ子らの呼びかけで、日本女性学会も誕生した。初期の代表幹事は藤枝澪子と駒尺喜美（井上 1987）。日本女性学会は、リブとの線引きを強調した国際女性学会とは異なり、運動とのつながりをうちだした。さらに七七年には、関西で日本女性学研究会が、七八年には東京で女性学研究会が発足した。

これら四つの女性学会は、八〇年からヌエックを会場として行われるようになった「女性学講座」において、講義やシンポジウムを行うなど、行政との深い関わりを持ちはじめていく（井上 1987; 神田 1987）。この「女性学講座」は、「女性学・ジェンダー研究フォーラム」から「男女共同参画のための研究と実践の交流推進フォーラム」へと名を変え、現在も続いている。このように、日本の主要な女性学団体は、初期からヌエックなど行政と緊密な関係をつくりつつ、活動を行ってきた。

八〇年代以降の女性学は、主に書籍での発信に軸足を置き、数多くの書籍を出してきた。例えば本書の刊行元である勁草書房は、井上輝子（井上 1980）や東京の「女性学研究会」（女性学研究会編 1981; 1984-8）、上野千鶴子（上野 1982; 1985; 1986a; 1986b）、江原由美子（江原 1985; 1989）らによる著書など、一九八〇年代以降の学術系フェミニズムの書籍刊行において、群を抜いていた。これらの本を手がけたのは、編集者・町田民世子（二〇一一年一一月現在、ヌエック客員研究員）である。町田は、これまでの「女性もの」が「総じて単発の紹介が多く、系統だった方針が見られないこと。量が圧倒的に少なく、女性書という範疇が形成されていないこと」に加え、日本のものは「理論的な傾向が薄いこと」に不満を持ち、新しい問題提起として女性学書を出版したという（町田 1992: 172-178）。

九〇年代にはいると、岩波書店も、『日本のフェミニズム』アンソロジー（井上・上野・江原編 1994-1995）、『岩波女性学事典』（井上他編 2002）など、フェミニズム系書籍の出版への関わりを深めていった。こうして、女性学・ジェンダー学者らは、学術出版において着実に成果を積み上げていった。書籍の刊行は、フェミニストが大学で職を得ることを可能にするなど学術フェミニズムの制度化を進める一方、フェミニズムとは「勉強するもの」「啓発・啓蒙するもの」である専門知であり、市井の人には簡単にはわからないものと位置づけられる機能も果たしていった。

その一方で、九〇年の「笑っていいとも」への出演を皮切りとして、フェミニズムの主張を幅広い層に届けたいと、「ビートたけしのTVタックル」などテレビのバラエティ番組等に積極的に出演してきた女性学者・田嶋陽子の存在もあった。(5) さらに九〇年代後半には、タレントの遥洋子も、東京大学の上野千鶴子のゼミでフェミニズムを学んだことを契機にフェミニズム的な発言をバラエティ番組などで行うようになっていった（遥 2000）。そのほか、「アグネス論争」などで朝日新聞系メディアへの上野千鶴子や小倉千加子らの露出も増え、一部女性学者による主流メディアにおける発信が目立ってきたのも、八〇年代以降の展開であった。

女性運動のメディア批判

八〇年代のフェミニズム運動は、主にミニコミやパンフなどの自前メディアで発信しつつ、時にはマスコミを利用し、更にマスコミへの抗議行動も行うといった活動を続けていた。

メディア表現批判の運動グループも八〇年代半ばには、「月火水の会」、「コマーシャルの中の男女役割を問い直す会」などの団体が各地で活動していた。さらに、フェミニズム系のメディアとして『婦人民主新聞』（のちの『ふぇみん』）、『全国婦人新聞』（のちの『女性ニューズ』）、『婦人展望』（のちの『女性展望』）、『月刊女性情報』なども発行されていた。

七五年のラーメンCM「私作る人、ぼく食べる人」抗議で知られる「国際婦人年をきっかけとして行動を起こす女たちの会」（八六年、「行動する女たちの会」に改称。以下、行動する会）は、八七年、スポーツ紙、電車の中吊りポスターでの性差別的な内容などについて、メディアや広告会社、企業に対する抗議運動キャンペーンを開始し、「性の商品化」論争に火をつけた（行動する女たちの会・メディアグループ 1990）。さらにこの時期、大阪の堺市女性団体連絡協議会によるミス花博コンテストへの抗議活動を皮切りに、自治体がスポンサーとなったミスコンテストへの抗議運動が全国で広がっていった（堺市女性団体連絡協議会 1989; 三井 1992）。

一連の対メディア運動を「アンチ・ポルノ・キャンペーン」と銘打った行動する会であったが、当時の会の主力メンバーが、行政による表現規制を主張していなかった点は特記しておく必要があろう。一九九一年一二月に開催された「異議あり！「有害」コミック規制」集会に、行動する会は共催団体として名を連ねており、パネリストもつとめた会員の坂本ななえは、「私たちは性差別に反対するからこそ批判の自由を守るためこの集会に参加した」と述べている（坂本・長谷川・林 1991: 202）。

九〇年頃には、『女子高生コンクリート詰め殺人事件』（おんな通信社編 1990）が出版されるなど、報道における人権侵害や女性の扱いにも批判の目が向けられた。斉藤が所属した富山の「メディアの中の性差別を考える会」は、新聞に描かれる女性像と人権侵害について問う活動や出版を行っていた。だが、報道側から「表現の自由」にからんだ批判を受けたことをきっかけに、読者、記者らの意見、反響を加えて書籍の改訂版を出版した（メディアの中の性差別を考える会 1993）。意見の中には、日本では行政の規制が「ワイセツ」がからんだ形で行われてきたとし、規制を行う権力につけいるスキを与えないことが重要といったものがあった（松風 1993 266–269）。このように、一九九〇年頃のメディア表現批判のフェミニズム運動体の多くは、行政の表現規制の可能性を警戒していた。

「女性とメディア研究」の台頭

一九八〇年代後半頃から、「女性とメディア研究」が台頭してきた。女性とメディア研究は、「フェミニズム運動によるメディアの監視と批判を背景とし」（村松・ゴスマン 1998: 3）開始されたマスコミに関する女性学的研究のこととされ、井上輝子や村松泰子ら社会学者が中心だった(6)（井上 1992）。女性とメディア研究は、当初マスメディアの送り手に関心を集中させ、「女性がメディアの送り手としてわずかしかいない」ために、女性像が歪んでいるとした。それを解決するためにも「メディアの送り手に女性を増やすこと」（小玉 1992: 37; 他に井上 1992）が重要とされた。

一九八〇年代後半から九〇年前後にかけて、メディアの性差別的番組やＣＭへの抗議などが盛り上がったが、ドラマやニュースにおける女性の描かれ方を数量的に分析する内容分析が、女性とメディア研究の方法論として主流を占めていたため、運動側の関心と研究が次第にずれていった。そして内容分析を積み上げてもメディアの側が変わらないことから、市民を啓蒙することが重視されるようになった。市民にメディアを「クリティカルに読み解く能力」を啓蒙する「メディア・リテラシー」講座がもたれるようになっていった。また、メディア企業を敵に回すことなく「女性とメディアのいい関係」を作り出していくことも奨励された（村松 1999: 81–91）。

その一方で、テレビのバラエティ番組など広く一般人向けメディアに出演してフェミニズムの主張を世の中に届かせてきた元法政大学教授の田嶋陽子（元日本女性学会代表幹事）については、その影響も含めて、女性とメディア研究で取りあげられることはなく、フェミニズムが揶揄される原因となっているといった女性学・ジェンダー学者たちの批判さえ招いた。田嶋は筆者の聞き取りに対し、マスコミ出演に関しては女性学者たちからかなりの批判も受けてきたが、メディアに出てフェミニズムを語ることは「たった一人の運動だと思って」やってきたと語っている。

このように八〇年代後半からの女性とメディア研究は、マスメディアを積極的に利用した活動を評価しないままに、女性全体を一括りとして、マスメディア表象の被害者とみなす研究視点をとってきた。

3　「ジェンダーとメディア研究」と行政――一九九〇年代

「ジェンダー」の登場と研究者の行政施策への進出

九〇年代半ば以降になると、国や地方自治体による女性／男女共同参画センターの設立が進み、行政のパンフや冊子などが大量に出回るようになっていく。そして女性とメディア研究の研究者は、行政主導の啓発活動に進出し、同時に「ジェンダー」という言葉を研究や活動で前面に打ち出すようになっていった。この頃、女性とメディア研究は、「ジェンダーとメディア研究」と名前を改めていた。

その頃より、フェミニズム運動のメディア戦略は、従来からみるとかなり後退したものへと様変わりする。男女共同参画センターは、登録団体制度により部屋の貸料が半額になるなどの特典によって市民グループを巻き込んでいった。活動団体の多くは、行政の範疇を超えない、啓発事業に軸足を置いた無難な活動を志向するようになり、独自の主張や活動を展開するより、男女共同参画政策を推進する役割を自ら担っていくようになっていく。大同小異の内容であれば、行政発行の安価あるいは無料の立派なパンフが市民の発行するパンフやミニコミを席巻していくことにもなった。また、独自の活動をしなくなれば、パンフやミニコミを発行する必然性も乏しくなり、結果的にフェミニズム運動の発行物は減退していった。

九五年、北京世界女性会議に参加した女性とメディア研究者の井上輝子、加藤春恵子、小玉美意子、村松泰子らは、GCN（ジェンダーとコミュニケーション・ネットワーク）という「ジェンダー」を打ち出した研究会兼社会活動グループを結成した。当時大学院生だった斉藤と山口は、一九九六〜七年頃、GCNの研究会に参加するようになった。九〇年代半ば以降、井上、小玉、村松の他、国広陽子、諸橋泰樹らGCNに所属する学者が、政府や自治体の委員として「ジェンダーチェック」などの啓蒙パンフの作成や、表現規制に関するガイドライン作成に携わっていく。

例えば、総理府男女共同参画室（現・内閣府男女共同参画局）が取り組んだ「男女共同参画の視点からの公的機関の広報ガイドライン」の研究会は、村松泰子が座長を務め、諸橋、亀田温子のほか、山谷えり子（当時サンケイリビング新聞）らが関わった（諸橋 2002: 185）。さらに、地方自治体でもガイドラインに取り組む動きが広がり、神奈川県では金井淑子代表の下、諸橋が加わり、川崎市では国広陽子を代表とし諸橋が加わっている（諸橋 2002）。

「ジェンダーとメディア研究」では、個別具体的な問題点や実態を検証する実証的な研究よりも、理念的な議論による研究が中心となる傾向が次第に強まっていった(7)。その背景には、九〇年代半ば以降のジェンダー研究全般においても、「〇〇とジェンダー」と題された論文や書籍が量産されるとともに、社会事象や文化をジェンダーの視点からのみ読み解くことに終始するようなジェンダー研究が盛んになったことがある。

さらに、九〇年代、〇〇年代の「ジェンダーとメディア研究」では、メディアに描かれた女性のステレオタイプ表現や性役割に関する研究、メディア・リテラシーに関する研究が中心となった。この時期は、『ジェンダーからみた新聞のうら・おもて――新聞女性学入門』(田中・諸橋 1996)、『メディアがつくるジェンダー――日独の男女・家族像を読みとく』(村松・ゴスマン 1998)など、「ジェンダー」をキーワードとする書籍が多く発行された。そして、女性読者や女性視聴者がメディア・リテラシーを身につけることがフェミニズム運動の有効な方法とされた(井上 2009; 鈴木 2001)。そこで想定される「女性」とは、マスメディアの送り手や視聴者に限定された(8)。そのため、女性運動のメディア活用については、研究が依って立つ枠組とは相容れないため、ますます関心が払われなくなっていった。

そうした研究理論上の制約は、運動にも影を落としていた。GCNが中心になって作成した、女性二〇〇〇年会議にむけての「『女性とメディア』の今日的課題――日本NGOレポートより」においても、「メディア＝マスメディア」という認識が浸透しており、インターネットなど新しいメディアが視野に入っていなかった。女性運動がミニコミなどにより発信する活動も行ってきたというフェミニズムの歴史も、ほぼ忘れ去られていた。

さらに深刻な影響がある。学者がリードするメディア・リテラシーが人気になっていった流れの中で、メディアへの抗議運動そのものが見えなくなるという本末転倒な反転が生じていたのだ。例えば九八年九月、神奈川県立女性センターで開かれた「全国女性史研究交流のつどい」のメディア分科会では、井上輝子、村松泰子らの登壇したパネルで、斉藤も運動グループの一員として発表した。だが、参加者の関心がメディア・リテラシーなど勉強系に終始し、実践的な運動から離れていた。また、同年一〇月に兵庫県尼崎市で開催された、「日本女性会議」では、村松がコーディネーターとなり、「女性とメディア」分科会が開催された。女性とメディアに関わる運動グループが集められ、山口も出席した。だが、その分科会では、「メディア・リテラシーを高める」、「メディアについて市民に啓発・教育する」という活動報告がほとんどだった。

行政との連携による「ジェンダーチェック」「ジェンダーフリー」と規制の流れ

一九九五年、財団法人東京女性財団は、『ジェンダーチェック――男女平等への指針』シリーズを刊行した。九五年「家族・家庭生活編」、九六年「地域・社会生活編」、九七年「学校生活編」、九八年「職業生活編」と、シリーズは順次発刊され、同時に、分野ごとにカラー刷りの「ジェンダーチェックワークブック」という一般市民向けのパンフも刊行されている。初年度の「家族・家庭生活編」として出された「年中行事編」「生活場面編」「夫婦・親子編」三部作は初版で四万部を刷り、その後も何度か版を重ねるほどの大ヒットとなったという（丹羽 2006: 149）。

二年目の「地域・社会生活編」をみると、その見開きには「ジェンダーとは、ジェンダーフリーと

あなたの暮らしをジェンダーチェック

◆近所のお宅の夫がスーパーで買い物をしていたり、洗濯物を干したりしているのを見かけました。
a あの家の妻はどういうつもりなのだろうと思う
b なかなかいい感じだと思う

◆自治会や町内会、商店会、マンションの管理組合などで大事なことを決めたいということです。会合には…。
a 一家を代表して男性が出るべきだ
b 女性も男性も地域で暮らしているのだから、どちらが出てもよい。

（質問全5問より抜粋）

あなたは何点ですか。計算してみてください。
a ×0点＋b ×1点＝（　）点

自分が次のどのタイプにあてはまるか見てください。
0～1点　古色ソーゼン「地域人」
もしかしたら「地域人」度は高かったかもしれないけれど、日ごろの地域生活の裏方は女性、表舞台は男性と決めつけているあなた、女性も男性も同じように地域にかかわってみたらいかがですか。もっとジェンダーに対する感覚を磨かないと地域が社会の変化に取り残されてしまいます。エッ！「地域人」度も低かった？生活を全面的に見直す必要がありそうです。

2～3点　あと一歩です「地域人」
男の役割にこだわっているのでしょうか。それとも女の役割に？どちらも同じように自由になってもいいのではないですか。

4～5点　ジェンダフリー「地域人」
ジェンダーについては新しい意識の持ち主です。もちろん、あなたの行動もそうですよね。「地域人」度も高ければ言うことなし。地域との関係の薄かった人は、あなたのジェンダーに対する感覚を地域生活に生かしてください。あなたがもっと地域に目を向けないと、地域社会のジェンダーは旧態依然。もったいないです。

図7.1　ジェンダーチェック地域・社会生活編

は」および「ジェンダーチェックとは」という解説が並ぶ。「ジェンダーチェック」は次のように解説されている。

　このジェンダーチェックは、私たちが暮らしたり、働いたり、活動している地域社会になにげなく組み込まれているジェンダーに気づくためのものです。そして、このジェンダーチェックには、自分自身の意識や行動のチェックだけではなく、地域や社会の実態のチェックも入れました。自分で調べたり、考えたりしなければならない部分も盛り込まれています。ジェンダーに気づいて、ジェンダーフリーな地域社会の実現に取りかかってください（東京女性財団 1996: 1）。

九五年には、東京女性財団の『GENDER FREE――あなたのクラスはジェンダー・フリー？』が刊行されたが、同時に「ジェンダーチェック」も刊行されていた（第一章も参照）。「ジェンダーフリー」は、常に「ジェンダーチェック」とセットで自己の内面、ならびに他人の行動についての評価を市民に迫るという内容であった。

九八年八月、東京女性財団は、『ジェンダー読本（メディア編：仮称）』普及・検討委員会を設立した。当初から、取りあげる五つの領域の最後に「ことば・表現・メディア」がリストアップされており（東京女性財団 1995c: 4）、『ジェンダーチェック』シリーズを締めくくるものとして計画されていた。委員であった斉藤が同年一二月財団職員から受け取った資料にも、「ジェンダーチェックメディア編」という呼称が使われており、内部では刊行は既定事項であったようだ。

この委員会は、ＦＣＴ市民のテレビの会（当時）の竹内希衣子と斉藤という二人の市民運動家と、共同通信社元社長の原寿雄も加わって、ジェンダー学者の村松泰子と諸橋泰樹が正副会長としてまとめあげるというものであった。村松、諸橋は「ジェンダーチェック」シリーズには一貫して関わっていた。この時の討議内容記録によれば、財団は、最初の会合で今までの『ジェンダーチェック』シリーズへの反響があるため、そのメディア編を発行したい由を語った。それに対して、メディアについて公的機関の介入と思われるものを出すのは表現の自由に抵触する行為であり、疑問だという意見が運動サイドの委員から出た(9)。

こうした議論を経て最終的に、これまでの『ジェンダーチェック』シリーズとは名称も趣旨も異なる、『女性とメディアの新世紀へ』（「女性とメディアの新世紀へ」作成委員会編 1999）という冊子として刊行された。当初計画されたメディア組織やメディア人向けのジェンダーチェックではなく、市民のためのメディア読本へと方向転換したのだ。

これは、フェミニズム内部からジェンダーチェック批判が起きた稀なケースだったのかもしれない。上野は「行政フェミの典型的な事業の事例に、東京都女性財団がつくった『ジェンダーチェック』がありますが、行政側のきわめて啓蒙主義的なやり方に対して、草の根フェミは批判をもっていました」（上野 2006b: 378–9）と記すが、表立った批判はあまり見られなかった。丹羽雅代も、四万部という大ヒットとなったジェンダーチェックのリーフレットが人々の意識の古さを問題にしていることに「私たち非常勤職員は唖然とした」（丹羽 2006: 149）と記す。そしてその疑問を関わっていた研究者に伝えたが、「あまり取り合ってもらえなかった」と共通認識を持てなかったことに失望感を示している。

条例策定運動における表現規制問題

九五年頃から全国の自治体での「ジェンダーチェック」作成に積極的に加わっていった女性学・ジェンダー学者は、表現規制の方向に反対する動きをしていない。逆にその後の条例策定運動を展開するなかで、表現規制を条例に入れる取り組みを進めている。

山下泰子・橋本ヒロ子・齋藤誠『男女共同参画推進条例のつくり方』（以後『つくり方』）で、橋本は、「メディアについては、表現に関する規則を実施することになりますので、憲法上の表現の自由を十分に考慮した上で、法規上の規制として、具体的に規定することが必要です。したがって、メディアに対する規制を実施するためには、条例上その規制の内容が具体的に明確に規定される必要がありますす」（橋本 2001: 57）と述べる。そして、「表現に関する規制」条項を日本で初めて入れ込んだ法律・条例として、『つくり方』の著者らが作成に関わった埼玉県男女共同参画推進条例をとりあげている。そこでは「第八条　何人も公衆に表示する情報において、性別による固定的な役割分担及び女性に対する暴力等を助長し、及び連想させる表現並びに過度の性的な表現を行わないように努めなければならない」という条項が入っているが、「暴力等を助長し、及び連想させる表現」や「過度の性的な表現」が具体的に何を指すかの言及はない。

そして『つくり方』では、この条例を根拠に住民が表現をチェックし、苦情処理機関に申し立てができるとさらに踏み込んだ。橋本は以下のように解説する。

日本には、性的表現及び暴力表現についてはマスコミの自己規制は一応ありますが、『性別による固定的な役割分担を表現すべきでない』と明記した法律、条例はこれまで存在しませんでした。この定めにより、公的に表示される刊行物やメディアは、性別による固定的役割分担を表現しないよう努力することが求められています。そこで、埼玉県の住民は、県や県内で作成された出版物が過度に性別役割分担を強調していたら、この条例を根拠に苦情処理委員に申し出ができます（橋本 2001: 26）。

埼玉県条例に入っている努力義務を引いて、県の苦情処理委員に申し立てできるという解釈は踏み込み過ぎであるが、それ以上に、公的機関である県が「何人も公衆に表示する情報」とあらゆるメディア媒体に対し、「性別による固定的な役割分担及び女性に対する暴力等を助長し、及び連想させる表現並びに過度の性的な表現を行わない」ことを求めるのは、過剰な検閲という批判を生みうるものだろう。巻末には、類似の条項を入れている鳥取県の条例条文も「モデル」として例示されていることもあり、その後条例に表現規制の条文を入れる動きに拍車がかかっていく。

4　フェミニズムによる情報ネットワークの構築——一九九〇年代

北京女性会議とインターネット熱

Windows95に沸いた九五年は、市民運動界隈でもインターネット熱が高まった（民衆のメディア連絡会編 1996; 岡部 1996)。この年に北京世界女性会議が開かれ、日本からも多くの女性が参加した。九五年につくられた女性グループＷＯＭ(ワム:Women's Online Media)のメンバーも北京会議に参加、会議情報などをネット発信した。当時は、パソコン通信全盛であり、まだ大企業などしかウェブサイトをもっておらず、ＷＯＭの活動は女性運動界隈の注目を集めた。北京会議に焦点をあてた活動が一段落すると、ＷＯＭは子育て分科会や心と体の分科会などさまざまな個別プロジェクトを行い、それをサイトで発信していったものの、その後活動が下火になる(高橋 2006: 187)。

一方、関西にもＷｉｎＫ(Woman Internet Kansai)というネットの活動グループが生まれた。神戸の大震災や北京会議でネット発信の威力を感じた井上はねこは、関西でＷｉｎｋ設立に関わった。だが、井上がネット発信の講座をやろうと男女共同参画センターに持ちかけても、けんもほろろの対応が多く、しかも「意外にもメディア・リテラシーに関心を抱く女性たちからの反発」が強かったという。さらにはインターネットに対し、「女性をモノ扱いしたポルノグラフィーの氾濫、女性をなぶりものにするページの内容のひどさをあげて、怒る人」すらおり、ネットへの拒否感が強いことを感じたという(井上 1999: 169)。

井上は筆者の聞き取りに対して、フェミニズム界隈の人たちの反応について、「インターネットは怖いもの」と遠ざけている、と難じる。ネット上に性的な情報が氾濫していることが暴力や犯罪とつながっていると思われているのではないかと言う。フェミニストがネットに参入していかないことについて、「もしかしたら、ホームページつくったり、ブログ書いたりするのは自分を晒すだけでお金にならない(というのがあるのかもしれない)。それと晒すのが怖いってのがあるわけですよね」とも井上は語る。井上の語りは九〇年代半ばから二〇〇〇年頃のフェミニストの反応についてだが、ネットへの嫌悪感や「怖い」という感覚は、現在に至っても引き続き見られる。

フェミニストたちは、インターネットを情報「発信」と「受信」の両方の側面から捉えていた。しかし、女性市民向けのメディアや情報関連講座などが、ジェンダーとメディア研究者などを講師としつつ行われていく中で、受信の方法、情報検索の方法論や、メディア・リテラシーに関心が流れていった。

JJネット——FAX通信網

インターネット発信への関心が高まっていた頃、もう一つの動きが始まっていた。九六年八月、国の男女共同参画政策に関わっていた学者、国会議員らが始めた女性政策情報ネットワーク（Josei Seisaku Joho Network：略称JJネット）というFAX同報通信である。堂本暁子、円より子、福島瑞穂ら国会議員、原ひろ子、樋口恵子、大沢真理ら政府の審議会委員系の学者が中心となって情報を発信していた。特に、その中心になったのは、「隠れジャーナリスト」を務めた堂本暁子であった（堂本 2006: 1-3）。堂本が二〇〇一年に千葉県知事に就任後は、原ひろ子がその任を務めた。会員向けに一度にA4のFAX用紙四～五枚の通信で、二〇〇四年六月まで合計四〇四号のニュースを配信した[10]。九九年八月よりメール配信も開始している。二〇〇一年六月時の「会則」によれば、「女性に関する国会、地方議会、審議会、海外の動き、さらには市民運動の情報を中心に編集します」とあるが、掲載されるテーマは、国会、地方議会、国の男女共同参画審議会など立法、行政施策が中心であった。

インターネットが登場したまさにその時にＦＡＸ通信が始まっていたのは今から見ると奇異に思われるが、当時ＦＡＸ通信は草の根的な趣味活動などにもしばしば用いられていたメディアだった。その特性は左右問わずの市民運動にも有効であったため、たとえば「新しい歴史教科書をつくる会」もＦＡＸ通信を活用していた。だが、当時のフェミニズムのＦＡＸ通信利用は、関東圏の女性学・ジェンダー学者や政治家、活動家らが政府の政策を地方へと下ろしていく役割も果たしていた。特に、九六年から九八年までさきがけ議員団座長をつとめた堂本や、男女共同参画審議会のメンバー大沢真理が、情報を全国の活動家らへ知らせていた。学者や政治家など発言権を持ったリーダーが、男女共同参画センター関係者、地域活動家らに、国の政策に関して情報提供を行うという中央発信型の運動ツールといえるだろう。地方の市民活動家だった斉藤にとって、ＪＪネットは、政府や国会、審議会などの情報がマスメディアより早く届くため有意義だと思っており、国会議員や著名な研究者と同じ紙面に自身の投稿が載り、フェミニズム運動の一体感も感じ取れ、昂揚感があったのを覚えている。

この時期の女性運動は、問題発言をした政治家への抗議ＦＡＸ、署名といった全国一斉の呼びかけ形式をスタートさせている。また、男女共同参画社会基本法の策定過程でもあり、その論点整理へ「みんなでどんどん意見を出しましょう」とコメント（後のパブリック・コメント）を出すよう呼びかけもなされている（一〇九号、一九九八年六月一六日および、一一〇号、六月一七日）。さらに、三章で取りあげた千葉県の自民党の条例案に対する抗議の要請も呼びかけられている（三五二号、二〇〇三年一月一四日）。このように、ＪＪネットが開設されていた時期は、男女共同参画社会基本法やＤＶ（ドメスティック・バイオレンス）防止法、自治体の男女共同参画条例が制定される時期に当たっていた。

そうした法案の制定にむけて後押しするコメント提出の呼びかけツールとして、JJネットは有効に機能した。

全国の市民活動家は、JJネットでは「イベント情報」や「オピニオン」欄での発信にとどまりがちだった。新しいものや政策は国から発信され、地方はそれを受け止め、広げる場という認識を、意図的ではないにしろ助長した面もあった。東京中心の情報回路については、当時から会員の不満が示されていた。会員にJJネットに関して意見を求めたところ、「東京中心なのは仕方ありませんが、いろいろなところのニュース」がほしいという声や、「地方からの情報を期待する意見が数多くありました」（一九九九年三月一〇日FAX総会まとめ〈その1〉）という。

JJネットに掲載されることが運動の中で知名度を高めることになり、JJネットは、人脈や情報ネットワークを築き、運動界隈における自身の権力を維持するためのツールとしても活用されていく。かつては、運動の機関紙などで名前を売り、知名度を高めることが見られたが、FAX通信以後、メーリングリストなど身近な発信ツールの普及により、その傾向はいっそう強まっていくことになる。

さらに、「教員養成にジェンダーの視点を」（九六年一一月）など「ジェンダー」や「エンパワーメント」などの用語を啓蒙する場となり、行政の意識啓発策にお墨付きを与える効果ももった。また、「つくりだそう、女と男のミーティング・ポイント」（ヌエックと連帯して北陸三県男女共同参画セミナー）（藤枝澪子・米田禮子、九九年二月）といったヌエックとのつながりを奨励する記事も頻繁に掲載された。

記事の取り扱いルールは、「原則として転載を不可」とされる。ただし、「国会情報など全国の女性必見の情報は可能な限り『転載可』」や「事務局が認めた転載先・転載箇所に限って転載を許可」（九七年一〇月会則ならびに、〇一年七月会則改訂版）などと運用方法においてもグレーゾーンが増えていったように思われる。ＪＪネットは、女性運動の新規の情報ツールとして意義深い点も多くもっていた。だが、女性運動情報を誰でもが発信できるものから、学者や政治家に認めてもらえた人だけが発信するという、その後の情報の流れにつながる働きを生みだした面もあったといえよう。

ＪＪネットは、二〇〇四年六月二九日、事務局スタッフの転勤を理由に突然休刊し、その後再開していない。休刊一週間前の六月二二日の四〇三号において、六月一五日発信の号外で「林道義氏の（ＪＪネットへの）公開質問状とこれに対する（ＪＪネットの）回答について」が発信されたことが触れられ、次に発信する号外で「みなさんの（反響の）お便りをご紹介する予定」とあった[11]。そんな中、休刊は唐突であった[12]。

ＪＪネットは、自前メディアの創設という意味では大きな意味をもった。同時に運動家の情報より、行政の審議会に参加している女性学・ジェンダー学者の情報が大きな力を持つことを全国の男女共同参画活動家に知らせる効果もあった。

5　「バックラッシュ対抗」をうたいはじめてから――二〇〇〇年代

アジア女性資料センターと「バックラッシュ」対抗としての情報発信

アジア女性資料センターは、一九七〇年代に日本人男性による買春観光への反対運動をきっかけとして立ち上がった民間のフェミニズム運動団体である。同団体は、元朝日新聞記者だった松井やよりが深く関わってきたこともあり、メディア関係者の参加も多く、情報発信に力を入れてきた。九〇年代後半には機関誌で「女性と情報——インターネット時代へ」を特集するなど、インターネット活用にも熱心だった。

二〇〇四年秋号「バックラッシュに対抗する　運動を再び私たちの手に！——「北京＋一〇」に向けて」とする特集で、編集委員で朝日新聞記者でもあった竹信三恵子（二〇一一年より和光大学教授）は、女性搾取・調達という現状から再生するために、「読み書き・パソコンなど識字の基礎技術をかなりの女性が持っていることを活かしての情報発信の強化」は一つの方法だと訴えた（竹信 2004: 9–11）(13)。さらに、二〇〇六年三月号では、「バックラッシュ」を「組織的情報戦」であると位置付け、「特集私たちはもっと発信できる——メディアのフル活用術」を組んだ。その「巻頭言自分メディアの勧め」で竹信は、マスメディアを変えるためには、「いい記事っていうのはたいてい、その組織の中で少数派の人が頑張って書いていることが多い。そこにどんどんほめが来ると助かる」と述べ、暗に批判を牽制している（竹信 2006a: 12–16）。

同号の竹信執筆の「あなたの自分メディア度診断テスト」（竹信 2006b: 47–49）は、「ジェンダーチェック・メディア版」のようなチェックリストだった。例えば、「マスメディアには何を言っても同じだと思う」、「間違った記事が出るのは記者の不勉強のせいで、マスメディアが悪いからだと思う」などに〇をつけると、場合によっては「かなり問題があります」と悪評価を受けることになる。女性運動の機関誌が、市民のマスメディアへの態度を評価するチェックリストを掲載しているのだ。

既に述べたように、学者やジャーナリストらがフェミニズム運動をリードするようになり、行政やマスメディアへの批判に及び腰となっている現状がある。そんな中で、「バックラッシュ」対応を打ち出した後のメディア戦略においても、女性学・ジェンダー学者やジャーナリストなどの力により、運動家を教育するという行政施策に見られるのと同じ傾向が強まっている。アジア女性資料センター機関誌で推奨された「チェックリスト」はその一つの事例といえる。

ファイトバックの会のテレビ番組利用と「バックラッシャー」イメージの構築

「バックラッシュ」に対抗するために、新たにインターネット発信に取り組むケースもでてきた。「館長雇い止め・バックラッシュ裁判」を支援するファイトバックの会もそうした運動体の一つであった（第一章も参照）。会は既存メディアでの報道機会を積極的に求めるとともに、ウェブサイト、ブログでの発信も積極的に行った。だが、そのネットメディア利用の方法には問題もあり、裁判の被告側証人や「バックラッシャー／バックラッシュ派」と考えられた人たちを論拠に基づかないまま、過度に敵視したり、人格を批判するなどの問題を引き起した(14)。

「バックラッシャー」とされた人が自分たちとは著しく異なる他者であるという像がつくられる過程（第一章も参照）において、既存メディアでの報道とネットメディアを使ったコミュニケーションの両方が作用しあい、強化された面がある。

一例として、この支援運動の展開の中で、毎日放送が二〇〇四年末の提訴の後（〇五年四月一四日）に放送した、当裁判を扱った特集番組の影響が挙げられる。ニュース番組ＶＯＩＣＥにおける「男女平等をめぐる対立の果て⁉」と題された、約一〇分の特集だった。特集は原告と西村慎吾衆議院議員（当時）の顔写真が並んでいるパネルのあるスタジオから始まり、特集の中では画面が二分割され、原告と北川悟司豊中市議を対照的に並べる映像が多く登場するなど、フェミニストとして知られた原告と、保守派の二人の議員を対照的に扱う構図だった。また、「オスとメス」、「マルクス主義」、「革命」、「叱った」、「バーンとあったかもわからん」などの北川の発言が強調され、机を握り拳で叩くシーンも、俳優による再現映像として登場していた。そして、番組で紹介されている原告の立場を支持する市民の声だけをピックアップして特集自体を終わらせるといった構成の偏りも見られた。

二〇一〇年、一一年と二度にわたって斉藤と山口は豊中市内で北川悟司議員に話しを聞いた。「こういう取材うけて、いい目にあったことないんですよねー」と北川はアポをとった際、開口一番にいう。「会ってもあなたの顔がわからないので、わからなかったら携帯に電話します」と北川が言うので、山口が「私のほうは、テレビでお顔拝見したので大丈夫です」といった。すると、「あれは人相悪かったでしょ、がはは」と明るく笑われた。

一度目の聞き取りの際には、挨拶とコーヒーの注文などが終わった後、北川はすぐに自らのライフヒストリーを話し始めた。筋金入りの共産党員だったという父親を早くに亡くした北川は、二人のきょうだいとともに、地元で印刷業を営むキリスト教徒の母により育てられた。二〇一〇年の年末に八五歳だった母親を亡くしたばかりだった北川は、一一年に行った聞き取りにおいて、母のことを以下のように語っている。

旦那と、ぼくの父親だけども、苦労をして、オヤジってのが共産党活動家だったでしょ。それは途中であきらめた（やめた）けども、オヤジが死んだ後ずっとそれでここまでね、やってきてくれたという。周囲の人はみんな知ってるんですよ。あそこの北川さんは頑張る。ちっちゃい子をかかえてやってきたと。だから女性として本当に尊敬する人やったというかなあ。こんなの人の前でいうのおかしいけどね。（母親は）そういう意味では完全に自立してましたよ。もう自立せざるをえない。男社会のなかで、小さいながらも経営者としてやってきたわけでしょ。だからぼくはそういう母親を黙ってみてるから、だからたとえば男女共同参画のあれにしたって、そういうのは言うだけじゃなしに、一度はそのなか飛び込んでやってごらんよと。昔からそういうのやってきてる人はいるんやでと。何が権利やねん。どうのこうのと言うのはそれは勝手やけれども、その前に自分でやってごらんってね、ぼくなんか心の片隅にそれはある。

北川は保守であり、現在の男女共同参画と自分は方向性が違うと言い、「専業主婦を否定せず」は議会でも主張した。でも、母親が働くシングルマザーだったこともあり、女性が社会に出て働くこと自体には反対はしていないという。だが、テレビ番組ＶＯＩＣＥでの北川のイメージは、女性が社会に出ること自体に反対し、家でひたすら子どもを育てていればよいと考えているというものだった。それは、映像の上で、女性が働くこと、社会進出することの重要性について、ノルウェーの事例を出して説明する原告と対照的にうつしだす構図があったためでもあろう。

北川はこのビデオを見た最初の反応は「あれみたとたん、あ、やられたなあと思いました」「脇が甘かった」だったという。取材は二度にわたって長時間行われた。一度目の一時間半の収録が終わった後、しばらくしてから「どうもちょっと編集がうまくできないからもう一回お願いしたい」と担当ディレクターにいわれてしぶしぶ二回目の収録を了承したものだったという。その二回目の収録が終わってありがとうございました、というやりとりがあった後、ほっとしたときの会話が使われてしまったという。番組全体のつくりからしても、「いやらしい化石おっさん」と結び付けられてしまっていると自分が見ても思ったと北川は語る。支援者からあれはまずかったと言われ、抗議もうけたという。

取材を行った側のMBSディレクターは戸籍制度や婚姻問題に興味をもち続けた、入社して二〇年ほどの記者である。もともと男女差別賃金をめぐる住友電工、住友化学等の裁判取材からはいり、そのネットワークで豊中すてっぷをめぐる裁判の取材に関わるようになったという。ディレクターにとって豊中のケースは女性政策をめぐる負の部分を凝縮していたとうつった。館長が辞任に追いやられ、時代が逆戻りしている感じもあり、関わっている議員二人のインタビューもとれたことから豊中市という一自治体を超えた話になり、ドキュメントとして構成すればニュース特集として成り立つと思ったという。ディレクターは、北川の発言はやりとりをしながら引き出したものであると話している。取材者としては原告側の一方的なスタンスにならぬよう、できる限りバランスをとるよう配慮し、ナレーションでもバックラッシュという言葉は一切使わず、「事実を忠実に追う取材に徹した」とディレクターはいう。

この番組自体、ディレクターが「ニュース特集として成り立つ」と考えた「バックラッシュ」というテーマに絞ったものだった。そのため、雇止めの問題は見えづらくなり、二人の議員が深く関わる「バックラッシュ」こそが裁判の問題だという印象をつくり出していった。そして、ファイトバックの会の集会の大半がこのビデオ上映から始まるようになった。結果、支援者の間では、裁判の論点よりも、保守派などの人格叩きで盛り上がるという状況に陥り易い状況となった。

このMBSニュース番組に関しては、フェミニズム運動が、テレビ報道番組のディレクターの取材を通し、主張を広く伝えたという希有な事例であった[15]。だが、番組の内容や構成のありかたは運動内での関心や方向性に大きな影響を与えるということも示した。番組の感想が会のメーリングリストで交換される中で、人格叩きが増幅され、さらにそれがブログに転載され、発信されていった。この番組とそれに関するネット発信は、裁判支援運動の広がりを助けた反面、少なくない問題も生じさせた。

対抗手段としてのメーリングリスト

GSML（ジェンダースタディーズメーリングリスト）は、二〇〇五年六月、「ジェンダーフリーバッシングに関する情報を迅速に共有するために」マスメディアに変わる代替的な情報流通のネットワークとして、上野千鶴子、江原由美子ら女性学・ジェンダー学者によって創設された[16]。現在の参加者は、一二五三名（二〇一二年五月十一日現在）である。

当初の呼びかけはバックラッシュに対抗するために「『ジェンダー関連学会情報ネットワーク』のような情報ネットワークを構築すること」の提案に対する賛同を募るものであり、ML創設とは明記されていなかった。だが、賛同の意をメールで送った人たちはいきなり新しくつくられたGSMLにいれられた。

ＧＳＭＬ以前から、フェミニズムにおけるＭＬの利用は広がっていた。その中で、一九九九年三月にスタートした、「女性運動のためのネットワーク fem-net」は、女性運動に携わっている人、女性問題に関心を持っている人を対象とした女性のための電子フォーラムだ。当時世話人であったＡは、全国行脚して、ＩＣＴを駆使して女性情報を発信することをフェミニズム運動に関わっていた人たちに教えようとした。技術的側面からサポートに至るまでＡ一人でこなし、その負担が大きかったことが、fem-net の限界でもあった。これによりフェミニストたちの間でフェミニズムにメーリングリストを使う文化が根付くきっかけとなったものの、ウェブにおける発信などについては定着せず、Ａが活動から退くとともに、fem-net の活動は急速に下火になっていった。

fem-net とＧＳＭＬには大きな違いもあった。fem-net はＡが実質はリーダーシップをとっていたとはいえ、多数の運動家たちが共同運営していた電子ネットワークだ。また、fem-net にはテーマに応じて複数のＭＬが存在したが、女性専用をとなえ、加入に管理者の許可を必要とした fem リストを除いては、誰でも電子申し込みさえすれば入会できる、オープンなＭＬである。逆にＧＳＭＬは発足のいきさつからして、入会要件の厳しいＭＬにはなりようもなかったはずが、バックラッシュ対抗の名目のため、いつの間にか紹介者が必要とされ、所属団体名が聞かれるようになるなど、入会への敷居があがっていった。また、fem-net は運動家が運営し、発信をするのも運動関係者が主だった。だが、ＧＳＭＬは学者が主導するＭＬである。

ＧＳＭＬは男女共同参画やフェミニズムに対する批判的な事件が起きると、情報提供や新聞記事リンクの掲載によって投稿数が一気に増加し、盛り上がる。ＧＳＭＬの呼びかけ人の一人である上野千鶴子は、自身が対象となった国分寺講師拒否に対する東京都への抗議署名をメーリングリストなどで呼びかけた結果、短期間で組織もない中で一八〇八筆集まったことを評して、「歴史的事件だった」とし、「インターネットの威力である」（上野 2006c: 1）と評している。

だが、筆者の聞き取りの中では、バックラッシャーが混ざり込んでいるかもしれないため、このＭＬにははいっていない、はいっていても情報は流さない、と述べるフェミニストがいた。本当に「バックラッシャー」が潜り込んでいるのかは定かではないが、そう判断している人もいた。そしてＭＬでは、一般に公開されている新聞記事へのリンクを転送したり、イベントやミニコミの発行お知らせが流されたりと、検索すれば手に入る情報が大半となっている。今やインターネット上で自分が読みたい分野のニュースをピックアップすることも比較的簡単にできるわけだが、そのためのスキルをつけようとか、ニュースサイトでより広い範囲で情報を共有するという方向性にはいかなかった。女性たちがインターネットを使うためのスキルをつけることや、ネットワークを広めることへのスタンスも、fem-net とＧＳＭＬは異なっていた。

ブログ、まとめサイト、ミクシィなどでの「バックラッシュ」への対抗

〇〇年代にはいり、世界日報のサイト、多数のブログ、「フェミナチを監視する掲示板」などの掲示板、２ちゃんねる「男性論・女性論」板、Wikipedia などでフェミニズムへの批判が溢れるようになった。そんな中で「バックラッシュ対応」を主にネット上で行っていたのは女性学・ジェンダー学

者たちよりも、ブロガーやミクシィユーザーなどだった。

小山エミは、ブログ「macska dot org」において、「バックラッシュ」言説を繰り返すブロガーや、元東京女子大教授の林道義、『世界日報』の山本彰記者らの反フェミニズムの論客たちに丁寧な反論を行っていった。そして林らも自らのブログで反論し、フェミニズム批判側のBruckner05、富士山2000などのブロガーもコメントするなど、議論の応酬が見られた。山本彰が小山エミのブログでの批判に対して、『世界日報』の記事にて批判するという展開もあった（山本 2006c）。

荻上チキは、ブログ「成城トランスカレッジ（後に「荻上式ブログ」に改名）」において、二〇〇五年頃から、保守言論人の反ジェンダーフリー言説などへの批判を行い、議論をする場を提供した。さらに同年一〇月、反ジェンダーフリー言説についてQ&Aスタイルで説明する「ジェンダーフリーとは」というまとめサイトをつくった。荻上は、保守派のまとめサイトに対抗するためのサイトを作成することで、ネットユーザーたちに広がっていた流言に歯止めをかけつつ、このページがグーグルで検索した際に上位に上がるよう、リンクやトラックバックを呼びかけた。

二〇〇六年、双風舎から書籍『バックラッシュ！』が出版されると、執筆や編集に携わった小山と荻上が、発売記念キャンペーンブログを立ち上げた。発売前後二ヶ月間という期間限定で、本の内容の紹介や読者参加型企画など、多様な内容を提供した。

SNSのミクシィでは、多数のフェミニズム系コミュニティや、反フェミニストの集う「『ジェンダーフリー』ブッタギリ」コミュニティ、さらにそれに対抗する「『反ジェンダーフリー』斬り」コミュニティなど、フェミニズムへの「バックラッシュ」関連のコミュニティが複数あり、喧々囂々と議論が行われていた。

この中で、「フェミニズム」コミュニティで〇六年一〇月頃から約一年管理人として運営してきた山下渉（当時のハンドルネーム wataru）によれば、そこでフェミニズム批判に対抗してきた人たちの中には、女性学・ジェンダー学者はいなかったという。また、個々の内容に関しての議論や応答よりも、「マイミク関係」「特定の思想や政治的傾向をもつコミュニティの参加者」といった属性を持つ人たち同士でそれぞれ集団戦が起こりやすかったという(17)。

男女共同参画を主導し、学会内で主要な地位を築く女性学・ジェンダー学者らは、バッシングに対する声明文を出すなどにとどまり、保守側とネット上での双方向のやりとりはしてこなかった(18)。また、ブログなどを活用して論陣を張ることも少なかった。さらにSNSでも、少数の例外を除いては、議論に参加したり、現実社会での知り合いの枠を超えた範囲で交流を行う様子もあまりなかった。

二〇一二年現在は、ブログでの発信や議論は下火となっており、ミクシィでも、フェミニズム系もアンチ・フェミニズム系のコミュニティも投稿数が減少し、当時の勢いは消えている。現在はツイッターやフェイスブックなどに移行した人も多いと思われる。

「バックラッシュ」への対抗として始まったポータルサイトWAN

二〇〇九年五月末、「女性をつなぐ総合情報サイト」と銘打った「ウィメンズアクションネットワーク（WAN）」がスタートした。京都駅からほど近い会場にて開かれた設立記念集会に、山口と斉藤が参加した。会場には、Tシャツ、バッグなどWAN柄のグッズがならび、理事やスタッフがそれらのTシャツを着て立ち働いていた。

運営主体であるNPO法人ウィメンズアクションネットワークの理事である上野千鶴子（当時。一一年から理事長）の「女から女たちへ――ウェブ時代の新しいシスターフッドを求めて」という題の基調講演を行った。

この講演によれば、上野らは、ウェブ上にはフェミニズムへの「バックラッシュ派」が発信する情報のほうが多く、フェミニズムのプレゼンスが弱いから「バックラッシュに対抗するため」にWANサイトを作ったという。さらには、行政が予算削減とバックラッシュのために本を買ってくれなくなり、メディア環境は激変しプリントメディアはひどく衰退している。この状況において「情報を発信する側にまわりたい」ためにつくったサイトだという。講演の最後に、上野はWANの設立から三年以内の目標は「めざせ（一日）百万アクセス！」だと言った。一日あたりのサイトアクセス数だというこの数字は、読売と朝日の読者二千万の五％が日々アクセスすれば一日百万となることから算出したといい、それを達成すれば独立採算も可能だと上野は話した(19)。

基調講演に続き、多くが女性学・ジェンダー学者の理事たちがサイトの内容と使い方の紹介を行った。理事の口からは「自分はIT弱者なんだけど」という言葉が何度となく発せられた。「IT強者」である「バックラッシャー」が控えているネットは怖い、個人サイトやブログでは何が起きるかわからない、だから、誰か技術をもった人に管理してもらえ、安全にアクセスできる総合サイトを作ったということのようだった。

上野は基調講演の中で何度も「連帯」という言葉を発した。それと繰り返される「IT弱者」という言葉を聞いていると、不安に満ちたネット世界に力を合わせて立ち向かう弱者女性たちというイメージが強調され、安全な足場としてのWANの重要性が称揚されているように思えた。

現在理事長をつとめる上野（二〇一一年から立命館大学特別招聘教授も兼任）は、男女共同参画社会基本法が通過した後、ジェンダーバッシングの攻撃が続き、フェミニズムは「やられっぱなしでコーナー際に追い詰められた気分だった」（上野 2011: 338-339）と書く。さらに、WAN発足理由について次のように述べる。

もう一度原点に戻って、女の運動の拠点をつくろう。ただし今度は新しいメディアテクノロジーを使って。かつて女の運動は、ガリ版やコピーを使った手作りのミニコミでつながってきた。こんどはITの力を借りて、お互いタコツボから抜け出して、分野を超え、地域を超え、世代を超え、時間を超えるようなつながりをつくりだそう。守勢から攻勢へと転じよう（上野 2011: 339）。

WANの理事会は発足理由を以下のように述べる。

そもそもの出発点は、女性たちにとってインターネットが安心できないもので、女性を遠ざけてしまっている状況にあります。とくにジェンダー・フェミニズム関係については、バッシング側の歪曲された情報が蔓延し、声を上げようものなら、ネット上の暴力と言っていいくらいの攻撃が浴びせられ、本来女性たちの力となるべきインターネット上での女性の発信力が弱くならざるをえない実態を変える一助となりたいと、WANは発足しました（WAN理事会2010）。

もとはといえば、ドーンセンター内にあったウィメンズブックストア「ゆう」が閉店となり、女の書店のネット版が必要ということで、WANがつくられた（中西2009）。それに「バックラッシュ」に対抗する、という名目が与えられた。

だが、二〇一二年現在のWANは、「バックラッシュ」に対抗することよりも、映画や食べ物についてのエッセイや書評、イベントの感想などを書いたりする、世俗的なネット空間から切り離された場になっているようである。上野が理事長に就任した後は、「上野ｗｅｂ研究室」と題し、書評セッション等のイベントのビデオ配信が行われ、スケジュールやブログ、著作物発行お知らせなどの、上野理事長個人の情報がサイトの目立つ位置におかれている。アマゾンのアフィリエイトに加え、マーケットという買い物奨励コーナーもできた。

女性をつなぐというWANだが、サイトではコメント欄もトラックバック機能もなく、双方向性がない閉じた言説空間となっている。さらにWANは、「安心して発信できるサイト」という名のもとに「サイト上での不毛な論争を避けつつ、なるべく多様な意見を紹介する」（WAN「投稿規定」）とする。「不毛」の判断基準は不明だが、現在までこの方針で運営されてきたWANでは、投稿者間の異論や論争が掲載されることは稀であり、必要な議論も避けているかのように見える。

また、WANは投稿者への負荷が非常に高いサイトでもある。ユーザー登録を行った上、記事は原則として「本名」で書くことが要求される。さらに、WANサイトでの掲載記事については、「当法人が著作権を保持」するとある。だが、「趣旨を変えない範囲で、編集上の修正を入れさせていただく」可能性が記されているにもかかわらず「投稿記事の記述についての責任は、全面的にこれを書いた者にあり、WANは責任を負いません。」とある。著作権がなく、修正される可能性があるにもかかわらず、記述についての責任だけは著者が負うということになる（WAN「投稿規定」「サイト利用規約」）。

WANは、岩波書店『新編日本のフェミニズム』全一二巻の完結後、「拡がるブックトーク」を二〇一一年より一二年三月まで行った。上野は、自ら「広告塔」として、NPO法人の「会員獲得と（WANサイトの）アクセス数の倍増」をめざして全国の男女共同参画センターを渋谷典子理事らと回っていたという（渋谷 2011: 186–189）。書籍を発信の場としてきた女性学・ジェンダー学が次世代に届かなくなっているという危機感から、顧客が高齢化している全国の男女共同参画センターとタッグを組み、新規顧客を開拓する動きでもあった。しかし、センターを通じれば書籍の販売を次世代にも広げることができるのか、またサイトのアクセス数も増えるのか、疑問は残る。

さらに二〇一二年五月より『新編日本のフェミニズム』編者八名が呼びかけ人となり、フェミニズム団体のミニコミを電子アーカイブ化し、サイト上で共有する事業を開始し、参加団体を募集している（上野・満田 2012）。だが、アーカイブ化の実務をすべて各団体の責務としているため、スキャナーや断裁機などの機械購入および労働コストが発生するという問題がある。さらに、もともと限定された読者のために書かれたミニコミ媒体掲載の文章等を、読者層が全く異なるウェブ上で公開することや、著作権や肖像権許諾の問題など、課題は大きいと思われる。
また、WANは、「女性の活動をさらに実効性のあるものにする」という趣旨とは裏腹に、雇用していた女性二人と〇九年末に労働争議を起こし、当時のNPO法人理事長（牟田和恵）・副理事長（伊田久美子・古久保さくら）が謝罪し、その職を辞任する事件を起こした。[20]〇九年一二月、当初ウェブマスターとして雇っていたスタッフに、ウェブマスター業務を外注することにしたという通告が突然出された。さらに、スタッフは労働時間および時給を下げたいとも言われた。二人のスタッフが労組をつくって交渉を始めたところ、退職勧奨をされたという顛末だった。[21]争議は和解となり決着したが、その後、WANは業務の大半を無償ボランティアによって成り立たせている。だが、それにより、（実際には発生する）労働が不可視化されるという問題も指摘されている。[22]
「バックラッシュ」への対抗をうたい、女性学・ジェンダー学者らが中心になって立ち上げられたポータルサイト・WAN。なぜ今、大規模ポータルサイトが必要なのかなど、根本的な議論がないままスタートしたようでもある。だが、今までフェミニズム系研究者から本格的にウェブ発信にのり出す動きがほとんどなかった中で、上野らの世代の研究者が発信を開始したことは評価できる。また、全国各地に行脚しサイトの宣伝を行い、ツィッターでの発信も開始するなどというフットワークの軽さは特筆されるべきことではある。その功罪については今後も検証されるべきだろう。

6　フェミニスト・メディアの今後にむけて

〇〇年代、「バックラッシュ」言説の中でデフォルメされたフェミニズムがメディアやネット上に登場する機会が増大した。一方、フェミニズムでは過去を振り返るアンソロジーを書籍で出すなどの動きが目立つが、ネット上での存在感は依然として示せていない。九〇年代以降の男女共同参画の流れとともに、フェミニズムの制度化が進展する中で、フェミニストの多くは次第に発信においてもリスクをとらない方向に流れていった。

自前メディアの発信は、FAX通信、ML、ポータルサイトへと展開したが、それはフェミニズムにおける情報中央集権化の道でもあった。学者や政治家が主導する中央発信の動きに全国各地の運動が取り込まれていくことにもなった。インターネット時代になっていくにもかかわらず、双方向ではなく一方向、地域からの発信ではなく、中央からのトップダウンの回路が強化されていった。さらにはマスメディアへの批判やフェミニズム内部での異論も封じられる傾向が強まった。そして、その口実として「バックラッシュ対応」が持ち出された。

フェミニズムのメディア利用範囲は、「バックラッシュ」と呼ばれる反フェミニズムの保守系の動きとくらべると狭いままとなっている。ミニコミやパンフの発行は減った。行政のパンフも今や財政難で、一時期ほどに発行されてはいない。「バックラッシュ」に対抗するにあたっても、保守側の日本時事評論社発行の『湧泉』などのミニコミに匹敵する影響力を発揮できたミニコミ媒体はなく、ブロガーや運動家らのコミュニティとして機能した「フェミナチを監視する掲示板」の役割を果たした媒体もなかった。さらには、ネットにおいて運動の現状を紹介し、自らの論を執筆し、反対の立場のブロガーらとの議論にも参加した、林道義の役割を果たした学者もいなかった。そして足を使って現場に赴き、地域の状況を発信し続けたジャーナリストも不足していた。ネット発信が弱い状況も続き、目的に応じた柔軟な利用ができていない。

フェミニストによるウェブサイトやブログ、ツイッター、フェイスブックなどでの発信が徐々に増してきた中で、これまでのメディア活用の歴史を振り返り、その課題を根本的に洗い直すことが求められている。そうした検証に基づき、今後のメディア活用策を新たに生み出していくことが必要だろう。

【註】

(1) 文学や映画批評、歴史学、美術史、女性史など多数の分野においても、女性やジェンダーとメディアを扱うフェミニズム研究には膨大な蓄積がある。だが、本章においては「女性/ジェンダーとメディア」研究とよばれるマスコミュニケーション論や社会学、社会心理学といった分野に親和性が高い研究の流れを扱う。そういった研究の関係者が行政プロジェクトに関わることが多かったためだ。

(2) ウーマンリブ運動とは、六〇年代後半からのベトナム反戦、安保反対などの市民・学生運動のうねりの中から起きた女性解放をめざす運動。リブ運動におけるミニコミやチラシの重要性に関しては多数の研究もあり、ミニコミやチラシを集めた資料集も出版されている（溝口・佐伯・三木編 1992; 1994; 1995; リブ新宿センター資料保存会2008; 2009)。

(3) リブによるミニコミの発行は評価される一方で、七〇年代には女性学創設者の一人で運動当事者でもあった井上輝子が「ウーマン・リブは、メディアにもちあげられ半ば評価され、揶揄されて終わった」(井上[1971] 1980: 171) と語った。さらに江原は、リブ運動を「『からかいの罠』の中で『悪あがき』するしかなかった」(江原 1985: 194) 存在として描いた。実態は、メディアに取りあげられるようにアプローチした運動体は多く、メディア表出も他の時期よりも多く、リブ運動は継続していた。だが、井上・江原の歴史観が女性学・ジェンダー学では通説になっていった (斉藤 2003)。

(4) この東京会議は、ウーマンリブの運動家の参加を排除し、さらにオーガナイザーであった岩男寿美子と原ひろ子は、女性学はアメリカから輸入されたものであり、運動とは一線を画すと発言するなどした (岩男・原 1979: 39)。そのため、女性学とリブ運動の関係が屈折したものになった。

(5) 田嶋陽子は一九四一年、岡山県生まれ。元法政大学教授で、専門は英文学。元参議院議員。現在は女性学研究家。一九九〇年代初め以来、「笑っていいとも」「ビートたけしのTVタックル」「たかじんのそこまで言って委員会」などのテレビ番組に出演。最近は歌手活動も行う。

(6) 井上輝子は一九四二年生まれ。和光大学名誉教授。専門は女性学、社会学。村松泰子は一九四四年生まれ。NHK放送文化研究所に勤務後、東京学芸大学教授。現在、同大学学長。専門は社会学、女性学、メディア研究。

(7) 例えば林香里 (東京大学教授。GCN共同代表) は、マスメディアのジャーナリズムを「オトコ」のジャーナリズムとし、衰退するマスメディアに対して、動画サイト、SNS、メーリングリストなどネットの対話型メディアを「オンナ・コドモのジャーナリズム」として対峙させる (林 2011)。だが、現実のフェミニストらが、対話型のネット発信を忌避したり、失敗を繰り返したりしてきていることを見ないままに議論を展開している。

(8) GCNの主要メンバーに、村松泰子や小玉美意子、国広陽子、林香里ら大手マスコミ出身者が多いことも関係しているだろう。

(9) 運動側委員は、市民グループが性差別語ガイドラインを提案することと、公的機関の東京女性財団がメディア内容をチェックするガイドラインをつくることは、次元が異なると主張した。斉藤が執筆に関わった、『きっと変えられる性差別語』(上野・メディアの中の性差別を考える会編著 1996) はマスメディア表現に対するフェミニズム・グループの私案といった性格であった。しかし、影響力のある上野千鶴子が加わっていたこともあり、その後共同通信社らメディア各社が自社内のガイドラインに「性差別」項目を新たに加える動きを見せた。その一方、多様なガイドラインや多様なあり方のメディア表現批判が生まれづらくなった点も否めない。

(10) 途中で一旦、中止されていた時期がある。有料で月千円。二〇〇一年に再開後は、年会費制 (個人会員一万円/年) に。会員は、当初一〇〇名だったが、千人へと増えたという (堂本 2005)。ただ、会員は都心部に集中していた (一九九八年事業報告)。会費が高額であることと、FAXがあることが求められる点で、限定された階層に偏っていた可能性がある。

(11) 林は、当時荒川区の男女共同参画条例を検討する懇話会の会長であり、その条文案について批判的な意見を出すことをJJネットが呼びかけたことに「嘘と名誉毀損が書かれている」という公開質問状を出した (林 2004)。

(12) 〇五年に発刊された『JJネットニュース合冊版 (Vol.301-404)』には、号外が掲載されておらず、林の公開質問状への対応やそれへの会員からのお便りの詳細は不明である。

(13) 竹信三恵子は、一九五三年生まれ。元朝日新聞記者、二〇一一年から和光大学教授。二〇〇一〜〇五年、内閣府男女共同参画会議基本問題専門調査会委員。現在、同会議の女性の暴力に関する専門調査会委員。アジア女性資料センターのメディア・アドバイザーもつとめる。

(14) 斉藤、山口を含む元会員有志は、「フェミニズムとインターネット問題研究会」を発足させ、連続研究会を開催し、会のネットメディア発信の検証・分析作業を行った。成果はウェブ上で公開している (フェミニズムとインターネット問題研究会 2011)。

(15) この番組の制作を担当したMBSディレクターは、一一年五月二一日、裁判支援団体の「ファイトバックの会」主催の集会に参加しスピーチを行ったことが、会のニュースレターに記載されている（館長雇止め・バックラッシュ裁判を支援する会 2011）。

(16) GSMLについては、すでにネット上でも言及されており、MLからの情報が転載されていることがある。本書では、こうした現状や、大規模MLであること、記録・検証の必要性などに鑑み、MLの名称を明記し、その利点、および課題を議論していく方向性をとる。

(17) マイミクとは、「友人」と称されるように二者が互いに承認し合って初めて成立する関係。お互いに相手を肯定的な存在として扱うことが前提とされる。

(18) ただし、「フェミナチを監視する掲示板」で、反フェミニズムの立場にたつ掲示板投稿者に反論を行っていた大学教員が一人いることは確認できている。

(19) 二〇一一年段階でのWANサイトへのアクセス数は、一月あたり十万ほどだという（遠山 2012c）。

(20) 二〇一一年度理事には、牟田、伊田、古久保ら〇九年度立ち上げ時の理事の大半が復帰している。

(21) WAN争議についての詳細に関しては、争議当事者のブログ（ユニオンWAN 2010）や、争議支援グループのサイト（「NPO法人WAN労働争議を支援する」2010）を参照。WAN争議についてのまとめは、遠山（2012a; 2012b）を参照。なお、WAN理事会は、自らのサイトにおいて、争議について今に至るまで一度も言及したことはない。さらにWANサイトに、争議に関連した投稿をすると、現在までは削除されるか不掲載になっている。

(22) 一〇年六月に東京で開催したユニオンWANによる報告集会や、同年六月に大阪で開催された日本女性学会のワークショップ「フェミニズム運動や研究組織における非正規・無償労働問題を問い直す」において、フェミニズム組織における労働の問題について議論され、多数の論点が示された（フェミニズムの歴史と理論 2010; マサキ 2010）。

結びにかえて

荻上チキ

本書はこれまで、各地、各メディアでの、フェミニズムと保守運動の係争の過程を記述し、その背景を調査・分析してきた。ここから、様々な政治・社会運動の現場とも通じる、多くの理論的な示唆を得ることも可能だろう。おそらくフェミニズムや保守運動とは別の社会運動に携わっていたとしても、ここまで述べてきた光景には、一種の既視感を覚えるのではないだろうか。

第一章で論じたように、ジェンダーフリーという言葉は、その「輸入」のプロセスで致命的な誤読が発生し、その原典が確認されないまま、都合のよいスローガンとしてフェミニズムの一部で流通してしまう。その後の、ジェンダーフリーと男女共同参画をめぐる係争・騒動は、フェミニズム内部の問題を浮き彫りにした。

この言葉がさしたる検証なく浸透した背景には、ジェンダーという概念を中心に据えた女性学の在り方が関わっていた。ジェンダーという概念を獲得した日本のフェミニズム。「○○とジェンダー」

「ジェンダーの○○」と題された本が多数刊行されていく中、その概念の意義がくり返し唱えられていたが、「ジェンダーの視点」を持って様々なコミュニケーションを観察し、その存在に気づくことが何より重要であるかのような語り口が、頻繁に見られることとなった。しかし、ジェンダー概念の集中的利用によってもたらされたのは、啓発事業の乱立ともいうべき状態だった。

啓発された人をひとりでも増やしさえすれば、それで目的へと近づくかのような議論。制度への告発ではなく、内面への啓発を重視するという路線を取っていた者にとって、「ジェンダーフリー」という言葉はとても便利な言葉に映ったのだろう。「ジェンダーそのものの解消」という問題の立て方は、ジェンダーの存在に気づき、意識を変えることで、あたかも様々な問題がなくなると考えているかのようであった。

九〇年代半ば以降、フェミニストは、男女共同参画の名の下、体制側として認知され、批判される機会が増えていった。とはいえ、根幹的な政策批判は行わず、かといって有意義な政策提案や効果的な運用をするわけでもない状態に陥っている。行政の予算により、増加していく啓発事業。その効果が不透明な一方で、権力批判やメディア検証が目立たなくなるという副作用さえあった。

生命と人権を具体的に踏みにじる行為に怒り、そのような行為を野放しにする社会を告発し、そして最も重要な、具体的な是正案の提示を行う「厳しい言葉」が、徐々に鳴りを潜めていく。また、多くの女性学・ジェンダー学者たちは、条例をめぐる係争には参加する一方で、地域行政の具体的運用にはほとんど関心をもたず、介入もできていない。それはあたかも「野党」という立ち位置からの批判ばかりが巧みになり、一方で「与党慣れ」していない政党のような右往左往ぶりでもあり、またスローガンばかりは立派ながらも、運用の実態が伴わない政策提言にも似た姿でもあった。ジェンダーフリーの普及、および「ジェンダーチェック」という方法論は、保守運動家たちによって「トップダウン的な啓蒙」「中央からの思想チェック」として批判された。保守運動は、男女平等そのものを否定するという形はとらず、あえて「過激な」部分についてのみ抵抗をしているのだというスタンスを取っていた。こうした戦略により、保守運動はその批判を、すでに存在していたフェミニズムの否定的なメディアイメージと重ねる形で、必ずしも保守思想の担い手ではない一般層に届けることに成功した。

対してフェミニズムは、「バックラッシュ」を単なる反動的な無理解であると片づけようとしたが、そうした態度を採用することにより、論点ごとの正面からの対話を避け続けることになってしまう。かつての前提であった、保守的政治動向に対して下からの批判を加えるという状況とは違い、主流化し「守る側」となった状況での応答は、とても十分なものとは言えなかった。むしろ逆に、行政を通じた啓発事業というあり方そのものが、特定の人間観・倫理観を「押し付ける」と捉えられる側面に対し、あまりに鈍感であったようにも思える。

また女性学・ジェンダー学は、「バックラッシュ」という現象に対して、実証性を欠いた推測を連ね、「敵」と抗戦する構えを取り続けた。フェミニストは保守運動を「誤解や曲解に基づく攻撃＝バックラッシュ」(若桑他 2006: 裏表紙) とするが、女性学・ジェンダー学者サイドも同様の「誤解や曲解に基づく反撃」を繰り返してきた。もちろん、社会運動はしばしば、「敵」を強固なものとして作り上げ、「分かりやすさ」に訴えながら、名指しと批判を繰り返すことで自らの正当性を主張することがあり、その意味では凡庸な戦術を繰り返しただけとも言える。だが、フェミニズムは「運動」でもあると同時に「学問」という側面もある。実証性を欠いたレッテル貼りを行う前に、丹念な調査が必要となるはずだった。

保守論壇によるフェミニズムへの攻撃もまた、実態と乖離した流言が多く広がっていた。ただ、その言説の使い方には、論客と運動家の間の認識の違いが反映されていた。フェミニズムを、何か巨大な組織であるかのように描き、その思想性に対してしばしば的の外れた分析を加えてみせる論客と、戦略的な誤読と情報誘導をおりまぜながらも、条例や、その運用上の問題点を細かく批判する運動家。衆目を集めるには前者の役割も見逃せないが、後者による緻密な取材や抗議活動などは、各自治体での運動に大きな影響を与えた。さらに両者は連携にも成功していた。

保守運動とフェミニズム運動の対立は、あわせ鏡のような構図だった。フェミニズムを「共産主義」「男女同質化」「フリーセックス」とレッテル貼りする保守運動に対し、フェミニズムもまた、保守運動に「新自由主義」「新保守主義」「反動」とレッテルを貼っていく。両者とも互いを「敵」として捉え、議論や対話を重ねるためではなく、それぞれの業界向けの動員の言葉として、これらのレッテルを振りかざしていく。そこでは、実態を表した適切な表現ではなく、流言に等しい表現が多く氾濫した。保守運動が「過激な」とくくる言葉は、一部の事例や存在しない事例を、あたかもフェミニズムの本質的な意図であるかのようにみせるレトリックとして機能した。一方でフェミニズムが保守運動批判に使う「新自由主義」は、政策論点の細部を覆い隠し、ひとまずの大きな風潮を批判してみせるという便利なマジックワードとして機能していた。

保守運動とフェミニズム、両者の社会運動の内部では、「敵」を勇ましく批判する煽り役、話題となるニュースを共有する情報媒介者、言説を供給する理論家、メンバーを組織化するコーディネーター、運動内で自らを検証する内部批判者、運動の意義を外部に伝達する伝道師に、論敵のことを精緻に分析する議題観察者など、様々な役割を担う者たちがそれぞれ存在した。だが、役割ごとに振り返れば、こと「ジェンダーフリー係争」に関しては、フェミニズム内部において、伝道師と議題観察者の役割が圧倒的に不足していた。つまりは、実証的な検証、提案、実践。これらが欠けていたがゆえの停滞だった。

九九年に男女共同参画社会基本法が成立、その後は各地で関連条例が作られていった。そこで本来重要となるのは、地域ごとのニーズに合わせた性に関わる問題の発掘だった。

第二章で詳しく論じたように、山口県宇部市の男女共同参画推進条例制定の背景には、山口市に本部を置く、『日本時事評論』という保守運動の論評紙が重要な役割を果たした。「男らしさ、女らしさを一方的に否定することなく」、「専業主婦を否定することなく」という文言が書き込まれた条例は、モデルとして全国の保守運動家たちに参照された。この条例が出来たことに対する、フェミニズム側の危機感もまた、とても大きなものであった。

日本時事評論の山口編集長がくり返し強調していたのが、「中央」の政治家、研究者らから、「地方」にむけて、制度や価値観を押し付けられること、そして「条例」という形で、特定の考え方が住人に押し付けられることに抵抗した、というものだった。誰もが、固定的な性役割にとらわれないでも済む社会をつくることは、フェミニズムにとって重要な課題のひとつだ。だが、「性役割からの自由」を求める者とは反対に、「性役割への自由」を求める者も多数存在する中で、「男らしさ、女らしさを一方的に否定することなく」、「専業主婦を否定することなく」という文言を書き込むという運動は、極めて戦略的に有効なものだったといえる。

「中央から押し付けられている」という感覚は、当の「中央」にとってはピンとこないのかもしれない。二〇一二年、長らく自民党系出身の知事が続いていた山口県にあって、「脱原発・エネルギー維新」を掲げた候補・飯田哲也《てつなり》が対抗馬として知事選に出馬した際、保守陣営は次のように飯田候補を批判した。「山口県のことは、山口県人が決める！」。地方である山口県が中央に物申しこそすれ、中央の言いなりになるべきではないという論理は、男女共同参画批判だけでなく、その後の様々な政治運動にも一貫しているように見える。

市民運動化していく保守運動と、体制保守化していくフェミニズム。山口県宇部市の事例は、多くの論点を私たちに残した。「正義」というものは、中央から地方へと啓蒙されるものなのか。国家および行政が、「特定のジェンダーイメージに基づいて生きたい」という市民に対し、「性役割にとらわれずに生きる」ことを求めるというのは、どこまで正当化しうるのか。「抑圧される側からの批判」を続けてきたフェミニズムだが、政治権力を運用する側に立った際に、それまでの方法論をそのまま使うことは、大きな危険を伴う。

フィールドワークを通じて、保守運動はフェミニズムを悪魔化し、フェミニズムは保守運動を悪魔化してきたことを、強く再認識させられた。運動としての戦略のみならず、実際に顔を合わせるその時まで、論敵のことを本心より「怖い人間」だと思い、身構える。今回、調査に応じてくれたほとんどの保守運動家や政治家が、我々と会うことに身構えていたし、フィールドワークを続けた我々も、実際に相手に会うまでは常に身構え続けてきた。

しかし実際に長く付きあい、話を重ねれば、衝突する論点以外の生活には共通点も多く、会話も弾む。特定の思想にのみ基づいた、ステレオタイプな生き方をしている者は非常に限られていることを知り、実生活の面では様々な妥結点も見つかるようになる。多くの論争は、それが長期化し、過激化するにつれ、生活の視点が置き去りにされていくことを思い知らされる。

それぞれの思想を持つ者が、それぞれの「論壇」の中で、勇ましく声をあげる。その声が響き合うことで、反目する当事者同士が互いに恐怖心を抱きながら、運動を先鋭化させていく。このような係争は、いずれの運動にも関わらない市民たちに対して、何をもたらすだろう。

千葉県の条例未制定の過程からは、一度は「知事提案の男女共同参画条例」という「敵」を倒すために団結したかに見える保守運動が、目的を半分果たした段階で分裂し、瓦解していく姿を見ることができた（第三章）。

保守運動家にとってでさえ、「反ジェンダーフリー」「反男女共同参画」という論点は、一〇年以上継続して語られはしなかった。これらの論点は変化し、また新たな保守運動も生まれている状況にある。ジェンダーフリーを批判した保守運動でさえも、「男女平等そのものを否定するわけではない」と前置きをしながら、「敵」を作り上げ、叩くという方法を採用していた。その後また別の層による保守運動も生まれ、その運動家らが「外部」として見出した先が、「外国（人）問題」であった。「ジェンダーフリー係争」以降の保守運動のフィールドワークは継続しており、その報告は別の機会に行う予定だ。

インターネット上での「男女共同参画／ジェンダーフリー叩き」は、ネットや保守系メディア読者などを通じ、多くの人々の「弱いコミットメント」を、刹那的に呼び込んだ。一方、フェミニズムがそうした動員を行う機会はほとんどなかった。果たしてフェミニズムは、「強いコミットメント」ばかりを求める「狭き門」となり、普通の女性に呼びかけることをなくしてしまったのだろうか。運動の場面においては「女たち」という言葉を好んで使うものの、それは暗黙のうちに、「フェミニズム思想に共感する、ジェンダーを理解する／守る者」を意味する、というパターンに陥りがちなように思える。

福井、富山の男女共同参画推進の実態がそうであったように（第五章）、男女共同参画の推進側の人々でさえ、男女共同参画というものは「勉強しなくてはいけないもの」という、高い敷居を感じていた。このことを、東京中心、学者中心で考えれば、「地方の現状は、ジェンダー理論に、追いついていない」という言葉で言い表されるのかもしれない。だがそれこそが、形を変えて〈オシエ・ソダテル〉の枠組みを温存し、「啓発するジェンダー研究者」という特権性を強くする認識ではなかったか（第六章）。せいぜい、「キヅカセ」を加えただけで、〈キヅカセ・オシエ・ソダテル〉の権力性は揺らいでいないのではないだろうか。

私たちは各地で作られた男女共同参画推進条例が、どの程度の効果を発揮するものなのかという疑問を抱いていた。それが通らなかったからといって、男女平等化が著しく遅れるわけではなく、それが通ったからといって、途端に男女平等になるわけではない。あくまで条例は、その後の運用の根拠点であり、運用そのものは、その後の市民の関わり方で大きく左右される。

都城と福井のケースは、このことを如実に表している。都城の条例（第四章）は、決して全国で広く知られているとは言いがたいが、確実に地元に根ざした人たちの活動により、性的マイノリティの問題に踏み込むこととなった。条例の成立それ自体が強いメッセージ性を含んだものであり、当事者を励ますと共に、それに関わる者たちに多くの気づきをもたらすものだった。それは、条例策定の過程が上から降ってきたようなものではなく、丁寧な語り合いを通じたものであったことが大きな要因であるように思える。そして条例づくりにおいては、そうした地道に問題を拾い上げるプロセスこそが重要であると考えられる。

一方で、条例から性的小数者に関わる文言が削除された後、「もう（条例から「性的指向」という文言が）なくなった以上、あなたたち、守らなくていいんでしょ」と言い放つ者がいること自体、条例の運用に加え、そもそも「条例の変更」がなされるような現実そのものにも目を向けなくてはならない実情が多々あることを強く示唆する。

福井と富山についての章（第五章）では、『世界日報』記者という、男女共同参画基本法に懐疑的な保守論客が、地方の男女共同参画推進の現場に関わり、「よく勉強している」ために非常に頼られている実態に触れた。地方によっては、男女共同参画推進の現場においても、無害な「勉強」で終わるケースや、保守的な家庭観をこそ大事にしようと活動するケースも存在しているということだ。もちろん、仮に「個人の意識におけるジェンダーのあり方を見なおそう」という催しであっても、それはいったい、どの程度の効果をもたらすもので、そもそもそうした啓発事業そのものが、税金を投じて行うべきものなのかという疑問もある。

啓発事業に偏るフェミニズム。それは、運動の担い手が高齢化し、実践的な批評性が薄れ、メディアを通じた自主的な情報発信がか細くなり、「内輪向けのラディカルさ」が幅をきかせるなどといった、「情報弱者化したフェミニズム」の辿りついた隘路なのだろうか。その担い手たちは、地道に地域において活動する行政やセンターの非正規職員も数多い反面、行政施設の正規職員や講師、あるいは研究職や大学のポストを獲得している者もいる。だが、財政の厳しさなど限界がある中とはいえ、啓発事業以外のメディア戦略が希薄な状況に対して、有効な手だてを打てていないようにも見える。

さて、議論をまとめよう。これまでの分析を通じた、本書の主張は、極めてシンプルなものだ。

・フェミニズムの運動は、中央から地方へのトップダウンで進められるべきものなのか。
・文化やコミュニケーション、振る舞いや内面の批評ばかりへと、フェミニズムの対象が偏っていてよいのか。
・貧困や暴力、差別や排除など、具体的な危機が多数ある中、「ジェンダーの危機」ばかり叫んでいてよいのか。
・ジェンダー概念を「知っている者」から「知らない者」へと啓蒙、啓発する、そうした「キヅカセ・オシエ・ソダテル」活動にばかり偏っていてよいのか。
・フェミニズムはこれまで以上に、実証的な分析と、実効的な活動と提言とを行なっていく必要があるのではないか。

上野千鶴子は近年のフェミニズムのおかれた状況を、「ジェンダー論当たり年に」（上野 2011: 333）、「フェミニズムは収穫期」（上野 2011: 257）と述べたが、ここまでの議論をお読みいただければ分かる通り、それは見当違いの分析だろう。それとも、九〇年代半ば以降のフェミニズムにおいて、成されるべきことが、成されていないという我々の疑問は、杞憂なのだろうか。

男女共同参画・ジェンダーフリー論争の様相を一〇年近く観察し、参加してきて、私たちが痛感したのは、実に当たり前のことだ。今の私たちに必要なのは、実証に基づいた丹念な改善提言。潜在的なニーズの発掘と発信。現場のニーズに根ざした活動。状況に合わせた新陳代謝の加速。そしてなにより、社会問題の具体的解決。これらを成すためにこそ、「失われた時代」から学べるものは多くあるだろう。

あとがき

本書はフェミニズムをめぐって、著者たちと真逆の立場をとる人たちへのフィールドワークや聞き取りに基づいて執筆したものだ。なにしろ、荻上、斉藤、山口がそれまでの執筆や運動のなかで、批判し、対峙してきた人たちに連絡をとり、面会をお願いしてきたのだ。その際、私たちはフェミニストであることを言明して、アポ取りをお願いしてきた。一部断られたケースがあったものの、驚くべきことに、多くの保守の人たちが私たちの依頼に応じてくれた。このことからも、フェミニストとして、自らの運動について考えざるを得なかった。もしも保守の立場の人が「フェミニストの話しを聞きたい」と申し込んできたとき、フェミニストはどのように対応するのだろうか。少なくとも、今まで私たちが見聞きしてきた多くのフェミニストたちの反応は、拒絶だった。当然、この社会で女性やフェミニストがおかれている立場を考えれば、恐れを抱かざるを得ないというのはよくわかる。しかしながら、それでいいのかということも強く考えさせられた。

「ジェンダーフリー」という言葉に関して、大学図書館で調べてみようと思い立ち、実は通説と異なり、バーバラ・ヒューストンが自著の中で否定的に書いていることを山口が発見したのは、二〇〇四年のことだった。このことを報告した記事が後に様々に引用され、大きな波紋を呼ぶことになった。ジェンダーフリーや男女共同参画への批判言説がネット上に蔓延していることを知った荻上が、その対抗言説をまとめるサイトを作ったのが二〇〇五年。保守言説を収集し、ネット上で論争を行う中で、フェミニズム研究者らの足取りが鈍く、自らのメディアイメージとのギャップに無自覚な様に疑問を抱き、その再検証の必要性を感じるようになった。富山で斉藤が、男女共同参画系の活動の冊子に「バックラッシャー」として知られる鴨野守という名前を発見するという偶然もあった。地道な活動に驚き、その事実を学会で発表したものの、多くの女性学・ジェンダー学者にとっては大した関心事ではなかったことを知った。各執筆者のこうした経験が多くの疑問を生み、本書を書く強い動機となった。ゆえに本書の調査と執筆の過程は、自らの思想や運動を問い直し続ける作業でもあった。

鴨野さんと斉藤のケースのように、偶然の経緯からの出会いであっても、一旦誰かと知り合いになると、その人に次の人を紹介してもらうという経験が何度もあった。だが、信頼関係をつくりあげるのが難しい面は多々あり、決定的に考え方が異なる論点もいくつもあった。それでも対話への糸口は全くないわけでもないと実感する場面も多かった。例えば、立場こそ違えども、運動家として、自らの関わる運動体の問題点や、運動の方法に関してなど、興味関心が共通することもあり、思った以上に互いの姿が似ていたりすることを発見することもあった。

今回の調査では、信仰をもっている人が多く、宗教は大きな意味をもって関わってきた。どうすれば相手の信念や思想、文化を尊重しつつ、自らとは大きく異なる考え方をする人の話しを聞き取り、理解することができるのか。フェミニストとして受け入れがたい思想であっても、その宗教においては根本を形作る論であるというケースも多々ある。そのとき、どのように相手を理解すべきか、そういった努力をどこまですべきなのだろうか、考えさせられた。

自らと立場が逆の人たちの話しを聞き、フィールドワークを行うことで、研究の倫理について考えさせられる機会も多かった。例えば米国の文化人類学においては、調査をする側として権力をもち、発信もすることができる研究者と、それに比べて権力を持たず、弱者であることが前提視される研究対象者の間の問題として、研究倫理が語られてきた歴史がある。だが、今回の調査の場合、もちろん私たちは研究者としての権力を持ってはいたが、例えば調査の相手は議員やジャーナリストなど、我々以上に多くの人たちに届くメディアをもったり、発信力をもっているケースも多かった。さらには、ジャーナリストは、取材し、それを発信することのプロでもある。政治的スタンスが違う取材や発信のプロたちに、どのように話しを聞き、そしてそれを表現することができるのかについても深く考えさせられる経験だった。同時に、とくにジャーナリストとの対話からは、足を使った、あるいは地域に根ざした取材や調査の重要性を実感することにもなった。

フィールドワークを行う上では、数々の困難にも遭遇した。例えば都城市への旅程が新燃岳の噴火などにより何度もキャンセルや延期を繰り返した。苦労してとった長峰市長とのアポイントメントはこの急展開によりキャンセルとなった。保守側のみならず、フェミニズムや男女共同参画の関係者から取材拒否をされたことも何度かあった。インタビューをお願いした方々で、多忙にもかかわらず、最後まで私たちのためにスケジュールを調整してくださったが、最終的に断念せざるをえなかったケースもあった。保守運動に参加する女性にもっと出会い、話しを聞きたかったが、女性へのアクセスはより難しかった。今後の課題としたい。また、様々な保守系の運動への調査は現在も続けており、改めて報告の機会をもちたいと思う。

原稿はそれぞれの書いたものに細かくコメントをつけあう作業をしつつ仕上げていった。この過程で議論に発展することもしばしばあった。そして、「まえがき」にも記したように、お会いした方々のお名前の敬称をどうするかは最後まで悩んだ。気持ちとしては、「さん」をつけたい。だが、文献と会話からの引用が多く、かつ混在しており、敬称のつけ方やルールが複雑になることから、敬称をつけることを断念した。さらに小さなことではあるが、苦労したのは、第二章では「山口県」「山口市」「山口敏昭編集長」と、筆者の「山口智美」と、「山口」だらけの状態だったこと、第三章でも、「千葉県」「千葉市」そして「千葉展正」さんと「千葉」だらけだった。混乱がないようにと気を遣った。

お伺いしたお話を書籍の中で使わせていただき、その中でお名前を出させていただいている方々には、お名前出しの可否を執筆最終段階で再度確認し、ご希望された場合には原稿もご確認いただくというプロセスを経た。その作業の中で、とくに政治的な立場を異にする人の場合、表記や言葉遣いにも細かい違いが如実に表れる時もあり、言葉を記述することの難しさを実感した。例えば筆者は「子ども」と記述するところを、保守の方は「子供」と書くなどの違いである。迷ったが、その人の言葉を引用したり、伝えている箇所については、極力ご希望に沿うか、あるいは意見交換しつつ折り合いをつけるようにした。その過程を経て、いかにそういった細かいことに気づかずに、研究者として他者の言葉を記述しているのかについても考えさせられた。

本書の調査、執筆を終えて今思うのは、フェミニストたちは安易に「バックラッシュ」というラベルを貼り、自らへの批判をしている人たちはいったい誰なのか、その批判が起きたのはどうしてなのかという具体像を見ないようにしてきたのではないかということだ。

フェミニストたちが「バックラッシュ」とひとくくりにして呼んできた保守運動の動きも多様であり、時には内部で対立さえもしていたし、変化もしていた。例えば「バックラッシュ」のラベルのもとに「司令塔からのトップダウンの動き」というイメージを増幅させることで、逆に保守運動が多種多様な戦略を使って、草の根的に広がっていた現実が見えなくなっていたのではないか。また、フェミニストらがジェンダー概念にこだわり、それこそが主要な攻撃対象だと考えたことで、保守側のフェミニズム批判の根幹にあった主張が見えなくなってはいなかったか。例えば、同性愛・両性愛といったセクシュアリティのあり方をめぐる批判、男女共同参画条例のつくり方や、一律的な「モデル条例」への疑問、税金の使い方としての箱モノ建設・運営および男女共同参画事業の妥当性や利権化の問題、男女共同参画とはそもそも何であり、誰のためのものなのかといった問いかけなどである。そして、フェミニストが反動と捉えた事柄はフェミニストが蒔いた種が発端になっていることも多かった。例えば中央から下ろしてくる啓発中心の男女共同参画政策、女性学・ジェンダー学の制度化や行政との関係等である。それらを検証することの必要性を痛切に感じることにもなった。

本書は現在の社会において、見えづらくされてしまった存在、聞こえづらくなっている声を伝えたいという思いで貫かれている。フェミニストが敵視するあまり対立する存在としてしか見てこなかった、保守運動に関わる人たちの様々な思いや人となり。必ずしも対立とだけでは片付けられない、それぞれの地域における保守と共産党など左派との関係の多様性。中央のアカデミックなフェミニズムにばかり脚光が当たりがちな中で、地道に声をあげ、運動を積み重ね、研究を行ってきた地方のフェミニストたちの存在。保守の内部にも存在する、地方と中央との温度差や、様々な内部対立。もともとは強い思いではなかったかもしれないが、男女共同参画の条例づくりやそれへの反対運動などに関わることになっていった地域の市民たちの声。そういった方々にぜひ本書を手にとっていただけたら、という思いで執筆した。

本書はなんといっても、筆者の聞き取りに応じてくださった多数の方々なくては成り立たないものだった。それぞれの土地で活動をされている未知の方々に直接お会いできるまでには、本当にいろいろな方々にご紹介いただいたり、お口添えいただいたりした。聞き取りをさせていただいた方々全員のお名前を挙げさせていただくべきところであるが、スペースの都合上、調査のために手配や紹介などをしてくださった方々にとくに感謝の言葉を申し上げることをお許しいただきたい。

何度も貴重なお時間をいただき、宇部の条例に関して関わられた方々にもご紹介いただき、さらに観光案内までもしてくださった、山口敏昭さんをはじめとした日本時事評論の方々。バーベキューに何度もお呼びくださり、とてもお気遣いをいただいた石井浩二さんとご家族の皆様、車でいろいろな所にお連れくださり、お話も聞かせてくださった西坂弘行さん、図版を探し、スキャンしてお送りくださった事務ご担当の方。さらに突然の訪問にもかかわらず、宇部市松月院の末次信明ご住職にはご歓待いただき、大変なお気遣いをいただいた。

世界日報関係者の方々、とくに鴨野守さん、山本彰さんには、お時間を厭わず、筆者に何度もお会いいただいたり、ご著書などをくださったりした。鴨野さんはいろいろな方々とのご連絡に心を砕いてもくださった。

宇部市の広重市郎前市議、豊中市の北川悟司市議、増木重夫さんと増木直美さん、福井の近藤實さん、東京の野村旗守さん、千葉の千葉展正さんには筆者の調査のために貴重な方々をご紹介くださり、資料も下さるなど、大変お世話になった。

「バックラッシュ派」とフェミニストたちが呼び、筆者とは政治的な立場はかなり異なるこの方々に謝辞を捧げるのは、不思議でおかしなこととも思われるかもしれない。だが、本書は、これらの方々のご協力がなくては成り立たない書籍だった。心から感謝したい。

宇部市の共産党議員団、千葉県の「平等条例ネット」の方々、福井の元推進員の黒川春美さん、浦井成男さんには、活動の詳しいお話しを伺い、資料をいただくなどした。何度もお時間をとっていただいた福井県議の方には、貴重なお話に加え、たくさんの資料をご準備いただいた。それに、鴨野さんと会う段取りをつけてくださった元議員や富山の元推進員の方々。さらに千葉県の「平等条例ネット」の方々にはインタビュー会場をおさえていただくなどもした。堂本暁子前知事にも条例関連の膨大な資料を揃え、コピーまでしていただき、さらに貴重な方をご紹介いただくなどお世話になった。尾辻かな子元大阪府議には直接お話しを伺わせていただいた上に、何度かのメールでさらに貴重なやりとりを重ねさせていただいた。

宮崎県都城市では、短い滞在であったにもかかわらず、たくさんの方々にお会いし、お話を伺うことができた。このような聞き取り調査ができたのは、とりわけ都城市職労組（当時）池江美知子さんのご尽力が大きかった。シエスタの元野広慈さんには、インタビュー会場の予約をし、シエスタの方々もご紹介くださるなどお世話になった。たもつゆかりさんへの聞き取りの際、大変きめ細やかにご連絡などしてくださった、高崎恵さん。何度もの斉藤からの電話にお答えくださり、保守系の議員さん方をご紹介いただくのみならず、お話もいただくことができた有満忠信元議員。内村仁子議員にも、得難い資料をいただくなどご配慮いただいた。来住一人議員には、たくさんの貴重な資料をいただき、二度もお話を伺うお時間をいただいた。また、市民団体代表のCさんには、チラシをわざわざお送りいただいた。

各地の行政職員の方々にも、お話を伺わせていただき、様々な資料をいただいた。とくに福井県、豊中市、都城市の男女共同参画担当課やセンターの方々には、何度もお時間をいただいたり、資料をいただくなどした。

筆者が企画したワークショップや集会、研究会等にご参加されたり、ご協力くださったフェミニストの方々。「フェミニズムとインターネット問題研究会」や「ユニオンＷＡＮ」の皆さん、そして支えてくれたフェミニズム研究や運動にかかわる多くの人たち、お一人お一人のお顔が思い浮かぶ。そうした日頃のつながりと積み重ねの中に私たちはあり、本書が生まれたと思っている。

小山エミさんには、荻上と斉藤、山口の出会いのきっかけを作っていただいたのみならず、研究プロジェクトを一緒に行うなど様々なご協力をいただいた。マサキチトセさんは、都城でのフィールド調査を一緒に行うと共に、第四章の加筆にも携わるなど、本書の完成までに果たした貢献は大きい。北米の学会でパネル発表をした際には、ノーマ・フィールドさん、山口一男さん、ローレン・コーカーさんにご協力いただいた。ラリー・カルッチさん、北田暁大さん、清水晶子さん、瀬口典子さん、ベサニー・グレナルドさん、舘かおるさん、谷口洋幸さん、原ひろ子さん、ミヤマアキラさん、宮本ゆきさん、安田浩一さん、山田真裕さん、ジェニファー・ロバートソンさんには、様々な支えや研究調査上のアドバイスなどをいただいた。

当研究は、「メディアイベントとしての「ジェンダーフリー論争」と「男女共同参画」の未来」と題してサントリー文化財団の二〇〇八～九年度「人文科学、社会科学に関する研究助成」を受けて行われた。二年間にわたるこの助成をいただかなければ、これだけのフィールド調査を日本の各地で行うことは不可能だった。サントリー文化財団には記して感謝の意を表したい。また、アジア研究学会(AAS)と日本女性学会には、学会発表や研究会開催のための助成をいただいた。山口の現在の所属先のモンタナ州立大学と、前所属先のシカゴ大学東アジア研究センターからも当研究のために助成をいただいた。お茶の水女子大学ジェンダー研究センターには、斉藤が研究協力員として活動を支えていただいた。

最後に、担当の編集として様々なアドバイス等をいただいた勁草書房編集部の渡邊光さん、また直接の担当ではないが、同編集部の関戸詳子さん、元同編集部の徳田慎一郎さんにも支えていただいた。深く感謝したい。

人名索引

サ　行

タ　行

ナ　行

ハ　行

マ　行

ヤ　行

ラ　行

ワ　行

アルファベット

事項索引

サ　行

タ　行

ナ　行

ハ　行

マ　行

ヤ　行

ラ　行

アルファベット

参考文献

青木玲子，1999，「欲しい情報を手に入れる方法」アジア女性資料センター編 1999: 54-57.

赤石千衣子，2006，「福井発ジェンダー本撤去事件に勝利宣言」『ふぇみん』2006年9月15日号.

Against GFB　福井県生活学習館ジェンダー関連図書（一時）撤去事件をめぐる情報 http://www.againstgfb.com/case_Fukui.html

あごら新宿発編，2006，『あごら』「ジェンダーバッシング」305号，2006年2・3月合併号.

浅井春夫・橋本紀子・北村邦夫・村瀬幸浩，2003，『ジェンダーフリー・性教育バッシング——ここが知りたい50のQ&A』大月書店.

浅倉むつ子，2012，「はじめに」「「すてっぷ」館長雇止め事件意見書」三井・浅倉編，2012: 3-7, 173-208.

アジア女性資料センター編，1999，『女たちの21世紀』「特集　女性と情報——インターネット時代へ」No. 20，1999年10月号.

——，2004，『女たちの21世紀』「特集　バックラッシュに対抗する——運動を再び私たちの手に！」No. 40，2004年11月号.

——，2006，『女たちの21世紀』「特集　私たちはもっと発信できる——メディアのフル活用術」No. 45，2006年3月号.

アジェンダ・プロジェクト編，2005，『アジェンダ』「特集　ジェンダー・バッシングに抗して」2005年冬号.

渥美雅子・船橋邦子・佐藤和夫・国松美枝子・女性県議の会・千葉県男女平等条例ネットワーク，2002，「『千葉県男女共同参画社会の促進に関する条例(案)』修正要求に対する声明書」.

安倍晋三，2006，『美しい国へ』文藝春秋.

荒川ユリ子，2009，【ウォッチ！新政権】レポート「新政権との男女共同参画対話集会」2009年12月3日　WAN　http://wan.or.jp/reading/?p=237

荒谷信子，1999，「3　女性学教育／学習の方法についての参考事例」国立女性

教育会館女性学・ジェンダー研究会編著1999: 204-213.
飯田健，2002，「右翼勢力に高く評価された『宇部市男女共同参画推進条例」」『山口の自治』2002年11月号：34-43.
石井公一郎，2004，「ジェンダーフリーの元祖はやっぱりマルクスとエンゲルス」『正論』2004年2月号：276-281.
伊田広行，1998，『シングル単位の社会論——ジェンダーフリーな社会へ』世界思想社.
——，2006，「バックラッシュの背景をさぐる」日本女性学会ジェンダー研究会編，2006: 176-186.
——，2008，「研究会活動報告」日本女性学会編『学会ニュース』第112号，2008年2月.
イダヒロユキ，イダヒロユキのソウル・サーチング http://www.tcn.zaq.ne.jp/akckd603/
——，ソウル・ヨガ http://www.geocities.jp/idadefiro/
——，ソウル・ヨガ（ブログ）http://blog.zaq.ne.jp/spisin/
伊藤雅子，1993，『女性問題学習の視点——国立市公民館の実践から』未来社.
伊藤公雄，1997，「男性対象のジェンダー講座の現状と課題」『国立婦人教育会館研究紀要』1号：77-88.
——，2004，「バックラッシュの構図」『女性学』新水社，Vol.11: 8-19.
伊藤陽一，2009，「ジェンダー統計研究（10）：性別格差の総合指数について1——GEMとGender Gap Indexを材料に」『経済統計学会ジェンダー統計研究部会ニュースレター』（10-15号） http://www.hosei.ac.jp/toukei/shuppan/g_shoho38_12ito.pdf
井上惠美子・池田靖子・関口久志・棚橋昌代・和田悠，2010，「性教育・ジェンダーへのバックラッシュ」年表（1990年6月～2010年7月），民主教育研究所「ジェンダーと教育」研究委員会.
井上たか子，1996，「序文」「訳者解説」クリスティーヌ・デルフィ『なにが女性の主要な敵なのか——ラディカル・唯物論的分析』，井上たか子他訳，勁草書房，1996: i-ix, 311-329.
井上輝子，1971，「ミニコミ・ウーマン・リブの季節——報道されるリブから主張するリブへ」『婦人問題懇話会会報』12号（井上1980: 156-173に再掲）.
——，1980，『女性学とその周辺』勁草書房.
——，1987，「女性学の国内動向 1. 女性学と国内組織」『日本家政学会誌 Vo.38 No.5: 437-439.

――，1992，「メディア・セクシズムを撃つ――「女性とメディア」研究動向と課題」『女性学研究　女性学と政治実践』勁草書房，第2号：158-189.
――，2009，「解説　Ⅱメディアの性差別表現」天野正子・伊藤公雄・伊藤るり・井上輝子・上野千鶴子・江原由美子・大沢真理・加納実紀代編『新編日本のフェミニズム7 表現とメディア』岩波書店：72.
井上輝子・上野千鶴子・江原由美子編，1994-1995，『日本のフェミニズム』全8巻，岩波書店.
井上輝子・上野千鶴子・江原由美子・大沢真理・加納実紀代編，2002，『岩波女性学事典』岩波書店.
井上輝子・女性雑誌研究会，1989，『女性雑誌を解読する』垣内出版.
井上はねこ，1999，『女性にやさしいインターネットの本――電子メール＆ホームページ＝新しいコミュニケーションの道具を使いこなす』CQ BOOKS.
岩男寿美子・原ひろ子編，1979，『女性学ことはじめ』講談社.
岩橋辰也，1998，『「心が元気」をプラス1――ウエルネス都城 人が元気　まちが元気　自然が元気』東京美術.
インパクト出版会編，2002，『インパクション』「特集　男女共同参画の死角と誤算」インパクト出版会.
ウィメンズ・アクション・ネットワーク（WAN）　http://wan.or.jp/
――，「投稿規定」　http://wan.or.jp/about/?page_id=15
――，「サイト利用規約」　http://wan.or.jp/about/?page_id=17
ウィメンズ・アクション・ネットワーク（WAN）理事会，2010「情報開示についての方針――なぜWANサイト上で説明を行わなかったのか」2010年5月12日　NPO法人WAN労働争議を支援する「5.12理事会文書公開します」http://uwansupport.blog65.fc2.com/blog-entry-37.html
WinK（Woman Internet Kansai），http://members.tripod.com/%7Ewink_japan/
WIN-L組織開発研究会（代表・堀久美），2001，『比べてみれば「私」のまちの女性センター』.
上野千鶴子，1982，『主婦論争を読む』勁草書房.
――，1985，『構造主義の冒険』勁草書房.
――，1986a，『女という快楽』勁草書房.
――，1986b，『女は世界を救えるか』勁草書房.
――，1995，「差異の政治学」井上俊他編『岩波講座現代社会学11 ジェンダーの社会学』岩波書店：1-26.
――編，2001，『ラディカルに語れば――上野千鶴子対談集』平凡社.

――，2006a，「渦中の人から」若桑他編著，2006: 19-34.
――，2006b，「不安なオトコたちの奇妙な連帯――ジェンダーフリー・バッシングの背景をめぐって」双風舎編集部編 2006: 378-439.
――，2006c，「バックラッシュに抗して」あごら新宿発編2006: 1.
――，2011，『不惑のフェミニズム』岩波書店.
上野千鶴子・辛淑玉，2002，『ジェンダーフリーは止まらない！――フェミバッシングを超えて』松香堂書店.
上野千鶴子・満田康子，2012，「WAN サイトにミニコミ電子アーカイブの構築を！ DOCUMENT-WAN　趣意書」http://wan.or.jp/reading/?p=6908「電子アーカイブ化の手引き」http://wan.or.jp/reading/?p=6941
上野千鶴子・メディアの中の性差別を考える会編著，1996，『きっと変えられる性差別語――わたしたちのガイドライン』三省堂.
上村千賀子，1997，「女性学教育・学習の課題と展望――国立婦人教育会館“女性学講座”16年の軌跡より」『国立女性教育会館研究ジャーナル』創刊号：67-76.
碓井正久，1971，「序章　戦後社会教育観の形成」碓井編1971: 3-31.
碓井正久編，1971，『社会教育〈戦後日本の教育改革 第十巻』東京大学出版会.
宇部市，「男女共同参画推進条例」および「条例制定までの経緯」http://www.city.ube.yamaguchi.jp/kurashi/shiminjinken/danjokyoudou/jourei/index.html
宇部市議会会議録検索システム　http://agenda.city.ube.yamaguchi.jp/discuss/
宇部市男女共同参画課，2002，『男女共同参画社会 With You』.
宇部時報社，2002，「市条例制定に向け2団体　男女共同参画の“本質”考える」『宇部時報』2002年6月3日.
ウーマンネットちば　http://www.geocities.co.jp/WallStreet-Bull/8479/
栄留里美，2008，「地方都市のセクシュアル・マイノリティの権利が条例化するための条件――宮崎県都城市男女共同参画社会づくり条例の制定・再制定の動きを事例として」『人権問題研究』大阪市立大学，8号：93-110.
NPO 法人 WAN 労働争議を支援する，2010　http://uwansupport.blog65.fc2.com/
江原由美子，1985，『女性解放という思想』勁草書房.
――，1989，『フェミニズムと権力作用』勁草書房.
――，2007，「ジェンダーフリーバッシングとその影響」『年報社会学論集』第20号：13-24.

大泉博子，2000，『現代好色五人女』河出書房新社，2000.
――，2006，『わたしはグッドルーザー』文芸社，2006.
大沢真理，1996，「「男女共同参画ビジョン」の特徴と意義――男女共同参画審議会メンバーの一人として」『女性と労働21』18号，1996年11月：6-40.
――，2002，『男女共同参画社会をつくる』NHKブックス.
岡部一明，1996，『インターネット市民革命』御茶の水書房.
荻上チキ，2006，「政権与党のバックラッシュ」双風舎編集部編2006: 193-198.
荻上チキ（chiki）・小山エミ（macska），2006~8，『バックラッシュ！』発売記念キャンペーン跡地　http://d.hatena.ne.jp/Backlash/
小熊英二・上野陽子，2003，『〈癒し〉のナショナリズム――草の根保守運動の実証研究』慶応義塾大学出版会.
乙川知紀，2006，『「バックラッシュ」の機能分析――〈ジェンダーフリー問題〉の構築をもとに』東京大学大学院情報学環学際情報学府修士論文.
尾辻かな子，2006a，「賛同人を募ります！」尾辻かな子活動日記，2006年9月4日 http://otsuji.blog.so-net.ne.jp/2006-09-04-1
――，2006b，「宮崎空港です」尾辻かな子活動日記，2006年9月14日．　http://otsuji.blog.so-net.ne.jp/2006-09-14-1
小野寺秀，2006a，「第2回予算特別委員会第1分科会」北海道議会議員小野寺まさるのホームページ
http://www.onoderamasaru.jp/gikai/shitsumon/2006063001/
――，2006b，『第3回予算特別委員会第1分科会』北海道議会議員小野寺まさるのホームページ
http://www.onoderamasaru.jp/gikai/shitsumon/20060929/
おんな通信社編，1990，『女子高生コンクリート詰め殺人事件』社会評論社.
女も男も編集委員会編，2003，『女も男も』「いまなぜ男女平等への逆襲か」2003年春号.
海妻径子，2005，「対抗文化としての、反「フェミナチ」――日本における男性の周縁化とバックラッシュ」木村編2005: 55-74.
科学研究費助成事業データベース　アジア太平洋地域の人身取引問題と日本の国際貢献―女性のエンパワーメントの視点から（代表神田道子）　http://kaken.nii.ac.jp/d/p/17310155.ja.html
――，人間の安全保障と人身取引―エンパワーメント視点からのアプローチ（代表中野洋恵）http://kaken.nii.ac.jp/d/p/20310157.ja.html
香川正弘，1981，「婦人教育」新堀編1981: 154-174.

加藤春恵子・津金澤聡廣編，1992，『女性とメディア』世界思想社.
金井淑子，2008，『異なっていられる社会を――女性学／ジェンダー研究の視座』明石書店.
亀田温子，2000，「はじめに」亀田・舘編著2000: 3-5.
――，2004，「教育装置のつくりかえ――社会を見る眼を奪い、心理主義化をすすめる教育改革とは 」『女性学』新水社，Vol.11: 20-27.
亀田温子・舘かおる編著，2000，『学校をジェンダー・フリーに』明石書店.
鴨野守，2006，「「ジェンダー図書撤去」はなぜ起きたか（1）「焚書坑儒」と騒ぐフェミニスト　非公開から一転、県が書名公表」『世界日報』2006年9月12日　http://www.worldtimes.co.jp/wtop/education/zyender3/060912.html
――，2008，「公立図書館のBL本（1)」『世界日報』2008年12月19日 http://www.worldtimes.co.jp/special2/bl/html/081219.html
神田道子，1987，「女性学の国内動向――2. 女性学と教育実践」『日本家政学会誌 Vol. 38 No.5: 439-441.
館長雇止め・バックラッシュ裁判を支援する会，2011，『ファイトバック！』No.16最終号2011年6月20日：3-4.
木村涼子編，2005，『ジェンダー・フリー・トラブル』白澤社.
――，2005，「教育における『ジェンダー』の視点の必要性――『ジェンダー・フリー』が問題なのか」木村編2005: 75-94.
行政刷新会議，2011，「「独立行政法人改革に関する分科会　事業仕分け第3ワーキンググループ評価コメント」 http://www.cao.go.jp/sasshin/oshirase/h-kekka/pdf/nov11kekka/3-1.pdf
久野綾子編，2005，『おんなの叛逆』53号「特集「男女平等は害悪」の嵐」2005年12月3日.
倉林裕美子，2010，「男女共同参画推進活動の広がり――地域との協働」全国女性会館協議会第五五回大会分科会 C.
ぐるーぷ・わいわい，2004，『女性センターで働く人たちは――女性（男女共同参画）センター非常勤職員労働実態調査』.
行動する女たちの会・メディアグループ，1990，『ポルノ・ウォッチング――メディアの中の女の性』学陽書房.
『薫風』2002，第5号，2002年11月3日，発行元不明.
公立社会教育施設整備費補助金交付要綱，1976，昭和五一年六月二三日，文部大　臣　裁 http://www.mext.go.jp/b_menu/hakusho/nc/t19760623001/t19760623001.html

国際婦人年をきっかけとして行動を起こす女たちの会，1997，『活動報告』1977年10月．
国立女性教育会館（ヌエック）サイト　http://www.nwec.jp/jp/
国立婦人教育会館，1997，平成9年度ヌエック（国立婦人教育会館）主催事業実施報告書　http://www.nwec.jp/jp/data/page0403.pdf
――，2000，『ジェンダーフリーな社会をめざして』（ビデオ全3巻）ジエムコ出版．
――，2009a，「男女共同参画センターの現状に関する調査 調査結果報告書」平成22年8月　http://www.gender.go.jp/research/joseicenter/index.html
――，2009b，平成21年事業年度財務諸表　http://www.nwec.jp/jp/data/page01-21_3.pdf
――，2010 平成22事業年度財務諸表　http://www.nwec.jp/jp/data/page01-22_3.pdf
――，「人身取引の防止のための教育・啓発と連携方策に関する調査研究」http://www.nwec.jp/jp/program/research/page04.html
国立女性教育会館　女性学・ジェンダー研究会編著，1999『女性学教育／学習ハンドブック（新版）』有斐閣．
国立女性教育会館の在り方に関する検討会，2012a，「（第一回）議事録」http://www.mext.go.jp/b_menu/shingi/chousa/shougai/026/gijiroku/1321404.htm
――，2012b，第一回配付資料【5-1】独立行政法人国立女性教育会館（概要）　http://www.mext.go.jp/b_menu/shingi/chousa/shougai/026/shiryo/__icsFiles/afieldfile/2012/04/25/1320014_5.pdf
――，2012c，第二回配付【資料4-3】堂本委員提出資料（1）http://www.mext.go.jp/b_menu/shingi/chousa/shougai/026/shiryo/attach/1321146.htm
――，2012d，第四回配付【資料2】「国立女性教育会館の組織・運営について・2ヌエックの職員数・人件費」http://www.mext.go.jp/b_menu/shingi/chousa/shougai/026/shiryo/__icsFiles/afieldfile/2012/06/14/1321845_1.pdf
――，2012e，第四回配付【資料3-1】「国立女性教育会館の在り方に関する意見募集の結果について」http://www.mext.go.jp/b_menu/shingi/chousa/shougai/026/shiryo/attach/1323477.htm
――，2012f，第五回配付【資料2】「論点2日本の男女共同参画の現状と課題に

ついて（検討メモ）」http://www.mext.go.jp/b_menu/shingi/chousa/shougai/026/shiryo/attach/1323291.htm
――, 2012g, 第七回配布「国立女性教育会館の在り方に関する検討会報告書（案）」http://www.mext.go.jp/b_menu/shingi/chousa/shougai/026/shiryo/attach/1324834.htm
小坂実, 2003,「男女共同参画」に隠されたジェンダーフリーの企み――「体制内フェミニスト」・大沢真理東大教授の「思想」と「戦略」『明日への選択』2003年3月 http://www.seisaku-center.net/modules/wordpress/index.php?p=164
小柴久子, 2008,「特性論に基づく男女共同参画条例の制定とその後の逆転」『女性学』新水社, Vol. 16: 52-67.
――, 2011,『市民参画型政治としての男女共同参画政策の考察――市民団体と行政との協働のあり方の分析を通して』山口大学大学院東アジア研究科博士論文.
小玉美意子, 1992,「女性の人権とマス・メディア」加藤・津金澤編, 1992: 22-39.
近藤實, 2006,「北海道でもジェンダーフリー書籍が問題になる！」健全な男女共同参画を考える！, 2006年10月25日　http://plaza.rakuten.co.jp/manandwoman/diary/200610250000/
――, 2007,「寺町みどり様、上野千鶴子様（圧力とは何か？）」健全な男女共同参画を考える！2007年1月21日　http://plaza.rakuten.co.jp/manandwoman/diary/200701210000/
――, 2008,「名大教科書の異常性　ジェンダーフリーを強要」『世界日報』2008年11月27日
――, 日付不詳「スカートの下の劇場　ほかの削除」健全な男女共同参画を考える！ http://plaza.rakuten.co.jp/manandwoman/6002
――, 日付不詳「一番の問題点（書籍内容の議論を！）」健全な男女共同参画を考える！ http://plaza.rakuten.co.jp/manandwoman/2000
斉藤正美, 2003,「『ウーマンリブとメディア』『リブと女性学』の断絶を再考する――一九七〇年秋『朝日新聞』都内版のリブ報道を起点として」『女性学年報』24号 :1-20.
――, 2006,「ユー・アイふくいの問題その2」2006年8月11日, ジェンダーとメディア・ブログ　http://d.hatena.ne.jp/discour/20060811
――, 2010,「国立女性教育会館の事業仕分けに見る、《箱モノ設置主義」》に

席巻されてきた男女共同参画政策の限界」『アルファ・シノドス』vol. 63.
斎藤美奈子，2006，『バックラッシュ！』書評，『論座』2006年9月 : 317.
財団法人国際宗教研究所宗教情報リサーチセンター「新生佛教教団」http://www.rirc.or.jp/xoops/modules/xwords/entry.php?entryID=363&categoryID=5
堺市女性団体連絡協議会，1989，『ミス・コンテストNON！　全国3382市町村ミスコンテスト実態調査資料　わたしたちはなぜミスコンテストに反対するか』
坂本ななえ・長谷川美子・林浩二1991「座談会　問われるべきマンガの性差別表現」月刊『創』編集部編『「有害」コミック問題を考える』創出版 : 202-207
桜井陽子，2011，「桜井陽子新理事長 ご挨拶」全国女性会館協議会サイト 2011年7月1日　http://j-kaikan.jp/top/modules/news1/index.php?page=article&storyid=28　http://j-kaikan.jp/top/modules/news1/index.php?page=article&storyid=28
佐藤文香，2006a，「フェミニズムに苛立つ「あなた」へ――怒りはどこへ向かうべきなのか」『論座』2006年4月 : 212-217.
――，2006b，「DV・セクハラ対策、男女共同参画センターの設置、保育所の増設、男女平等教育の推進などの事業に、税金を使いすぎているって、本当ですか？」日本女性学会ジェンダー研究会編2006: 145-150.
産經新聞社，2002a，「「男らしさ」「女らしさ」尊重を明記――山口・宇部市が共同参画条例　性差否定の流れに一席」『産經新聞』2002年7月13日.
――，2002b，「社説『主張』均衡とれた宇部市の条例」『産經新聞』2002年7月13日.
Jackson, Stevi, 1996. *Christine Delphy*. SAGE Publications.
SIESTA（シエスタ）　http://genki365.net/gnk/mypage/index.php?gid=G0000921
ジェンダー平等社会の実現を求める有志，2006，「猪口邦子内閣府男女共同参画担当大臣宛要望書」2006年6月5日　http://www.againstgfb.com/against_GFB_3.html
ジェンダーフリー条例に反対する千葉県民の会（代表 : 千葉展正），2003，「自民党の千葉県男女共同参画条例案とドメスティック・バイレンス条例案の上程は、自民党支持層に対する配信行為にほかなりません！」2003年2月
柴田敦史，2005，『日本と道徳』文芸社.
渋谷典子，2011，「旅は道連れ、世はフェミニズム」『現代思想』青土社，vol.

39-17: 186-189.
市民オンブズマン福井，2006，福井県生活学習館問題に関する公開質問状送付 http://homepage2.nifty.com/OmbudsFukui/2006.html
社会教育審議会，1970，「急激な社会構造の変化に対処する社会教育のあり方について（案）――中間発表（中間答申）」
シャキット富山35，2011，「NWEC（独立行政法人国立女性教育会館）の存続を求める要望書」『シャキット情報』126号，2011年12月17日　http://www.saponavitakaoka.jp/group16/archives/date/2011/12
「宗教の自由」取材班，2010，「"拉致監禁"の連鎖」『月刊ビューポイント［ダイジェスト版世界日報］』2010年5月号 : 26-51.
女性学研究会編，1984-1987，『講座女性学』全4巻，勁草書房.
「女性とメディアの新世紀へ」作成委員会編，1999，『女性とメディアの新世紀へ』東京女性財団.
新教啓世会は新生佛教（新生仏教）の分派である 語句説明「日本時事評論」 http://shinkyo-keiseikai.org/dictionary.html
新生佛教教団，1995，『実践哲学　新生佛教の栞』.
――，発行年不明，『こんにちは新生佛教です――新生佛教を知っていただくためのQ&A』.
――，発行年不明，『くらしに役立つ生きた教え』.
――，新生佛教教団サイト　http://shinsei-bukkyo.jp/
新日本婦人の会，2011，「国立女性教育会館（NWEC）を他と統合する動きに反対し、単独の施設として存続させることを要望します」（会長高田公子）2011年11月2日　http://www.shinfujin.gr.jp/hotnews_old/2011/kokuritu20111102.pdf
出納いずみ，2003a，「「千葉県男女共同参画条例」廃案の顚末とこれから」『女性展望』2003年4月号 : 14-15.
――，2003b，「「県提出の条例案」も「自民党案」も「廃案」！」『平等条例ネット・ニュースレター』2003年3月11日.
菅井純子，2008，「福井「焚書坑儒」事件、その後の経過」『む・しの音通信』No.68，2008年12月5日　http://gifu.kenmin.net/midori/news/68.html
杉橋やよい，2008，「ジェンダーに関する統合指数の検討――ジェンダー・ギャップ指数を中心に」戒能民江編著『ジェンダー研究のフロンティア1巻　国家／ファミリーの再構築――人権・わたし的領域・政策』作品社 : 230-249.

杉橋やよい・伊藤陽一，2011，「主要統計指標の開設（3）：ジェンダー不平等指数（GII）（UNDP『人間開発報告書』の新指標）『NWEC男女共同参画統計ニュースレター』No.5: 9-11.　http://www.nwec.jp/jp/data/NWEC-GSNL.5_20110222.pdf
鈴木彩加，2011，「主婦たちのジェンダーフリー・バッシング――保守系雑誌記事の分析から」『ソシオロジ』Vol. 56, No.1（No.171）: 21-37.
鈴木みどり，1992，「メディア問題に取り組む草の根の女性たち」加藤・津金澤編1992: 57-70.
――，2001，『メディア・リテラシーの現在と未来』世界思想社.
世界日報「自己抑制教育」取材班，2007，『誰も書かなかったアメリカの性教育事情――最新現地レポート』世界日報社.
世界日報社，2006a，「福井市、小学四年用副読本でジェンダーフリー奨励」『世界日報』2006年4月13日.
――，2006b，「県側は過激図書を排除 県センターの150冊対象に」『サンデー世界日報』2006年4月30日.
――，「世界日報社のあゆみ」 http://www.worldtimes.co.jp/office/story.html
全国女性会館協議会，2011，全国女性会館協議会2012年度事業計画　http://j-kaikan.jp/top/modules/katsudo/index.php?content_id=47
――，概要　http://j-kaikan.jp/top/modules/about/index.php?content_id=1
――，女性関連施設管理職研修事業　http://j-kaikan.jp/top/modules/katsudo/index.php?content_id=13
――，第55回全国大会実施報告書　http://j-kaikan.jp/top/modules/katsudo/index.php?content_id=31
――，定款　http://j-kaikan.jp/top/modules/about/index.php?content_id=4
全国霊感商法対策弁護士連絡会「霊感商法の実態」 http://www1k.mesh.ne.jp/reikan/index.htm
双風舎編集部編，2006，『バックラッシュ！――なぜジェンダーフリーは叩かれたのか』双風舎
石楿，2008，「現代日本社会における「ジェンダーフリー・バックラッシュ」現象」『次世代人文社会研究』第4号 : 237-251.
第三次男女共同参画基本計画，2010，第三部推進体制，2010年12月17日閣議決定 http://www.gender.go.jp/kihon-keikaku/3rd/3-19.pdf
第10回法定合併協議会会議録，第10回都城北諸合併協議会会議録平成16年9月25日 http://www.gappei-archive.soumu.go.jp/db/45miyaza/4504miyako/

index.files/10kaigiroku.pdf
高橋準，2006,「電子ネットワークと社会運動—— Women's Online Media の10年から考える」伊藤守・新原道信・奥山眞知編『地球情報社会と社会運動』ハーベスト社 : 183-201.
高橋史朗，2004,「第九章『親学』の現代的意義——脳化学と男女共同参画の視点から」親学会編，高橋史朗監修『親学のすすめ——胎児・乳幼児期の心の教育』モラロジー研究所 : 295-326.
竹信三恵子，2004,「『参画』が『調達』にすりかわった5年——ネオリベラリズムのなかでの基本法」アジア女性資料センター編 2004: 9-11.
——，2006a,「対談　少数者の情報をマスで流す枠組づくり（辛淑玉との対談）」アジア女性資料センター編2006: 12-16.
——，2006b,「特別ふろく①あなたの自分メディア度診断テスト」アジア女性資料センター編2006: 47-49.
舘かおる・小山直子，2008,「ウェブ世界の『ジェンダー』」舘かおる編著『テクノ／バイオ・ポリティクス　科学・医療・技術のいま』作品社 : 73-92.
田中和子・諸橋泰樹，1996,『ジェンダーからみた新聞のうら・おもて——新聞女性学入門』現代書館.
田中統治，1995,「Ⅳ. 教育の場でのジェンダー問題」東京女性財団，1995b: 21-25.
tummygirl，2007a,「発題」FemTumYum 2007年12月7日
http://d.hatena.ne.jp/tummygirl/20071223/1198391400
——，2007b,「マッチポンプ、あるいは、対立の禁止が対立をつくりだす」FemTumYum 2007年12月7日
http://d.hatena.ne.jp/tummygirl/20071223/1198391034
俵谷正樹，1981,「第二章社会教育の歴史と制度」新堀編1981: 21-47.
男女共同参画局「男女共同参画基本計画（第二次）」，2005，平成17年12月決定
http://www.gender.go.jp/kihon-keikaku/2nd/index2.html
男女共同参画局「男女共同参画基本計画（第三次）」，2010，平成22年12月決定
http://www.gender.go.jp/kihon-keikaku/3rd/
男女共同参画社会基本法，1999　http://www.gender.go.jp/9906kihonhou.html
男女共同参画とジェンダーフリーを考える会，2003,『あぶない！「男女共同参画条例」あなたの町の子供と家庭を守ろう』男女共同参画とジェンダーフリーを考える会.
男女共同参画をすすめるための緊急対話，2011,「独立行政法人国立女性教育

会館（ヌエック）についての要望書」（代表堂本暁子、呼びかけ人青木玲子他）2011年10月27日.
千葉県，2011，「第三次千葉県男女共同参画基本計画」平成23年3月　http://www.pref.chiba.lg.jp/dankyou/keikaku/sougoukikaku/danjokyoudou03/documents/zenbun.pdf
千葉県議会議事録　http://www.pref.chiba.lg.jp/gikai/index.html
千葉展正，2002a，「フェミババ知事とフェミタリアンの狂宴」千葉のフェミナチ県政を監視するブログ，2002年7月1日　http://femiwatch.blog68.fc2.com/blog-date-200207.html
——，2002b，「間一髪成立が回避されたフェミナチ条例」千葉のフェミナチ県政を監視するブログ2002年10月10日　http://femiwatch.blog68.fc2.com/blog-date-200210.html
——，2002c，「堂本暁子知事　千葉『ジェンダー・フリー帝国』の夢、潰ゆ」『諸君！』2002年12月号 : 218-225.
——，2003，「千葉県男女共参・ＤＶ条例　自民党修正案の廃棄当然　裏で画策するエセ保守団体」『國民新聞』2003年3月15日.
——，2004，『男と女の戦争　反フェミニズム入門』展転社.
坪田護・佐藤晴雄，1995，『社会教育と生涯学習』成文堂.
てらまち・ねっと　http://blog.goo.ne.jp/teramachi-t
寺町みどり，2006a，「ジェンダー関連本が福井県生活学習館から選別・排除された！」みどりの一期一会2006年5月3日　http://blog.goo.ne.jp/midorinet002/e/4bae0ef0d9d0d739bd56f3244abcf42b
——，2006b，「上野さんの本はどこが危ないんだろう？／コメントの指摘を受けて」みどりの一期一会2006年7月28日　http://blog.goo.ne.jp/midorinet002/e/0401482d5e0493ad8c2fe93c8247812d
——，2006c，「どこがあぶない？！「結婚帝国　女の岐れ道」続編～8/26イベントチラシ」みどりの一期一会2006年8月11日　http://blog.goo.ne.jp/midorinet002/e/6c9deb24ab3fb93fafa2641809ede1e4
——，2006d，「全面開示は勝利の証し「ジェンダー図書排除事件を問う抗議集会」の報告／福井発・焚書控除事件」みどりの一期一会2006年8月27日　http://blog.goo.ne.jp/midorinet002/e/b723190d3aba23310c91adf6a07d6ffb
——，2006e，「北海道立女性プラザの図書選定基準と市民からの要望書」みどりの一期一会2006年11月6日　http://blog.goo.ne.jp/midorinet002/e/2284d

23780fba6d374419d8745e151d3
――, 2007,「提訴レポート&カニと温泉つきの福井の旅―提訴2」みどりの一期一会2007年2月19日 http://blog.goo.ne.jp/midorinet002/e/257136aeadb14bf3934b7590dc24c692
――, 寺町みどりの Web 福井「焚書坑儒」事件特集 http://gifu.kenmin.net/midori/
Delphy, Christine, 1996. "Rethinking Sex and Gender." Adkins, Lisa and Leonard, Diana, ed. *Sex in Question: French materialist feminism*. London: Taylor and Francis: 31-42.
Diller Ann, Barbara Houston, Kathryn Pauly Morgan and Maryann Ayim, 1996. *The Gender Question in Education: Theory, Pedagogy, & Politics*. Westview Press.
堂本暁子, 2003,『堂本暁子の DV 施策最前線』新水社.
――, 2005,「JJ10年の歩み」『JJ ネットニュース(女性政策情報ネットワーク)合冊版』(vol.301-404)) 女性政策情報ネットワーク:ページ記載なし.
東京女性財団, 1995a,『GENDER FREE――若い世代の教師のために』(執筆:深谷和子・田中統治・田村毅).
――, 1995b,『ジェンダーフリーな教育のために――女性問題研修プログラム開発報告書』(執筆:深谷和子・田中統治・田村毅).
――, 1995c,『ジェンダーチェック――男女平等への指針 家族・家庭生活編』.
――, 1996,『ジェンダーフリーな教育のために II――女性問題研修プログラム開発報告書』(執筆:深谷和子・田中統治・田村毅).
――, 年号不明,『ジェンダーチェックワークブック――地域・社会生活編』.
東京都議会会議録 http://asp.db-search.com/tokyo/
遠山日出也, 2012a,「WAN 争議が提起した課題と現在の WAN の問題点」中国女性・ジェンダーニュース+ http://genchi.blog52.fc2.com/blog-entry-377.html
――, 2012b, ウィメンズ・アクション・ネットワーク(WAN)の労働争議・まとめ http://wansogi.omiki.com/
――, 2012c,「WAN の第三回シンポと総会に参加して」中国女性・ジェンダーニュース+ http://genchi.blog52.fc2.com/blog-entry-391.html
独立行政法人国立女性教育会館(概要)【資料5-1】http://www.mext.go.jp/b_menu/shingi/chousa/shougai/026/shiryo/__icsFiles/afieldfile/2012/04/25/1320014_5.pdf

独立行政法人国立女性教育会館法，1999　http://law.e-gov.go.jp/htmldata/H11/H11HO168.html
富山県，2010，『地域における男女共同参画推進BOOk～HOW TO編～』富山県生活環境文化部男女共同参画・ボランティア課．http://www.pref.toyama.jp/cms_pfile/00006602/00381320.pdf
富山県生活環境文化部男女共同参画・ボランティア課編，2007，『富山県男女共同参画推進員活動事例集・二六集』富山県生活環境文化部男女共同参画・ボランティア課．
豊中市議会議事録　http://toyonaka.gijiroku.com/gikai/
内閣官房行政改革推進事務局，2004，文部科学省提出資料「独立行政法人国立女性教育会館について」【資料1-2】 http://www.gyoukaku.go.jp/dokuritsu/dai2/2siryou_1-2.pdf
内閣府行政刷新会議，2011，独立行政法人改革に関する分科会「独立行政法人の概要（その1）」 http://www.cao.go.jp/sasshin/doku-bunka/kaigi/2011/wg1_2/08.pdf
内閣府行政刷新会議，2012，独立行政法人の制度・組織の見直しについて http://www.cao.go.jp/gyouseisasshin/contents/03/pdf/bunka_hokoku.pdf
中河伸俊，1996，「富山県立図書館問題その後 自主規制の増殖は図書館の自死に及ぶか」『ず・ぼん3』1996年9月5日　http://www.pot.co.jp/zu-bon/zu-03/zu-03_116
中川八洋，2003，『これがジェンダーフリーの正体だ――日本解体の「革命」が始まっている』日本政策研究センター．
中島通子，2000，「男女共同参画社会基本法体制への懸念」『女たちの21世紀』「特集　女性運動北京から21世紀へ」No.21, 2000年1月：12-13.
中西豊子，2009，「今、なぜWANなのか？」WAN，2009年5月30日 http://wan.or.jp/reading/?p=2
中村紀伊・志熊敦子・有馬真喜子，1995，「座談会女性施設の一〇〇年史」横浜市女性協会編『女性施設ジャーナル』1号，学陽書房：26-41.
新堀通也編，1981，『社会教育学』東信堂．
西尾幹二，2005，「あとがき」西尾・八木2005: 356-360.
西尾幹二・八木秀次，2005，『新・国民の油断　「ジェンダーフリー」「過激な性教育」が日本を亡ぼす』PHP研究所．
21世紀男女平等を進める会，2003，『誰もがその人らしく　男女共同参画』．
日本会議「日本会議とは」 http://www.nipponkaigi.org/about

日本時事評論社, 1998,「天録時評　混合名簿は浅知恵！！性差をなくせば良い社会？？」『日本時事評論』1998年1月1日

——, 1999,「巷露　男らしく女らしく」『日本時事評論』1999年8月13・20日.

——, 2000a,「“共参”主義の押し付けはご免だ！！『男女共同参画』の条例化は疑問！『家族解体』と『国力衰退』を招く危険性」『日本時事評論』2000年5月12日.

——, 2000b,「巷露　平等チェックの憂うつ」『日本時事評論』2000年6月2日.

——, 2000c,「天録時評“共参”主義の押しつけはご免だ！！条例化に疑問の声が続々」『日本時事評論』2000年6月23日.

——, 2001a,「号外　男女共同参画特集：「共同参画」は男女間闘争の始まり！」『日本時事評論』2001年5月18日.

——, 2001b,「天録時評 「結婚はしません」の著者が講師」『日本時事評論』2001年7月13日.

——, 2001c,「天録時評　期待通り？のフェミニズム講演会」『日本時事評論』2001年8月10日.

——, 2002a,「シンポジウム『夫婦別姓に隠された問題』」『日本時事評論』2002年2月8日.

——, 2002b,「号外　男女共同参画特集Q：男女共同参画社会ってな～に？A：男と女の一切の区別をやめます」『日本時事評論』2002年6月1日.

——, 2002c,「天録時評　男女共同参画“男らしさ・女らしさ”“主婦”を認めます　宇部市が良識的な条例を制定」『日本時事評論』2002年7月5日.

——, 2002d,「きわめて良識的な宇部市の男女共同参画推進条例（答申案との対照および解説）『日本時事評論』2002年7月5日.

——, 2002e,「フェミニストによるフェミニストのための条例」「千葉県で超過激な男女共参条例が…フェミニストの横暴に、良識派が奮起を」『日本時事評論』2002年8月23日.

——, 2002f,「千葉県の過激“共参”条例　絶版『ラブ＆ボディBOOK』と同根」『日本時事評論』2002年8月30日.

——, 2002g,「千葉県の男女共参条例案は憲法違反！！入札資格で事業者を締め出し」『日本時事評論』2002年9月20日.

——, 2002h,『湧泉』創刊号「男女共同参画」の表と裏, 2002年10月.

——, 2002i,「ジェンダーフリー社会の未来」チラシ, 2002年10月31日.

——, 2002j,「過激な“共参”条例に待った！ 12月議会 知事案を否決し良識的の制定へ　千葉県議会」『日本時事評論』2002年11月1日.

――，2002k，「摩訶不思議な「リプロダクティブ・ヘルス・ライツ（性と生殖に関する健康と権利）フリーセックスを助長し、堕胎を奨励！！」『日本時事評論』2002年11月15日.
――，2003，『湧泉』第2号「男女共同参画」とジェンダー論，2003年1月.
――，2005，「天録時評　市民団体の条例ランクとモデル案」『日本時事評論』2005年2月18日.
――，2011，『湧泉』第9号「社会に広めたい『子育て四訓』」2011年12月.
日本女子社会教育会，2002，『新子育て支援――未来を育てる基本のき』.
日本女性学会，2003，『Q&A　男女共同参画をめぐる現在の論点』日本女性学会編『学会ニュース』号外，2003年3月.
日本女性学会学会誌編集委員会編，2003，「特集『男女共同参画社会』をめぐる論点と展望」『女性学』新水社，Vol. 11: 4-49
――，2008，「特集バックラッシュをクィアする――性別二分法批判の視点から」『女性学』新水社，Vol. 15: 4-58.
日本女性学会幹事会有志，2002，「千葉県男女共同参画社会の促進に関する条例（案）」に対する抗議声明『学会ニュース』第92号，2002号11月.
日本女性学会・ジェンダー研究会編，2006，『Q&A　男女共同参画／ジェンダーフリー・バッシング』明石書店.
日本女性学会「独立行政法人改革における国立女性教育会館の扱いに関する要望」http://www.joseigakkai-jp.org/index.php?p=107
日本女性学研究会編集委員他，2011，「座談会――利用者の立場から語る女性センター」『女性学年報　特集「女性センター」という経験』32号：64-89.
丹羽雅代，2006，「言葉を力に――市民と行政と学界のはざまで」若桑他編著2006: 137-154.
縫田曄子，1999，『語り下ろし――情報との出会い』ドメス出版.
縫田曄子編，2002，『あのとき、この人　女性行政推進機構の軌跡』ドメス出版.
野牧雅子，2005，「世紀の邪法『DV防止法』は家族解体法である！」野村編2005: 90-99.
野村旗守，2005，「男女共同参画御殿③国立女性教育会館　フェミニズム真理教のサティアン『ヌエック』見学ツアー」野村編2005: 69-74.
野村旗守編，2005，『男女平等バカ――「ジェンダーフリー」はモテない女のヒガミである！』宝島社.
橋本ヒロ子，2001，「条例をつくる必要性」山下・橋本・齊藤2001: 11-28.
――，2002a，「男女共同参画社会基本法と自治体条例」『マッセosaka研究紀

要』第5号2002年3月：3-14.
――，2002b,「男女平等条例制定の状況とその成果」『労働法律旬報』No.1532, 2002年7月25日：6-11.
――，2003,「男女共同参画をめぐる論点研究会報告――千葉県の状況」日本女性学会編『学会ニュース』日本女性学会第93号，2003年2月.
長谷川美子，2006,「たかが名簿、されど名簿――学校現場から男女平等を考える」双風舎編集部編2006: 340-356.
馬場俊明，1993,『「自由宣言」と図書館活動』青弓社.
林香里，2011,『〈オンナ・コドモ〉のジャーナリズム――ケアの倫理とともに』岩波書店.
林道義，1996,『父性の復権』中央公論社.
――，1999a,『母性の復権』中央公論社.
――，1999b,『フェミニズムの害毒』草思社.
――，2000a,『家族破壊』徳間書店.
――，2000b,「第一章　ファシズム化するフェミニズムの脅威――男女共同参画社会基本法の危険思想」林2000a: 44-86（『諸君！』2000年7月号より再掲）.
――，2002a,「フェミニズム批判18　画期的な宇部市男女共同参画条例」林道義のホームページ　http://www007.upp.so-net.ne.jp/rindou/femi17.html
――，2002b,「フェミニズム批判19　千葉県の男女共同参画条例の危険性」林道義のホームページ　http://www007.upp.so-net.ne.jp/rindou/femi18.html
――，2002c,「男女平等に隠された革命戦略」『正論』02年08月：240-249.
――，2002d,『家族の復権』中央公論社.
――，2004,「5　フェミニストの汚い宣伝と工作「女性政策情報ネットワーク」への反論」林道義のホームページ　http://www007.upp.so-net.ne.jp/rindou/arakawa5.html
――，2005,『家族を蔑む人々』PHP研究所.
原ひろ子，2004,「『性差意識』と『性差別意識』は異なります」JJネットニュース Vol.40, 2004年4月21日.
遥洋子，2000,『東大で上野千鶴子にケンカを学ぶ』筑摩書房.
Houston, Barbara. 1994[1985]. "Should Public Education be Gender-free?" Linda Stone ed. *Education Feminism Reader*. Routledge: 122-134（初出は "Gender Freedom and the Subtleties of Sexist Education," *Educational Theory*, vol35, n4, Fall 1985. Diller et al eds. 1996にも再掲）.

バーバラ・ヒューストン，2006，山口智美訳「『ジェンダー・フリー』概念に関するコメント」双風舎編集部編 2006: 241-242.
平岡久「東京高等裁判所平成17年11月24日判決」平岡久のホームページ http://www.hiraoka.rose.ne.jp/C/k051124tky.htm
フェミックス，2004，『くらしと教育をつなぐ We』「特集：バックラッシュを打ち負かせ！」127号，2004年11月.
——，2005a，『くらしと教育をつなぐ We』「特集：続・バックラッシュを打ち負かせ！」129号，2005年1月.
——，2005b，『くらしと教育をつなぐ We』「特集：続・続・バックラッシュを打ち負かせ！」130号，2005年2・3月.
——，2005c，『くらしと教育をつなぐ We』「特集：止まらないバックラッシュ論争」132号，2005年5月.
フェミナチを監視する掲示板 http://www.azaq-net.com/bbs/bbs.cgi?tani6010
——，2002，投稿者：岡本「[147] 千葉県条例が危機！」2002年8月18日 http://www.azaq-net.com:8080/tani6010/3.html
——，2003a，投稿者：管理人「[2108] 千葉公開討論（講演）会」2003年1月19日 http://www.azaq-net.com:8080/tani6010/39.html
——，2003b，投稿者：鳥越武史「[2645] 緊急事態発生」2003年2月7日 http://www.azaq-net.com:8080/tani6010/45.html
——，2003c，投稿者：管理人「[2673] 千葉共同参画条例に関するお願い」2003年2月9日 http://www.azaq-net.com:8080/tani6010/44.html
——，2003d，投稿者：管理人「[2986] 千葉県条例自民党案提出。」 http://www.azaq-net.com:8080/tani6010/49.html
フェミニズムとインターネット問題研究会，2010，「フェミニズムとインターネット問題を考える」 https://sites.google.com/site/fnetproject/
フェミニズムの歴史と理論，2011，「2010年6月6日 非営利団体や市民運動における雇用や無償・ボランティア運動を考える——ユニオン WAN の事例から」 http://www.webfemi.net/?page_id=789
深谷和子，1995，「I. プロローグ」「II. ジェンダー・フリーってなに？」東京女性財団 1995b: 3-15.
福井新聞社，2006，「県生活学習館の書籍撤去　著者らが抗議集会」2006年8月27日.
総山孝雄，2001，「ジェンダー・フリーによる亡国を防ごう」『日本の息吹』2001年10月号：12-13.

藤岡貞彦，1971，「第五章社会教育の方法」碓井編 1971: 311-389.
富士山2000，2004，「ぶっ飛ばせ　ジェンダーフリー」富士山2000の日記. 2004年1月7日 http://plaza.rakuten.co.jp/hisahito/diary/200401070000/
——，2006a，「面白くなる福井県図書排除問題の攻防」，富士山2000の日記，2006年5月13日　http://plaza.rakuten.co.jp/hisahito/diary/200605130000/
——，2006b，「福井県図書排除問題の動向／近藤氏を勝手に応援する勝手連会長」，富士山2000の日記，2006年8月5日　http://plaza.rakuten.co.jp/hisahito/diary/200608050000/
——，2006c，「福井図書問題に私見を述べる」，富士山2000の日記，2006年9月17日 http://plaza.rakuten.co.jp/hisahito/diary/?ctgy=4
藤田秀雄，1971，「第三章社会教育政策の転換」碓井編 1971: 133-215.
船橋邦子，2002，「千葉県男女共同参画条例をめぐる動き」日本女性学会編『学会ニュース』第92号，2002年11月.
——，2003，「条例制定をめぐる「攻防」からみえてきたもの」『女性学』新水社，Vol. 11: 37-49.
——，2006，「男女共同参画／ジェンダーフリーができるまで」日本女性学会ジェンダー研究会編 2006: 165-170.
別冊宝島編集部編，2003，『まれに見るバカ女』宝島社.
——，2005，『まれに見るバカ女との闘い』宝島社.
「保守系雑誌」サイト　http://www.geocities.co.jp/CollegeLife-Club/8122/3.html
母子衛生研究会，2002，『思春期のためのラブ&ボディ Book』.
細谷実，2005，「男女平等化に対する近年の反動はなぜ起きるのか？」『世界』2005年4月 : 96-105.
ジェーン・マーティン&バーバラ・ヒューストン，2006，山口智美訳「ジェンダーを考える——ジェーン・マーティン&バーバラ・ヒューストンインタビュー（聞き手山口智美）」双風舎編集部編 2006: 200-240.
マサキチトセ，2010，「フェミニズム運動や研究組織における非正規・無償労働問題を問い直す」日本女性学会編『学会ニュース』第120号，2010年10月.
町田民世子，1992，「フェミニズム出版この十年」加藤・津金澤編1992: 172-178.
——，2011，「女性学のスタートラインで」『現代思想』青土社，vol.39-17: 202-205.
松浦光修，2003，『いいかげんにしろ日教組——われ「亡国教育」と、かく闘

えり』PHP 研究所.
町村信孝, 2005,『保守の論理「凛として美しい日本」をつくる』PHP 研究所.
松風恵, 1993,「『マス・メディア批判の権利』と『表現の自由』」メディアの中の性差別を考える会編 1993: 266-269.
松下圭一, 1986,『社会教育の終焉』筑摩書房.
円より子公式サイト, 2009「鳩山総理は「男女共同参画社会」に意欲的」http://www.madoka-yoriko.jp/blog/429/
溝口明代・佐伯洋子・三木草子編, 1992,『資料日本ウーマン・リブ史 I: 1969-72』松香堂書店.
——, 1994,『資料日本ウーマン・リブ史 II: 1972-75』松香堂書店.
——, 1995,『資料日本ウーマン・リブ史 III: 1975-82』松香堂書店.
三井マリ子, 1992,『桃色の権力——世界の女たちは政治を変える』三省堂.
——, 2004,「男女平等を嫌う反動勢力の実像——日本にはびこるバックラッシュ現象」フェミックス2004: 22-28.
——, 2012,「人権文化部の首切りプロジェクト」三井・浅倉編2012: 11-160.
三井マリ子・浅倉むつ子編, 2012,『バックラッシュの生贄——フェミニスト館長解雇事件』旬報社.
都城市議会会議録 http://www2.city.miyakonojo.miyazaki.jp/gikai/sapphire.html
都城市(旧), 2003, 都城市男女共同参画社会づくり条例 http://www.city.miyakonojo.miyazaki.jp/mpsdata/tc/319/16_doc3.pdf
都城市, 2006a, 都城市男女共同参画社会づくり条例(案)のパブリックコメントの集計結果 http://www.city.miyakonojo.miyazaki.jp/pabukome/shiminseikatu/seikatubunka/danjokentoukekka.jsp
——, 2006b, 都城市男女共同参画社会づくり条例 http://www.city.miyakonojo.miyazaki.jp/mpsdata/web/318/jyoreinojyoubunn.pdf
——, 発行年不明, 都城市パブリックコメント実施要綱(趣旨) http://www.city.miyakonojo.miyazaki.jp/mpsdata/web/372/youkou.pdf
宮崎県, 発行年不明, 昼間人口夜間人口 http://www.pref.miyazaki.lg.jp/parts/000096993.pdf
宮崎日日新聞社, 2006a,「都城市先進的な条文を削除」『宮崎日日新聞』2006年9月9日.
——, 2006b,「社説 男女共同参画条例を修正? 避けたい、振り出しへ戻る愚」『宮崎日日新聞』2006年9月10日.

——，2006c，「都城市男女共同参画条例案　文言削除は差別容認　大阪府議市長に抗議」『宮崎日日新聞』2006年9月15日.
——，2006d，「都城市男女共同参画条例案『少数者の声に耳を』尾辻さん　市民派賛否交錯」『宮崎日日新聞』2006年9月15日.
——，2006e，「広範な支持得るために　長峯市長一問一答」『宮崎日日新聞』2006年9月15日.
民衆のメディア連絡会編，1996，『市民メディア——あなたが発信者！』創風社.
む・しネット，2006「男女共同参画関連特定図書隠蔽事件に関する住民監査請求（福井県）」む・しネット～女性を議会に　無党派・市民派ネットワークblog、2006年5月11日　http://blog.goo.ne.jp/mushinet/e/3378c3e3ddc0172846ca954d09dcc6d2
村松泰子，ヒラリア・ゴスマン編，1998，『メディアがつくるジェンダー——日独の男女・家族像を読みとく』新曜社.
村松泰子，1999，「女性とメディアのいい関係」「女性とメディアの新世紀へ」作成委員会編，1999: 81-91.
——，2002，「男女共同参画社会の形成に向けた学び」『国立女性教育会館研究紀要』Vol. 6, 2002年9月 : 3-13.
メディアの中の性差別を考える会，1993，『メディアに描かれる女性像——新聞をめぐって・増補反響編付』桂書房.
森田清策，2002，「「ジェンダーフリー」にNO 宇部市で画期的男女共同参画条例」『サンデー世界日報』2002.11.17（2002.11.18世界日報サイト掲載 http://www.worldtimes.co.jp/newworld/special2/021117/main.html）.
諸橋泰樹，2002，「メディアとジェンダーの橋渡し」『ジェンダーの語られ方、メディアのつくられ方』現代書館 : 5-11.
文部科学大臣指示，2011，「独立行政法人国立女性教育会館の中期目標」2011年3月2日 http://www.nwec.jp/jp/data/page0129_3.pdf
文部省，1992a，『学制百二十年史』第三編 教育・学術・文化・スポーツの進展と新たな展開，第七章　社会教育　第一節社会教育の発展　一社会教育審議会の答申　http://www.mext.go.jp/b_menu/hakusho/html/others/detail/1318428.htm
——，1992b，『学制百二十年史』第三編 教育・学術・文化・スポーツの進展と新たな展開　第七章　社会教育　第一節社会教育の発展　二社会教育設備の整備充実 http://www.mext.go.jp/b_menu/hakusho/html/others/detail/1318429.htm

八木秀次，2000，「正論：『男女共同参画社会』に潜む危険」『産經新聞』2000年10月2日：7.
——，2004，「連合赤軍とジェンダーフリー」『正論』2004年4月号：40-41.
山口敏昭，2002a，「快挙！社会良識を守る男女共同参画条例制定」『正論』2002年10月号：324-333.
——，2002b，「日本一のフェミニズム条例に待った！」『祖国と青年』2002年12月号：40-44.
——，2004，「フェミニズム条例を一掃しよう！」『正論』2004年6月号：330-341.
山口智美，2004，「ジェンダーフリーをめぐる混乱の根源（1）」フェミックス2004: 20-21.
——，2005a，「ジェンダーフリーをめぐる混乱の根源（2）」フェミックス2005: 21-25.
——，2005b，「間違いだらけの世界日報」ふぇみにすとの雑感，2005年3月30日 http://orange.ap.teacup.com/yamtom/117.html
——，2006，「ジェンダーフリー論争とフェミニズム運動の失われた10年」双風舎編集部編2006: 244-282.
——，2007，大阪地裁提出意見書「全国的な反動と豊中市におけるバックラッシュ攻撃——国際的にも注目される裁判」5月20日.
——，2010，「フェミニズムと『バックラッシュ』分析 の「物語」——ジェンダーフリー騒動から5年がたって（前編）（後編）」『アルファ・シノドス』vol. 61-62.
山下悦子，2006，『女を幸せにしない「男女共同参画社会」』洋泉社.
山下泰子・橋本ヒロ子・齋藤誠，2001，『男女共同参画推進条例のつくり方』ぎょうせい.
山本彰，2003a，「「"同性愛解放区" に向かう都城市（上）」『世界日報』2003年8月30日.
——，2003b，「"同性愛解放区" に向かう都城市（下）」『世界日報』2003年8月31日.
——，2003c，「"市民不在" の一方的な説明会」『世界日報』2003年9月7日.
——，2003d，「過激な項目並ぶ男女共同参画条例案」『世界日報』2003年12月15日.
——，2003e，「男女共同参画条例、明暗分けた二つの条例案可決」『世界日報』2003年12月22日.

――, 2004,「“同性愛者参画条例” の岩橋市長が落選」『サンデー世界日報』2004年12月5日.
――, 2005,「袋小路のジェンダーフリー（1)」『世界日報』2005年3月30日.
――編著, 2006a,『ここがおかしい男女共同参画――暴走する「ジェンダー」と「過激な性教育」』世界日報社.
――, 2006b,「市民に同性愛保護義務付けた、過激な条例、見直しへ」『世界日報』2006年3月31日.
――, 2006c,「根拠失った小山エミ氏（フェミニスト）の本紙批判」『世界日報』2006年8月25日.
結城美恵子&「女性と情報」プロジェクト, 2008,『情報からの自立』ユック舎.
ユニオン WAN, 2010, WAN 争議カテゴリのエントリ http://precariato.info/modules/d3blog/index.php?cid=2
横浜市女性協会, 1995-2003,『女性施設ジャーナル』1-8号, 学陽書房.
――, 1998,「座談会女性施設の100年史 PART4」『女性施設ジャーナル』学陽書房, 4号 : 173-195.
リブ新宿センター資料保存会, 2008,『リブ新宿センター資料集成ビラ編』インパクト出版会.
――, 2009,『リブニュースこの道ひとすじ』インパクト出版会.
良識ある男女共同参画条例を求める市民の会（宇部市), 2002,「男女共同参画推進の条例制定に対する要望書」.
良識的な男女共同参画条例の制定を求める実行委員会（千葉県), 2002, 進行次第, 要望（案）文書.
若桑みどり・加藤秀一・皆川満寿美・赤石千衣子編著, 2006,『ジェンダーの危機を超える！――徹底討論！バックラッシュ』青弓社.

調査記録

O ＝荻上、S ＝斉藤、Y ＝山口が担当

2004年

バーバラ・ヒューストン論文を読み、「ジェンダーフリー」に関する誤読発見。ヒューストンにメールで問い合わせ。米国マサチューセッツ州ケンブリッジでジェーン・マーティンに聞き取り（Y）。

12月　東大ジェンダーコロキアム「ジェンダーフリー概念から見えてくる女性学・行政・女性運動」開催（主催上野千鶴子研究室）（S, Y）。

12月　「館長雇止め・バックラッシュ裁判」提訴。支援者となり、大阪地裁での傍聴、大阪や他地域での集会等に参加（2008年に退会）（S, Y）。

2005年

「ジェンダーフリー概念から見えてくる女性学・行政・女性運動」サイト開設（S, Y）。

「ジェンダーフリーとは」サイト作成、公開。この頃「成城トランスカレッジ」ブログでも関連記事多数掲載（O）。

10月　山口県で調査。日本時事評論の山口敏昭編集長、西坂弘行記者と松月院の末次信明住職と山口市内で初めて面会。宇部市、光市、周南市、本郷村、岩国市などで行政担当者や議員らに聞き取り調査。宇部市の男女共同参画課からは取材拒否（Y）。

2006年

4月　ジェーン・マーティン宅を再訪。マーティンとバーバラ・ヒューストンにインタビュー（Y）。

6月　『バックラッシュ！』発売。小山エミとキャンペーンブログ運営（O）。

8月　上野千鶴子らの「ユー・アイふくい」図書事件の対応についてブログで違和感を表明。ブログ上で上野と議論（S）。

9月　都内にて双風舎谷川茂社長インタビュー（Y）。

2008年

6月　山口市で日本時事評論の山口編集長、西坂記者らとの面会、石井浩二ら日本時事評論関係者とのバーベキュー参加、蛍見学。宇部市で末次住職に面会。この後『日本時事評論』の講読開始（Y)。

8月　国立女性教育会館（ヌエック）ジェンダー研究フォーラム「情報発信メディアと男女共同参画の視点 ミニコミからインターネットまで多様な取り組み事例から」ワークショップ開催（O，S)。

10月　富山市で開催された「日本女性会議2008とやま」に参加。富山と福井で講座「ケータイ＆ネットの『落し穴』」開催（O，S)。

12月　「フェミニズムとインターネット問題を考える」非公開研究会(2009.4-6にも非公開研究会２回、公開研究会１回開催）(S，Y)。

2009年

「フェミニズムの歴史と理論」サイト開設（マサキチトセ、小山エミと）(O，S，Y)。

3月　世界日報鴨野守編集委員に富山県砺波市で面会（S)。その後、世界日報有料オンライン版講読開始（S，Y)。

5月　京都で開催された「ウィメンズアクションネットワーク（WAN)」オープニング集会参加（S，Y)。

6月　羽田空港にて日本時事評論の山口敏昭編集長と面会、意見交換（O，Y)。その足で宇部市に。山口編集長、西坂記者とともに広重市郎宇部市議と面会。山口市内で山口編集長からの聞き取り、日本時事評論関係者とのバーベキュー参加。新生佛教教団本部見学、山口市内や秋芳洞などの観光。宇部市男女共同参画課担当者聞き取り（Y)。

6月　都内にて日本女性学会プレ研究会、ワークショップ「『ジェンダーフリー』と『バックラッシュ』を再考する」企画、参加（O，S，Y)。

6月　都内にて世界日報の鴨野守編集委員と面会（O，S，Y)。

6月　世界日報の渋谷事務所で、鴨野守、山本彰編集委員と面会（O，Y)。

12月　富山県男女共同参画推進員に応募したい旨、県や市に問い合わせ（S)。

12月　都内でフェミニズムとネットに関する非公開研究会を開催（O，S，Y)。

2010年

4月　ヌエック神田道子館長に取材を申し込むも拒否される（Y)。

5月　千葉県男女共同参画課を訪問、聞き取り（S，Y)。

5月　マサキチトセとともに宮崎県都城市と鹿児島県鹿児島市で調査。岩橋辰也前市長、来住一人議員、黒木優一議員、内村仁子議員、池江美知子、長倉スミ、前・現男女共同参画参画課担当者、懇話会江夏由宇子会長、高木かおる副会長、宮崎日日新聞永峰寛子・黒木友貴記者、シエスタの元野広慈、日嵩幸明、若松智志に聞き取り。鹿児島でたもつゆかりに聞き取り（S, Y)。

6月　都内にて世界日報山本彰編集委員らと面会（S, Y)。

6月　大阪府豊中市で北川悟司前豊中市議（当時。現市議）インタビュー（S, Y)。

6月　豊中市とよなか男女共同参画センターすてっぷを訪問し、中村彰館長、槌谷光義事務局次長にインタビュー（S, Y)。

6月　「非営利団体や市民運動における雇用や無償・ボランティア労働を考える——ユニオンWANの事例から」集会開催（東京：女性と仕事の未来館）(S, Y)。

6月　神戸市内にて尾辻かな子元大阪府議にインタビュー（S, Y)。

6月　千葉市にて平等条例ネットの大野ひろみ千葉県議（当時。現佐倉市議)、出納いずみ、松尾圭、秋山敏子にインタビュー（S, Y)。

6月　山口市で日本時事評論の山口編集長と西坂記者の聞き取り、意見交換、日本時事評論関係者とのバーベキュー参加。宇部市で広重宇部市議インタビュー。祝島訪問（Y)。

10月　ヌエックで資料収集（S)。

2011年

1月　大阪市内にて大阪毎日放送ディレクターにインタビュー（S, Y)。

1月　兵庫県西宮市にて山田真裕関西学院大学教授に助言を受ける。

1月　豊中市で北川悟司前豊中市議（当時。現市議）再インタビュー（S, Y)。

1月　大阪市内にて増木直美に面会（S, Y)。

2月　大阪府吹田市にて増木重夫インタビュー（S, Y)。

2月　豊中市男女共同参画センターすてっぷを訪問。槌谷事務局次長インタビュー（S, Y)。

2月　マサキチトセと都内にて田嶋陽子インタビュー（Y)。

2月　千葉市にて堂本前千葉県知事、井上さちよ元男女共同参画課長にインタビュー（S, Y)。

2月　都内にて大沢真理東京大学教授にインタビュー（S, Y)。

2月　都内にて世界日報の山本彰編集委員らと面会（S, Y)。
2月　都内にて西村修平との面会、取材（Y)。
2月　都内にてジャーナリストの野村旗守と面会、取材（Y)。
3月　高岡市にて、富山県男女共同参画推進員活動についての調査（S)。
3月　福井市にて、近藤實に面会、インタビュー（S)。
6, 7月　都内にて西村修平へ２度の面会、取材（Y)。
6月　都内にて田嶋陽子インタビュー（S, Y)。
6月　大阪市内で増木重夫らインタビュー（S, Y)。
6月　大阪市内で井上はねこインタビュー（S, Y)。
6月　千葉県柏市にてジャーナリストの千葉展正インタビュー（S, Y)。
6月　宇部市にて小柴久子インタビュー。山口市内で日本時事評論山口編集長と面会、聞き取り（Y)。
7月　都内にて野村旗守再インタビュー。宝島社編集部の井野良介インタビュー（Y)。
7月　都城市へ二度目の調査予定。新燃岳の噴火で土石流の影響が深刻で、直前キャンセル（S, Y）
7月　都内にて世界日報の鴨野守と面会、インタビュー（S, Y)。
7月　福井調査。近藤と同じ時期推進員だった黒川、浦井（於：福井県春江町)、福井市内のユー・アイふくいにおいて館長、男女共同参画課長、主任に聞き取り。福井市内で議員にインタビュー（S)。
8月　都城市再調査。有満忠信元議員、下山隆史議員、奥野琢美元議員、友貴、地元市民団体関係者に初めてインタビュー調査。その他、内村、元野、池江、来住、長倉、市担当者には再インタビューを行う（S)。
9月　市民オンブズマン福井に電話インタビュー（S)。
10月　富山市で開催された全国女性会館協議会第55回全国大会に参加（S)。
11, 12月　高岡市にて、谷口洋幸高岡法科大准教授に二回面会、助言受ける（S)。

2012年

6, 7月　文科省生涯学習政策局社会教育課ならびに男女共同参画学習課に、メールならびに電話で数度問い合わせを行う（S)。
7月　内閣府男女共同参画局およびヌエック情報課に電話で問い合わせ（S)。

（敬称略）

著者略歴
山口智美（やまぐち　ともみ）
　モンタナ州立大学教員。専門は文化人類学、フェミニズム。
斉藤正美（さいとう　まさみ）
　富山大学教員。専門はメディア研究、フェミニズム・社会運動研究。
荻上チキ（おぎうえ　ちき）
　評論家。ラジオパーソナリティ。社会調査支援機構チキラボ所長。

社会運動の戸惑い
フェミニズムの「失われた時代」と草の根保守運動

2012年10月25日　第1版第1刷発行
2022年9月15日　第1版第4刷発行

著者　山《やま》口《ぐち》智《とも》美《み》
斉《さい》藤《とう》正《まさ》美《み》
荻《おぎ》上《うえ》チ《ち》キ《き》

発行者　井村寿人

発行所　株式会社　勁《けい》草《そう》書房

112-0005　東京都文京区水道2-1-1　振替　00150-2-175253
電話（編集）03-3815-5277／FAX　03-3814-6968
電話（営業）03-3814-6861／FAX　03-3814-6854
港北メディアサービス・松岳社

ISBN978-4-326-65377-5　Printed in Japan